初中语文优质教学设计：新标准·新教材·新教法丛书

统编初中语文教科书优质教学设计

总主编◎邓彤 李冲锋
本册主编◎梁颖 王伟华

（九年级下册）

华东师范大学出版社
·上海·

图书在版编目(CIP)数据

统编初中语文教科书优质教学设计.九年级 下册/邓彤,李冲锋总主编;梁颖,王伟华本册主编.—上海:华东师范大学出版社,2022

(初中语文优质教学设计:新标准·新教材·新教法丛书)
ISBN 978-7-5760-2845-4

Ⅰ.①统… Ⅱ.①邓…②李…③梁…④王… Ⅲ.①中学语文课—教学设计—初中 Ⅳ.①G633.302

中国版本图书馆 CIP 数据核字(2022)第 140902 号

统编初中语文教科书优质教学设计(九年级下册)

总 主 编 邓 彤 李冲锋
本册主编 梁 颖 王伟华
策划组稿 赵建军
责任编辑 皮瑞光
责任校对 周跃新 时东明
装帧设计 庄玉侠

出版发行 华东师范大学出版社
社　　址 上海市中山北路 3663 号 邮编 200062
网　　址 www.ecnupress.com.cn
电　　话 021-60821666 行政传真 021-62572105
客服电话 021-62865537 门市(邮购)电话 021-62869887
地　　址 上海市中山北路 3663 号华东师范大学校内先锋路口
网　　店 http://hdsdcbs.tmall.com

印 刷 者 江苏扬中印刷有限公司
开　　本 787 毫米×1092 毫米 1/16
印　　张 17
字　　数 293 千字
版　　次 2022 年 11 月第 1 版
印　　次 2022 年 11 月第 1 次
书　　号 ISBN 978-7-5760-2845-4
定　　价 54.00 元

出版人 王 焰

(如发现本版图书有印订质量问题,请寄回本社客服中心调换或电话 021-62865537 联系)

初中语文优质教学设计：
新标准·新教材·新教法丛书
编委会

总主编 邓　彤　李冲锋

编委会主任 王希文

编　委（以音序排名）

蔡忠平　苍　郁　陈　丹　陈　莉　陈漱雯　程　盼
程思怡　褚　磊　丁　颖　段乐春　顾婷婷　郭荷苗
胡文耕　黄明晶　蒋玉坤　雷旭莉　李　杨　李天娇
李莹莹　李张勇　梁　颖　林　超　刘东贺　潘文冬
桑凤英　沙健芳　施　丹　王　洪　王婷婷　王伟华
吴群英　武罗欣　奚赛娟　徐　慧　杨膳荫　杨晓丽
杨亦文　张　莹　张雪欢　周　冰　周　燕

本册主编　梁　颖　王伟华
编写人员　第一单元　李莹莹
　　　　　　　第二单元　梁　颖
　　　　　　　第三单元　顾婷婷
　　　　　　　第四单元　周　燕
　　　　　　　第五单元　陈漱雯
　　　　　　　第六单元　黄明晶
　　　　　　　学习任务群　陈漱雯　黄明晶

编者的话

现行义务教育教科书《语文》(七至九年级)是以义务教育课程方案和《义务教育语文课程标准(2011年版)》为依据编写的。2022年4月,《义务教育语文课程标准(2022年版)》颁布,新版课程标准对语文课程与教学提出了新标准、新要求。在此背景下,为帮助广大语文教师更好地使用这套语文统编教材,我们编写了这套语文教学参考书。

这是一套怎样的教学参考书呢?

它简明,具有纲目明晰之特征。它不贪多求全,没有连篇累牍的文章分析,没有堆积如山的资料汇编,更没有浩如烟海的习题测试。它提纲挈领、简明扼要地为教师把握一篇课文或一个单元的教学提供基本框架。它凸显教学核心任务,聚焦关键知识和基本素养,设计精当的学习活动。它以平等姿态与一线教师对话交流,旨在成为教师教学的友善型"辅助支架",而极力避免异化为耳提面命式的"教学律令"。

它好用,具有模块式自由组合之特征。教案中若干板块相互关联,却又各自独立,如同七巧板,教师可以依据自己的需要,选择其中若干模块,或重组,或拼接,或嵌入自己的教学设计,从而创设出具有自身特色的教学方案。一方面,它能够为教师提供一种新的思路,一种不一样的设计风格;另一方面,它具有柔性特征,能如水随形,便于教师吸纳、转化。它既能够为教师提供一个不错的教学样例,又充分尊重教师教学的现实需求与个性特征。

它好玩,具有快乐学习特征。语文课堂应该是"生动"的。这个"生动",有两层含义:一是指气氛活跃,一是指"学生参与"。理想的语文课堂不应该死气沉沉、面目可憎;学生学习语文也不应该愁眉苦脸、痛苦不堪。理想的语文教学设计,应该依据文本特征,贴近学生生活,运用学生喜闻乐见的方式,精心设计系列学习活动,使得语文教学妙趣横生,使得语文学习不再是一件苦差事。如此,语文课堂才能成为学生学习的乐园,学生才能够优游其中,含英咀华,流连忘返。

编写中我们遵循了以下三大编写原则。

1. 体现统编教材特色

编写中充分注意核心价值观在教学中的有机渗透,发挥语文学科教育在立德树人方面的重要作用;在设计中充分体现单元人文主题和语文要素的有机结合。

2. 关注语文深度学习

语文是一门实践类学科,语文深度学习必须高度重视转化学习内容与学习方式,帮助学生体验、经历知识的发现与建构过程,使学生真正成为语文学习主体。

3. 便于一线教师使用

理想的教学参考书籍,既要站位高,也要接地气。本丛书一方面基于新课程、新教材开展设计,一方面充分考虑到一线教师的实际需求,在总体框架、文本解读、学习活动设计等一线教师普遍觉得棘手之处着力较多,希望能够为教师教学提供有益的支援。

在上述原则指导下,在具体编写过程中,我们进一步凸显了本丛书的五大特点。

1. 注重单元设计

本丛书凸显统编教材单元整体感强之特征,立足于教材单元基本目标,围绕单元教学核心内容设计系列学习环节,注重单篇课文与单元其他文章的一体化设计,注重阅读活动与写作活动的有机融合。

2. 明确学习要素

为超越语文教学"暗中摸索"的经验性层级,本丛书明确引入"语文学习要素"概念,旨在以明确的语文核心知识引领师生开展语文教与学活动,使得语文教与学不断趋向"明里探求"层次。

3. 关注文本细读

语文学习核心素养之核心是"语言积累与建构",文本细读在语文教学中永远具有压舱石的重要作用。本丛书高度关注对文章重点语段、语句的精细化深度解读,这使得本丛书因此具有较为浓郁的"语文味"。

4. 设计模块化活动

注重活动与探究,是新版语文课程标准与统编语文教材的基本的核心理念与基本内容。本丛书为落实这一精神,致力于学习活动设计研究,开发设计了大量鲜活生动、具有浓郁语文味道的学习活动。这些活动如斑斓彩贝,闪烁于丛书各单元,或星星点点,或交织成文,共同构成一个生意盎然的语文学习生态场,这些活动,聚焦核心素养,内嵌关键知识,贴近学生生活,有利于促进学生开展研究性学习、多维表征学习。同时,本丛书设计的学习活动,形成相对独立的活动模块,以便教师依据实际需要对这些活动自由组合调配。

5. 凸显学习任务群

新颁布的《义务教育语文课程标准(2022年版)》提出以学习任务群组织、呈现课程内容。这对语文课程建设、教材编写与教学实施都提出了全新的要求。语文学习任务群是素养导向的语文实践活动,其实质是特定情境下的语言文字运用。语文学习任务群的提出,对语文教学方式与学习方式提出了崭新的要求,引起了广大一线教师的高度关注。

为此,本丛书编者依据新课标精神,整合统编教材内容,结合七至九年级语文学习实际,专门安排"学习任务群"板块,精心设计了系列学习任务群。这些任务群围绕新课标所确定的基础、发展、拓展三大类型,涵盖了语言文字积累与梳理、实用性阅读与交流、文学阅读与创意表达、思辨性阅读与表达、整本书阅读、跨学科学习等六大领域。具体安排如下。

【七年级上册】

1. 语言文字积累与梳理:有朋自远方来——"朋"字学习任务群设计

2. 文学阅读与创意表达:梦想与现实交织的生存悲歌——《骆驼祥子》课本剧创作与展演任务群设计

【七年级下册】

1. 跨学科学习:多学科碰撞出"大航海+故事"——《海底两万里》学习任务群

设计

2. 文学阅读与创意表达：体验奋斗历程·讴歌奋斗精神——"奋斗"主题微电影拍摄与展播任务群设计

【八年级上册】

1. 整本书阅读：红色经典与精神赓续——《红星照耀中国》学习任务群设计
2. 实用性阅读与交流：昆虫世界探秘——《昆虫记》学习任务群设计

【八年级下册】

1. 跨学科学习：古诗词游园会——《惠崇春江晚景》学习任务群设计
2. 整本书阅读：峥嵘岁月与英雄品质——《钢铁是怎样炼成的》学习任务群设计

【九年级上册】

1. 思辨性阅读与表达：实用类非连续性文本的阅读——侧重信息甄选与逻辑理解的思辨性读写任务群设计
2. 文学阅读与创意表达：英雄传奇：精准人设打造与再造表现——《水浒传》学习任务群设计

【九年级下册】

1. 整本书阅读：独立女性的赞歌——《简·爱》学习任务群设计
2. 实用性阅读与交流："文化"的天平　思维的博弈——"文化传承与文化创新哪个更重要"主题辩论赛学习任务群设计

上述学习任务群在"文化自信、语言运用、思维能力与审美创造"等语文核心素养目标指导下，采用主题情境方式呈现，以学习任务统整语文学习全程，注重语文核心知识的实践运用与结构化掌握，希望能够为一线教师的教学提供有效的帮助。

本套丛书以全国著名特级教师邓彤主持的上海市语文名师基地成员为主要编写者，又邀请一些名校、名师参与其中，组成了一个阵容强大的编写团队。全国语文核心期刊《中学语文教学》杂志副主编王希文女士作为本团队学术导师，领衔担任丛书编委会主任,为丛书编撰提供学术指导,在此一并致谢。

经过一年多的努力,全体编写者多次研讨,反复打磨,几易其稿,终于完成了这套教学设计参考书。希望本丛书的出版,能够帮助广大一线教师更深入领会新课程理念,更好地使用统编教材,更有效地培育学生的语文素养。当然,虽然本丛书全体编者尽心尽力,由于水平与条件所限,本丛书一定还有诸多待完善之处,在此恳请方家不吝指教。

总主编:邓彤　李冲锋

2022 年 6 月

目录

| 第一单元 |

1　祖国啊,我亲爱的祖国 ……………………………………… 3
2*　梅岭三章 ……………………………………………………… 11
3*　短诗五首 ……………………………………………………… 14
4　海燕 …………………………………………………………… 17
写作　学习扩写 …………………………………………………… 22
单元练习 …………………………………………………………… 25

| 第二单元 |

5　孔乙己 ………………………………………………………… 30
6　变色龙 ………………………………………………………… 39
7*　溜索 …………………………………………………………… 47
8*　蒲柳人家(节选) ……………………………………………… 50
写作　审题立意 …………………………………………………… 53
综合性学习　岁月如歌——我们的初中生活 ………………… 58
单元练习 …………………………………………………………… 61

| 第三单元 |

9　鱼我所欲也 …………………………………………………… 65
10*　唐雎不辱使命 ……………………………………………… 71
11　送东阳马生序 ………………………………………………… 75
12　词四首 ………………………………………………………… 79

目录

写作　布局谋篇 …………………………………… 87
名著导读　《儒林外史》讽刺作品的阅读 …………… 91
单元练习 …………………………………………… 94

第四单元

13　短文两篇 ……………………………………… 98
14　山水画的意境 ………………………………… 108
15*　无言之美 …………………………………… 114
16*　驱遣我们的想象 …………………………… 119
写作　修改润色 …………………………………… 123
口语交际　辩论 …………………………………… 128
单元练习 …………………………………………… 132

第五单元

任务一　阅读与思考 ……………………………… 137
17　屈原（节选） ………………………………… 138
18　天下第一楼（节选） ………………………… 149
19　枣儿 …………………………………………… 159
任务二　准备与排练 ……………………………… 169
任务三　演出与评议 ……………………………… 172
单元练习 …………………………………………… 179

第六单元

20　曹刿论战……………………………………………… 186
21*　邹忌讽齐王纳谏……………………………………… 193
22*　陈涉世家……………………………………………… 200
23　出师表………………………………………………… 206
24　诗词曲五首…………………………………………… 215
写作　有创意地表达……………………………………… 224
名著导读　《简·爱》外国小说的阅读…………………… 228
单元练习…………………………………………………… 233

学习任务群设计

整本书阅读：独立女性的赞歌
　　——《简·爱》学习任务群设计………………………… 238
实用性阅读与交流："文化"的天平　思维的博弈
　　——"文化传承与文化创新哪个更重要"主题辩论赛学习
　　　任务群设计…………………………………………… 247

注：阅读课文分"教读"和"自读"两类。篇名前标有 * 的为自读课文。

第一单元

单元教学目标

1. 学习诗歌，关注诗歌的文体特征，有感情地朗读诗歌，把握诗歌的韵律和节奏。
2. 把握诗歌中的意象，学会辩证分析材料，赏析诗歌的内涵和艺术形式。
3. 体会诗人的情感，理解诗中蕴含的哲理，得到精神的感染和美的熏陶。

单元内容框架

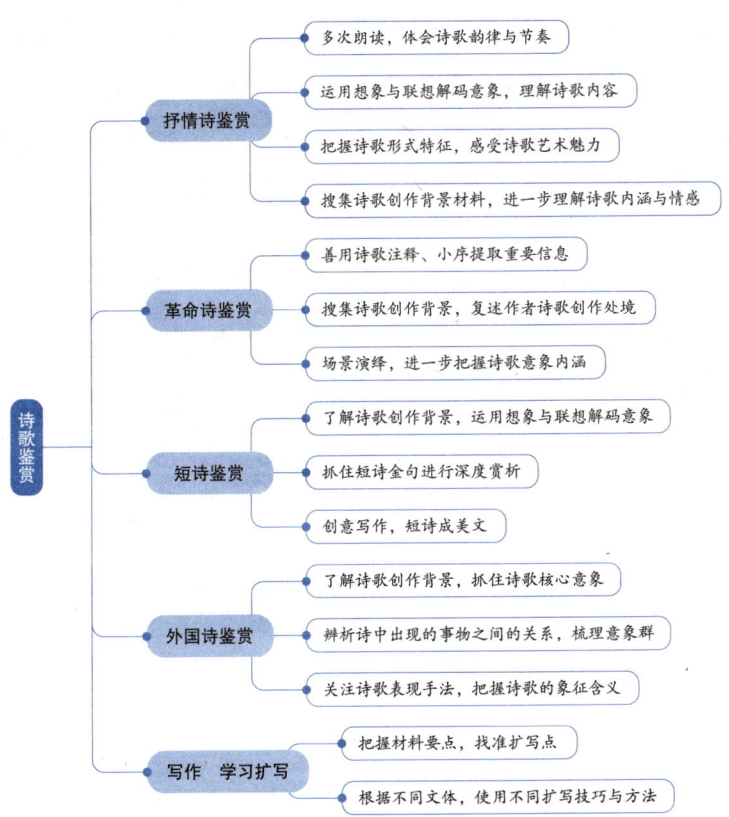

单元设计说明

本单元教材安排上分"阅读""写作"两个板块。阅读板块提供了《祖国啊,我亲爱的祖国》《梅岭三章》《短诗五首》《海燕》等诗歌。每篇诗歌各具特点。《祖国啊,我亲爱的祖国》是朦胧诗鼻祖舒婷的经典之作,具有朦胧诗的特征;《梅岭三章》是七言绝句;《短诗五首》均为新诗;《海燕》是高尔基作的散文诗。因此,本单元侧重以多次朗读、解码意象、分析背景、节奏韵律、金句赏析的方式让学生学会理解诗歌内容、学会鉴赏诗歌形式、学会体会作者情感。具体时间分配而言,重点学习《祖国啊,我亲爱的祖国》《海燕》,学习用想象与联想的方法解码意象、学习借助材料分析判断验证自己的解读、学习诗歌呈现的形式美;运用以上方法自学《梅岭三章》与《短诗五首》,达到学以致用的目的。

《祖国啊,我亲爱的祖国》中的具体活动有"评选最佳舒婷知音"(通过阅读诗歌理解舒婷笔下的《祖国》)、"舒婷诗歌研究报告会"(通过分析材料进一步解读舒婷笔下的《祖国》)、"音乐指挥家"(品味诗歌的音乐美)、"建筑师的发现"(品味诗歌的形式美)、"绘画大师"(品味诗歌的绘画美)。《梅岭三章》中设计了"读诗序、讲故事、演陈毅"三个活动;《短诗五首》设计了"配乐、配画、析金句、创意写作"四个活动;《海燕》设计了"信息处理小达人、揭秘'海燕'的真实身份、鸟儿问答、再读诗歌"四个活动。

写作板块为"学习扩写"。在活动设计上,设计"扩写知识抢答赛",帮助学生掌握扩写的相关知识;设计"扩写初体验"活动,让学生尝试对文段的扩写,训练学生的思维能力、鉴赏能力与表达能力。

1 祖国啊,我亲爱的祖国

舒 婷

一、教学目标与学习要素

(一) 教学目标

1. 综合运用默读与朗读的方法学习诗歌,了解诗歌内容,体会诗歌的韵律与节奏。
2. 把握诗中出现的大量意象,分析诗人的情感脉络,体会诗人深沉真挚的爱国情感。
3. 聚焦意象、诗歌形式、分析背景,学习解读诗歌的一般方法及策略。

(二) 学习要素

1. 朗读诗歌的停顿、轻重、快慢对解读诗歌的作用。
2. 运用想象与联想理解意象。
3. 抓住意象、诗歌形式、分析背景等综合分析理解诗歌内容及情感。

二、文本解读

(一) 课文整体解析

1979 年,舒婷在厦门灯泡厂当电焊工。在此期间,她发表了诗歌《祖国啊,我亲爱的祖国》。舒婷自述这首诗歌的创作历程,"我还记得那几天我上夜班时魂不守舍,节拍已流水起伏,却瞬间消逝,把握不定。声韵已明灭如深草飘萤,闪闪烁烁,未落地已铿锵为链上的珠玑;一不留神,锡汗顺指缝滑下,烫起大大小小的血泡。我突然按捺不住,扔下焊条,奔到车间外空地上,仰望星空,热泪满眼。一首诗呱呱落地,我取名为《祖国啊,我亲爱的祖国》。诗成之后,我因心动过速请病假两天。"

《祖国啊,我亲爱的祖国》这首诗感人至深,通过"我"对"你"倾诉情感的方式,酣畅淋漓地抒发了爱国深情和历史责任感。这首诗的第一节再现漫长岁月中祖国的苦难形象;第二节表达贫瘠的祖国有痛苦的希望;第三节彰示古老的祖国开始焕发勃勃生机;第四节抒发愿意为祖国奉献自己的血肉之躯。这四节也分别呈现哀痛、期盼、欢欣、激情,情感如汹涌澎湃的交响乐。

舒婷是 20 世纪 80 年代"朦胧诗"的代表作家之一,《祖国啊,我亲爱的祖国》这首诗虽不算很朦胧,但具有这类诗的基本特点。意象的运用是这首诗最为重要的抒情表现手法。比喻、排比、对比等修辞手法和新颖句式表现出了艺术之美。在写"我"和祖国的关系时,在句法上借鉴了苏联诗人沃兹涅先斯基《戈雅》的圆周句式:"我是戈雅!……我是痛苦。我是战争的声音。……我是饥饿!……我是……被吊死的女人的喉咙。……我是戈雅。"舒婷在诗歌中采用这种圆周式的句法能增加痛苦和挚爱的深度,极具创造力。

(二)重点语段细读

1. 我是你河边上破旧的老水车,数百年来纺着疲惫的歌。

意象"老水车"代表落后的农业生产方式,形容词"破旧的"加深了落后、原始的程度。"数百年来"表明落后的时间之长,"纺着疲惫的歌"表明在艰苦的条件下依然艰难运转着。这一句诗歌暗示祖国长期处于贫穷、落后的状态。

2. 是"飞天"袖间千百年来未落到地面的花朵。

"飞天"是笔画或石刻中在空中飞舞的神,象征希望、美好。但是这种美好与希望千百年来没有落到地面,不能成为现实。这一句诗歌写出了祖国人民的痛苦与希望。

3. 我是你簇新的理想,刚从神话的蛛网里挣脱。

这一句暗示祖国刚刚从思想的束缚中艰难地挣脱出来,崭新的生活即将开始,人民看到了新的希望。

三、教学过程

第一课时

(一)课时目标

1. 有感情地朗读诗歌。
2. 把握诗中出现的大量意象,分析诗人的情感脉络。
3. 体会诗人深沉真挚的爱国情感。

(二)导入:回忆所学关于祖国的诗歌

同学们,今天我们要学习的诗歌是舒婷的《祖国啊,我亲爱的祖国》。关于祖国的诗歌,你们还记得哪些吗?我们一起来回忆一下。

那么,我们今天要学习的这首《祖国啊,我亲爱的祖国》想要表达的是什么呢?带着这样的问题,我们一起走进舒婷的这首诗。

设计意图:帮助学生回忆关于祖国的诗歌,表达了作者怎样的情感。与本节课要学习的诗歌进行记忆上的连接。

(三)活动设计:"评选最佳舒婷知音"

▲ 活动设计一:赛诗会

1. 自由朗读。
2. 教师范读。
3. 举行赛诗会,评选出最佳朗诵者。

设计意图:充分朗读诗歌。在朗读的过程中,体会诗歌的韵律和节奏。掌握朗读的语速、轻重缓急等技巧。通过赛诗会的形式,激发学生的学习兴趣。

▲ 活动设计二:评知音

1. 说说你的整体感受,作者想要表达的是什么呢?
2. 大家来投投票,到底哪位同学是舒婷的知音呢?请几位同学说说投票理由。

设计意图:初步理解诗歌的内容及情感。

▲ 活动设计三:解码舒婷诗

要想成为舒婷的知音,读懂这首诗歌,可不是容易的事。因为这首诗是一首朦胧诗,而舒婷是朦胧诗的鼻祖。有没有什么窍门能"牵住解读朦胧诗的牛鼻子"?其实,我们可以抓住意象来揭开朦胧诗的面纱。

1. 圈划第一节诗歌中的意象,思考作者选择这些意象"老水车、矿灯、稻穗、路基、驳船"想表达什么呢?

(1)运用想象的方法。想象这些事物出现在什么地方?有什么用途?给什么人用的?

(2)运用联想的方法。结合每一个意象前面的修饰词,抓住关键字词,进行联想。如"我是你河边上破旧的老水车,数百年来纺着疲惫的歌",修饰词"破旧的"老水车,关键词"数百年来""疲惫",可以理解为老水车用的时间很长,又破又旧,像疲惫的老农民一样勉强在工作,运用联想,这象征着什么呢?或许可以象征着祖国落后的农业。

2. 填写学习单,进一步理解意象。

意象	想象 (地方+用途+使用者)	联想 (修饰词+象征)	内容	情感
老水车	河边-打水-农民	破旧的-贫困 数百年来-漫长岁月 疲惫-落后	经历着长时间贫困落后的农业	"我"与祖国生死相依、血肉相连的情感
矿灯				
稻穗				
路基				
驳船				

3. 学以致用:运用相似方法,解读第三段诗歌。

(四)课堂小结

同学们,这节课我们学习了如何把握诗中出现的大量意象,分析诗人的情感脉络,体会诗人深沉真挚的爱国情感。相信大家以后解读舒婷的诗歌时能更准确把握作者的情感与意图。

(五)布置作业

自由朗读诗歌,尝试用手机等设备录制朗诵视频并分享。

第二课时

(一)课时目标

1. 把握诗中出现的大量意象,分析诗人的情感脉络。
2. 体会诗人深沉真挚的爱国情感。
3. 学习用搜集、分析材料的方法来解读诗歌。

(二)导入:温习所学内容

看看谁学得认真?上节课我们学习了理解朦胧诗要注意抓住诗歌中的_____(意象),理解意象可以借助_____和_____(想象和联想)。

（三）活动设计："舒婷诗歌研究报告会"

要求：A. 搜索相关信息；
   B. 提取有用信息；
   C. 分析佐证推测；
   D. 形成 500 字左右的小论文；
   E. 进行报告。

设计意图：使学生学会从不同角度搜集材料，提取信息，辩证分析，佐证推测，撰写小论文，进行报告。

▲ 活动设计一：资料搜集

1. 请一位同学来回顾一下《祖国啊，我亲爱的祖国》这首诗，作者表达了什么呢？

2. 我们是从诗歌中的意象、诗句推测出作者表达的内容及情感，这种推测到底是否正确呢？请使用网络搜索相关资料，如作者信息、《祖国啊，我亲爱的祖国》的创作背景、作者所处时代特点、名家点评等资料，来印证你的猜想。

3. 完成信息表格。

《祖国啊，我亲爱的祖国》相关信息表

	搜集内容	提炼内容	分析佐证
作者信息（生平、经历、代表作、立场等）			
创作背景			
时代特点			
名家点评			
……			

▲ 活动设计二：撰写论文

根据论文框架撰写小论文。

主题：探究《祖国啊，我亲爱的祖国》的表达内容及情感
关键词：

论点：

论证一：

论证二：

论证三：

结论：

▲ **活动设计三：陈述答辩**

学生结合所写论文进行报告。

设计意图：旨在培养学生的批判性思维能力。批判性思维能力一般包括分析、评估和了解各类复杂系统，探索无明确答案的开放问题，判断各种不同观点及评估相关信息，有理有据地得出结论，运用结论解决实际问题。在第一课时，同学们经过解码意象及诗歌中的关键语句，推测出该诗所表达的内容与情感。然而就一首诗歌而言，特别是朦胧诗，诗人所要传递的东西非常隐晦，本身会给读者带来解读上的困难。除了通过诗歌诗句来解读外，还需从其他角度来帮助正确解读诗歌。因此，本节课的设计即通过任务驱动，让学生寻找材料、分析评估材料、得出结论等环节来印证自己的观点。不仅习得解读诗歌的多种途径，在此过程中也培养了学生的批判性思维能力。

（四）课堂小结

同学们，这节课我们重点学习了使用搜集、分析材料的方法来解读诗歌，如果以后在阅读时出现理解障碍，我们可以用知人论世的方法来进一步走进诗歌的世界。

（五）布置作业

在充分理解诗歌的基础上，再次有感情地朗诵诗歌，录制视频并分享给亲友，并与第一次录制的朗诵进行比较。

第三课时

（一）课时目标

1. 掌握诗歌的写作手法：对比、重复。
2. 感受诗歌的"三美"：音乐美、建筑美、绘画美。
3. 养成良好的朗读诗歌能力。

（二）导入

同学们，从形式上来看，诗歌与散文、小说最大的不同是什么？

诗歌最明显的特点是分行。当你看到一行一行的语句放在一起时，你的直觉告诉你这应该是一首诗。你大概会不自觉地放慢阅读的速度，凝眸于语言形式本身，开始展开想象与联想，试图进入诗人的世界里，体验诗人的情感。这节课，我们来看看《祖国啊，我亲爱的祖国》这首诗在形式上有什么特点。

（三）活动设计

▲ **活动设计一：音乐指挥家**（从句式、节拍的角度，品味诗歌的音乐美）

这首诗宛如一曲多声部的交响曲，四节诗歌分别呈现出怎么样的节奏韵律呢？假如你是音乐指挥家，你如何指挥这首诗歌呢？试从句式、节拍等角度来思考。

说明：第一节——长句式、多节拍，像低音缓慢升起的乐曲，给人沉重感，这种诗句的音乐效果与世人对贫困祖国的忧患意识十分相似；

第二节——诗句简短急促，把忧国的情绪强化为深深的悲怆；

第三节——诗句拉长，节拍增多，造成全诗节奏反复回旋，抑扬顿挫；

第四节——节奏更快，运用排比，加强语言力度，把全诗的感情推向高亢、激昂的高峰。

▲ **活动设计二：建筑师的发现**（从重复、对比的角度，品味诗歌的建筑美）

一位知名的建筑师在读到《祖国啊，我亲爱的祖国》这首诗歌后惊呼："这首诗呈现了一种建筑美！"请你回答这首诗歌是如何体现建筑美的？

说明：重复的手法——多个"我是……"领起的句式；

由"——祖国啊！"反复而收束的小节结尾等。

▲ 活动设计三：绘画大师（从意象、修饰词的角度，品味诗歌的绘画美）

你能结合诗歌中的意象的颜色、状态，画出你脑海中祖国的形象吗？

说明：第一段中的意象——破旧的老水车、熏黑的矿灯、干瘪的稻穗、失修的路基、淤滩上的驳船；

第二段中的意象——花朵；

第三段中的意象——古莲的胚芽、挂着眼泪的笑涡、雪白的起跑线、绯红的黎明。

▲ 活动设计四：齐读诗歌

经过前三个活动后，相信你对舒婷的这首诗有了一番新的认识，让我们再一次齐读这首诗。

（四）课堂小结

同学们，今天我们从句式、节拍的角度，品味了诗歌的音乐美；从重复、对比的角度，品味了诗歌的建筑美；从意象、修饰词的角度，品味了诗歌的绘画美。相信大家对诗歌有了更充分、全面的认识。

（五）布置作业

互相交流活动三"绘画大师"的作品，并对作品进行阐释。

2 梅岭三章

陈　毅

一、教学目标与学习要素

（一）教学目标

1. 有感情地反复诵读三首诗歌，运用从《祖国啊，我亲爱的祖国》中所学方法理解诗歌意象。
2. 结合注释自主阅读小序和诗歌，理解诗歌内容。
3. 品味诗句的艺术感染力，体会全诗的意蕴内涵。

（二）学习要素

1. 熟练运用联想和想象的方法理解意象。
2. 该诗中小序的作用：小序中出现了创作此诗的时间、地点、事件的缘起等重要信息，有助于进一步理解诗歌。

二、教学建议

1936年冬天，国民党反动派向赣粤边游击区又一次发动了大规模"清剿"。梅岭游击队根据地遭受敌人围困，当时陈毅在受伤的同时又患了病，在梅岭深处隐伏了20多天。想到自己身陷重围且伤病缠身，陈毅自料难以脱险，于是怀着对革命的无限赤诚，写下了气壮山河的《梅岭三章》。

第一章以苍茫悲壮的基调写出了革命者面对牺牲时的情景，"此去泉台招旧部，旌旗十万斩阎罗"用奇特的想象表明了陈毅对革命事业无限忠诚。第二章化用春秋时期吴越争霸中伍子胥的故事，表达在"断头"威胁面前的浩然正气，"捷报飞来"透露着一个共产主义战士临危之际仍对革命事业充满坚定必胜的信念。第三章表明即使面对重重险境，陈毅仍然相信自由幸福的美好理想必将实现。

从这首诗中我们可以看到陈毅元帅对于生死的坦荡和共产主义必胜的坚定信念，这是何等博大的胸怀与壮烈的气概！

三、教学过程

(一) 导入

同学们,今天我们学习的是陈毅的《梅岭三章》。这首诗的体裁是什么?有什么特点?《梅岭三章》中的"章"是什么意思?

(二) 活动设计:"读诗序,讲故事"

▲ 活动设计一:默读诗序

默读诗序。

▲ 活动设计二:提炼诗序关键词

阅读小序,你能从小序中读出哪些信息?从"虑不得脱""得诗""留衣底"中,你看到了一个怎样的陈毅?

设计意图:明确创作此诗的时间、地点、事件的缘起、时代背景。小序告诉我们,这三首诗是在"梅山被围",面临"伤病"的考验,又"虑不得脱"的情况下写的。"得诗"说明作者从容、镇定。诗"留衣底"以明志,表现了作者革命到底的决心。明确诗歌的小序非常重要,能帮助读者进一步理解诗歌。

▲ 活动设计三:讲述陈毅相关故事

讲述陈毅的相关故事。

▲ 活动设计四:穿越时空,走近陈毅

小组合作完成课本剧,评选最佳小组。

学生A:以旁白的方式讲解陈毅的处境。

学生B:演绎陈毅的形象并吟诵诗歌。

学生C:运用想象与联想的方法解读诗中意象(如泉台、旌旗、阎罗、烽烟、捷报、血雨腥风、自由花),谈谈对诗歌的理解。

设计意图:学生将从《祖国啊,我亲爱的祖国》中学到的分析意象的方法运用到该诗学习,温故而知新。通过小组演绎,在合作交流中自主学习该诗。

(三) 课堂小结

同学们,这节课我们掌握了该诗小序的作用。小序中出现了创作此诗的时间、地点、事件的缘起等重要信息,有助于进一步理解诗歌。此外,结合解读舒婷

的诗歌的方法,运用联想和想象理解意象,把握诗歌的思想与情感。

(四)布置作业

有感情地朗读该诗,录制朗诵视频并分享。

3 短诗五首

一、教学目标与学习要素

（一）教学目标

1. 体会诗歌凝练而含蓄的语言美，感受诗歌的不同艺术风格。
2. 运用想象与联想理解诗歌意象。
3. 运用资料搜集、分析的方法理解诗歌内涵。

（二）学习要素

1. 熟练运用想象和联想的方法理解诗歌意象。
2. 熟练运用资料搜集、分析的方法理解诗歌内涵。

二、教学建议

1919年《月夜》被收入《新诗年选》，编选者高度评价《月夜》是"在中国新诗史上，算是第一首散文诗"。诗中的意象"霜风、月光、树"是古诗中常见的景物，但最后两句"我和一株顶高的树并排立着，却没有靠着"让这首现代诗有了新意，"五四"青年张扬自我、独立自强的形象跃然纸上。

臧棣盛赞戴望舒《萧红墓畔口占》这首诗"是新诗桂冠上一颗闪耀的明珠""是珍品中的珍品"。诗中的意象"红山茶"象征了纯洁、热烈的萧红，"走六小时寂寞的长途""我等待着，长夜漫漫"看似平淡的叙述却又透露着诗人对亡者克制却又深沉的怀念与惋惜，"你却卧听着海涛闲话"暗示了萧红的潇洒秀逸，也蕴藏着诗人对生死的玄想。

《断章》写于1935年10月。李健吾认为该诗在"装饰"二字上作诗，暗示人生不过是相互装饰，其中蕴含无可奈何的悲哀情怀。诗人卞之琳不同意这种评价，明确表示"我的意思也是着重在'相对'上"。《新诗三百首鉴赏辞典》中认为"此诗表现的本是抽象的观念，但它不是直接陈述和抒情，而是通过客观形象和意象的呈现，间接地将诗意加以表现。它运用了类似修辞上的'顶针'手法，将前一句的结尾作为后一句的开头，使诗行间的逻辑关系十分明确，并把两组意象融为一幅和谐完整的画面，使诗意深奥而并不晦涩"。

《风雨吟》三节诗浑然一体，一个意象引出另一个意象。这首诗歌的第一节用两个排比重复句，写出风雨来的气势；第二节用一对比喻句表现风雨来后的变化；第三节将自己化作驾舟之舵手，为风雨给大地的危害担忧，从而抒发一种热爱大地、关怀人民的情怀。

《统一》的作者聂鲁达是一名智利诗人。先后在缅甸、西班牙等国任领事，后任驻法大使。当过议员、作家协会主席。1945年加入智利共产党，积极参加反法西斯活动，主张世界和平。这首《统一》充满哲思。"所有的叶是这一片，所有的花是这一朵"展现世界的多样性的同时又揭示了"叶子"与"花"从本质上是一样的。作者用"整片大地是一朵花"消解了差异性，强调了世界的统一性。作者的价值观在这首诗中得以体现。

三、教学过程

（一）导入

同学们，今天学习的五首诗歌，有一个共同特点就是短小却意蕴丰富。一首诗，诗句越少，解读的难度或许会更大。我们前几节课已经学了一些解读诗歌的本领。今天，考验我们的时候到了，接下来我们将进行小组竞赛。

（二）活动设计："解诗小达人"

小组合作，选其中一首诗歌自学，查阅诗歌的相关信息，结合上几节课所学的解读诗歌的方法，完成以下任务。

▲ **活动设计一：唱诗会——配乐**

从以下两方面进行思考，为《风雨吟》《统一》选择配乐，说明选择这首音乐的原因。

1. 《风雨吟》中有哪些常见的意象？象征了什么样的时代风貌？"我"在这首诗中是什么角色？"我"可能会有什么样的心态？

2. 《统一》中哪几个句子的形式相似？共同说明了什么样的道理？

▲ **活动设计二：诗情画意——配画**

1. 根据诗歌《月夜》画一幅画。

2. 向大家讲解你的画，结合意象、内容、情感来阐释。

▲ 活动设计三：凝视诗歌的"眼睛"——短诗金句深度赏析

《断章》中主客流转是如何体现的？说明了什么样的道理？利用搜集的材料加以佐证。

▲ 活动设计四：创意写作——用想象编织诗意

将《萧红墓畔口占》改写成一篇散文，可从以下角度进行思考后进行撰写。

1. 《萧红墓畔口占》描述了一件什么事？
2. 诗人怀着怎样的情感去做这件事？是从哪些语句得出的结论？
3. 对比手法在全诗有哪几个层面的体现？

设计说明：该课为自读课文，通过前两篇课文的学习，学生已经掌握如何抓住意象、关键诗句来理解诗歌，并有收集资料、辩证分析并加以推断的经验。这五首短诗，语言凝练而含蓄，蕴含着丰富的情感和哲理。如果老师过多地讲解，越俎代庖，反而破坏诗歌带给学生审美的愉悦和多样的思考。通过任务驱动，让学生根据任务自己探究，能调动学生的积极性，提高学生的学习兴趣。在完成任务的过程中，学生学会解读诗歌的方法，学会收集信息、分析信息、得出结论，习得批判性思维能力，培养学生的高阶思维。

（三）课堂小结

同学们，通过学习《短诗五首》，我们体会了诗歌凝练而含蓄的语言美，感受了诗歌的不同艺术风格，并再次运用想象与联想来理解诗歌意象，运用资料搜集、分析的方法理解诗歌内涵。

（四）布置作业

互相交流各自作品，并进行相关阐释。

4 海燕

高尔基

一、教学目标与学习要素

(一) 教学目标

1. 结合诗人的创作背景,把握时代脉搏,理解诗歌表达的内容。
2. 从整体上领会作品的象征内涵,感受不同形象的深意,理解象征手法在诗中的运用及其作用。
3. 学习诗歌的多种表现手法,分析对比、烘托、比喻、拟人、反复对塑造海燕形象、抒发诗人情感的作用。

(二) 学习要素

1. 抓住事物的特点,理解诗歌形象的象征意义。
2. 掌握对比、烘托、比喻、拟人等表现手法。
3. 知道意象群、意象与意象之间的关系。

二、文本解读

(一) 课文整体解析

高尔基的《海燕》写于1901年3月。十九世纪欧洲爆发的工业危机,蔓延到了俄国。正当俄国革命运动不断高涨的时刻,高尔基根据自己在彼得堡的亲眼所见和经历,结合当时的革命斗争形势,写成了一篇带有象征意义的短篇小说"幻想曲"《春天的旋律》(也有人译为《迎春曲》),它的结尾部分就是著名的《海燕》。

高尔基的《海燕》被称赞为是一篇号召进行革命斗争和迎接革命暴风雨来临的"战斗的革命诗歌"。伟大革命导师列宁、斯大林和苏联老一辈的布尔什维克革命家,都对它给予了高度的评价。

《海燕》中出现了大量的拟人化。有读者曾经质疑,"就在这鸟儿勇敢的叫喊声里,乌云听到了欢乐""在这叫喊声里,乌云听出了愤怒的力量、热情的火焰和胜利的信心"中"欢乐""愤怒的力量""热情的火焰和胜利的信心",只能用"充满"或者"洋溢"等,怎么能"听到"呢?高尔基在《谈谈我怎样学习写作》一文中谈到了这个问题。他说:"文学创作的艺术,创造人物与'典型'的艺术,需要想象、推测和'虚构'……可以说,想象——这是赋予大自然的自发现象与事物人的品质、感觉,甚至还有意图的能力。""我们常读到和听到:'风在悲泣''风在呜咽''月亮沉思地照耀着''小河低声地哼着古老的民间壮士歌''森林皱着眉头''波浪想推动山岩,山岩在波浪的打击下皱起眉头,但并没有向波浪让步''椅子像雄鸭一样呷呷地叫着''靴子不愿套到脚上去''玻璃出汗了',——虽然玻璃是没有汗腺的。""所有这一切都使大自然的现象似乎更容易为我们了解,这叫做'拟人法',这个词是从希腊文来的:anhtropos是人,morphe是形式、形象。在这儿我们可以看出,人赋予他所看见的一切事物自己的人的性质并加以想象,把它们放到一切地方去——放到一切自然现象,放到他们的劳动和智慧创造出来的一切事物中去。有些人觉得在语言文字的艺术中,拟人法是不适宜的,甚至是有害的,但是这些人本身都在说着'严寒刺骨''太阳微笑着''五月来临了';虽然雨没有脚,但他们不能不说'雨来了';虽然自然的现象和我们的道德观念并没有什么关系,但是他们却说'坏天气'。"

高尔基又把海燕等海鸟和大海、乌云、狂风、雷电等都人格化了,这就是说,"赋予大自然的自发现象与事物人的品质、感觉,甚至还有意图的能力","所有这一切都使大自然的现象似乎更容易为我们了解"。

(二) 重点语段细读

1. 在乌云和大海之间,海燕像黑色的闪电,在高傲地飞翔。

这一句运用比喻和拟人的修辞手法。把"飞翔的海燕"比喻成"黑色的闪电",写出海燕矫健、利落的雄姿和冲破黑暗、迎接光明的斗争精神。"高傲"赋予海燕人的特点,表现出海燕对对手的蔑视以及英勇善战的姿态。

2. 海鸭也在呻吟着,——它们这些海鸭啊,享受不了生活的战斗的欢乐:轰隆隆的雷声就把它们吓坏了。

这一句运用了拟人的修辞手法,写出了海鸭的声音,表现了海鸭的胆怯和安于现状。

3. 看吧,狂风紧紧抱起一层层巨浪,恶狠狠地把它们甩到悬崖上,把这些大块的翡翠摔成尘雾和碎末。

这一句运用了拟人和比喻的修辞手法,动词"抱""甩""摔"表现了狂风猖狂的气焰。把"巨浪"比喻成"翡翠"体现了海浪的力量与悲壮。

4. ——暴风雨！暴风雨就要来啦！

这一句运用反复的修辞手法，强调了海燕作为预言家的极度兴奋、欢快之情，号召人民起来迎接暴风雨。

三、教学过程

（一）导入

同学们，我们知道高尔基的小说《童年》，那你们听说过高尔基的散文诗《海燕》吗？谁来说一说？

今天我们一起来看看高尔基的《海燕》。

（二）活动设计

▲ 活动设计一：信息处理小达人

阅读课文中的"预习"，结合教师提供的创作背景，说说你获取到了哪些信息？

设计意图：了解背景有助于学生对该诗的理解。

▲ 活动设计二：揭秘"海燕"的真实身份

朗读全诗。在朗读时，重点关注直接描写海燕的诗句，初步揣摩海燕的象征意义。说说这是一只怎样的海燕？结合前面的背景知识，你认为海燕象征了什么呢？

设计意图：结合朗读，初步感知海燕的形象。结合"活动设计一"，初步思考海燕象征的内涵。

▲ 活动设计三："鸟儿问答"

1. 为海鸟命名——文中有四种海鸟，请依据其主要特征，模仿《水浒传》人物诨号命名方式，为文中海鸟取一个诨号，并说明理由。

可借助以下表格，完成命名任务。

	表现与特征	象征意义
海鸥	呻吟，飞窜，充满恐惧	
海鸭		
企鹅		
海燕		

设计意图：这首诗的思想主要是通过象征手法表现出来的，本活动设计意在引导学生从作品整体和主要内容方面领会各种形象的象征意义。了解对比的手法，明确海燕与海鸥、海鸭、企鹅分别象征的是英勇无畏的无产阶级革命先驱者和害怕革命会破坏他们安乐窝的形形色色的假革命和不革命者，把握两者的关系。

	表现与特征	象征意义
海鸥	呻吟，飞窜，充满恐惧	害怕革命会破坏他们安乐窝的形形色色的假革命和不革命者
海鸭	呻吟、吓坏	
企鹅	蠢笨、胆怯、躲藏	
海燕	高傲、勇敢、欢乐、自由自在飞翔	英勇无畏的无产阶级革命先驱者

2. 寻找同伴——文中还有一对关系，你们发现了吗？请先找出相关形象，加以归类，小组合作完成表格。

形象		表现与特征	象征意义
A	乌云		象征沙皇专制统治代表黑暗的反动势力
B	大海		日益觉醒的人民革命力量
	暴风雨		就要来到的革命红色风暴
	海燕		

3. 情景演绎——任意选择其中一只鸟和一种自然现象，与"海燕"展开对话，并将其演绎成情景剧。

设计意图：除了海燕，诗中出现了鸟类——海鸥、海鸭、企鹅，自然现象——乌云、狂风、雷鸣、电闪，以及太阳、大海。通过鸟儿问答的活动，促进学生对文章的深度理解。

(三)课堂小结

同学们,我们结合诗人的创作背景,理解诗歌表达的内容,并感受了诗歌中不同形象的深意,理解象征手法在诗中的运用及其作用。我们还学习了诗歌的多种表现手法,如对比、烘托、比喻、拟人、反复,这些表现手法对塑造海燕形象、抒发诗人情感的起到了较大的作用。

(四)布置作业

有感情地朗读自己喜欢的段落。

写作　学习扩写

一、教学目标与学习要素

（一）教学目标

1. 阅读不同的材料，能把握内容要点，找准扩写点。
2. 总结不同文体的扩写技巧与方法，应用到作文当中。
3. 通过扩写训练，培养学生的想象力和创造力，提升写作水平。

（二）学习要素

1. 记叙性文章扩写重点为忠于原文的中心思想和人物形象，扩写方法有补充情节和细节，增加对人物、环境的描写等。
2. 说明性文章扩写重点是忠于原文的说明对象，扩写方法为补充材料，运用多种说明方法，丰富对说明对象的介绍。
3. 议论性文章扩写重点是忠于原文的观点，扩写方法一般为进一步补充论据，阐释观点。

二、教学建议

扩写是对较为简略、概括的文章或片段加以扩展、补充，使之成为篇幅更长、内容更充实的文章的写作方式。扩写首先要忠于原文，其次要找准扩写点，根据表达中心的需要来选择合适的点，有针对性地扩写。在扩写教学中，要牢牢把握以上两点。根据不同体裁，扩写的着重点有所不同。在教学中，要注重区分记叙性文章、说明性文章、议论性文章扩写的重点与方法。比如，扩写记叙性文章可以采用补充情节和细节，增加对人物、环境的描写等方法；扩写说明性文章可运用多种说明方法，丰富对说明对象的介绍；扩写议论性文章，需进一步补充论据，深入阐释观点。在了解相关要点后，教师提供相应材料、情境让学生进行扩写训练并进一步评价、修改。

三、教学过程

(一) 导入

请同学们翻到课本第 15 页,来看看我们这个单元的写作模块"学习扩写"。老师有几个疑问想跟大家探讨一下。为什么这个单元的写作任务是"学习扩写"呢?"扩写"是什么?扩写有什么原则吗?不同体裁的文章,扩写的着重点分别是什么呢?扩写有什么注意事项吗?请同学们阅读第 15 页,圈划相关信息,自主分析判断,帮助老师解决这些疑惑。

(二) 活动设计

▲ 活动设计一:"扩写"知识抢答赛

1. 什么是扩写?
2. 扩写遵循的两个原则是什么?
3. 记叙性文章,扩写的着重点分别是什么?
4. 说明性文章,扩写的着重点分别是什么?
5. 议论性文章,扩写的着重点分别是什么?
6. 扩写还有哪些注意事项?

设计意图:总结关于扩写的知识、不同文体的扩写技巧与方法。

▲ 活动设计二:扩写初体验

在以下三个任务中任选一个完成。

1. 学习完本单元的诗歌,一位同学总结了自己对诗歌的认识,写了下面这句话。回顾读过的诗歌,从中选择几首作为例子,将这句话扩写成一段话。不少于 300 字。

诗歌是一种很特别的文学体裁,有三个突出特点:一是用意象来表达情感,二是语言凝练,三是讲究节奏和韵律。

提示:针对三个特点,各举一两个恰当的例子。

对每个例子作一些分析,更加清楚、具体地表现你对诗歌的认识。

2. 阅读下面的材料,将其扩写成一篇具体、生动的文章,题目自拟。不少于 600 字。

春秋时期,晋公子重耳和他的随从在逃难途中,经过卫国,卫公子没有以礼相待。他们从五鹿经过,向乡下人讨饭吃。乡下人给他们土块。重耳大怒,想要用鞭子打那个人。狐偃劝他说:"这是上天赏赐的土地呀!"重耳于是磕头致谢,收下土块,装在车上。

提示:下笔前仔细体会,确定中心。围绕这一中心找准扩写的点(比如材料中最富有戏剧性的内容),设计好扩写提纲。

发挥想象,增加必要的神态、动作、语言、心理及场面的描写,力求生动。

写好以后,与原文作一番比较,分析扩写的成败得失,体会扩写的方法。

3. 阅读下面的语段,深入思考,把它扩写成一篇议论性文章,题目自拟。不少于600字。

"苟有恒,何必三更眠五更起;最无益,莫过一日曝十日寒。"这是明代学者胡居仁撰写的对联,意在勉励自己:做事情贵在持之以恒。持之以恒,就要注重平日积累,而非临渴掘井。持之以恒,就要坚持不懈,而非一曝十寒。古今中外很多事例都告诉我们,做事情有恒心方能成功。我们在求学、成长的路途上,也应持之以恒。

提示:

(1) 阅读所给的材料,思考如下问题:语段的主要观点是什么?主要是从哪几个方面进行论述的?扩写时,可以分为几个段落,每个段落的要点是什么?

(2) 议论性文章扩写的要点在于补充论据。想想你平日积累的材料中,有哪些事例、名人名言等可以作为论据。

(3) 注意根据所论述的要点,简单分析论据,以揭示材料和观点之间的联系。

(三) 课堂小结

同学们,这节课我们总结了不同文体的扩写技巧与方法,并通过扩写训练培养了自己的想象力和创造力,相信在一定程度上能提升我们的写作水平。

(四) 布置作业

同学间互相交流扩写内容。

单元练习

一、试题举隅

1. 试着用"/"给以下诗句划分节奏。

我是你河边上破旧的老水车,

数百年来纺着疲惫的歌;

我是你额上熏黑的矿灯,

照你在历史的隧洞里蜗行摸索;

我是干瘪的稻穗;是失修的路基;

是淤滩上的驳船

把纤绳深深

勒进你的肩膊;

——祖国啊!

2. 发挥想象,将卞之琳的《断章》扩写成一篇200字左右的散文。

二、综合阅读

阅读舒婷的《双桅船》,试着完成以下任务。

双桅船

雾打湿了我的双翼

可风却不容我再迟疑

岸啊,心爱的岸

昨天刚刚和你告别

今天你又在这里

明天我们将在

另一个纬度相遇

是一场风暴、一盏灯

把我们联系在一起

是一场风暴、另一盏灯

使我们再分东西

不怕天涯海角

岂在朝朝夕夕

你在我的航程上

我在你的视线里

1. 找出这首诗中的意象,把它们写在横线上。

———————————————————————

2. 结合全诗,试分析"双桅船、雾、风、岸、风暴、灯"的含义,简要阐明这几个意象之间的关系。

———————————————————————
———————————————————————
———————————————————————
———————————————————————

3. 这首朦胧诗想表达的到底是什么呢?请结合诗歌文本、查阅相关材料来解读本首诗,看看大家对这首诗有多少种解读,哪一种理解最有诗理诗味。

———————————————————————
———————————————————————
———————————————————————
———————————————————————

4. 舒婷用富有哲理的语言阐释了船与岸之间的关系。模仿她的写法,也从生活中选择两个相关的事物,写出几行诗句表达两者之间的关系。

———————————————————————
———————————————————————
———————————————————————
———————————————————————

解 析

一、试题举隅

1.

我/是你河边上/破旧的/老水车,

数百年来/纺着/疲惫的歌;

我是你额上/熏黑的/矿灯,

照你在/历史的隧洞里/蜗行摸索;

我是干瘪的/稻穗;是失修的/路基;

是淤滩上的/驳船

把纤绳/深深

勒进/你的肩膊;

——祖国/啊!

2. 略。

二、综合阅读

1. 双桅船、雾、风、岸、风暴、灯。

2. "双桅船"喻"我",即抒情主人公;以"岸"喻自己追求的对象;以"雾""风暴"喻人生中的艰难坎坷;以"灯"喻人生的目标。其中几个意象成对出现:风暴/灯、雾/风、岸/船,此外诗中还有其他成对的物象:你/我、航程/视线、昨天/今天、告别/相遇,甚至文中的抒情主人公的"船"也是双桅的,从中可以看出主人公一方面渴望与"岸"的相聚,另一方面又不断朝着理想执着前行。船与岸的关系象征人生探索和追求的过程。

3. 这首诗中描述的"双桅船"与"岸"的聚散故事使得本首诗看上去像是一首爱情诗,但与舒婷的"爱情宣言"《致橡树》不同,诗中没有明确的语言揭示这一点,因此这首诗给读者留下了广阔的想象空间。我们可以把它理解为一首爱情诗,可以理解为作者对于友情、亲情、目标、理想,以及对于人生漂泊与追求的过程的认识。这首诗表现了一种情感、心态与人生感悟,其含蓄丰富的意象为这首诗歌增添了无穷的韵味。

4. 略。

第二单元

| 单元教学目标 |

1. 在梳理情节、分析人物形象的基础上,对作品的内容、主题有自己的看法,理解小说的社会意义。
2. 学习欣赏小说语言,了解小说多样化的风格。

| 单元内容框架 |

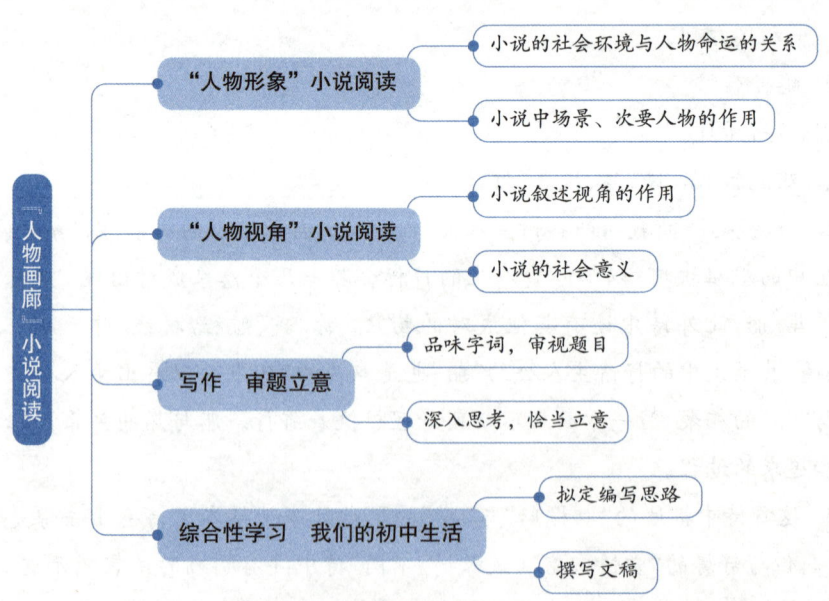

单元设计说明

本单元小说围绕"人物画廊"这一中心,选取了四篇中外小说。《孔乙己》以小伙计的视角,用"以笑写悲"的手法塑造了孔乙己的形象,也写出当时社会的冷酷现实。《变色龙》在"变"与"不变"中,用夸张的手法,尖锐地讽刺了奴性人格的人。《溜索》在一个特定的环境中,运用对比的写作手法,突出马帮首领等人强悍勇猛的形象。《蒲柳人家》把人物置于矛盾冲突中,表现了一群人的形象特点。阅读小说,抓住社会意义、叙述视角、次要人物的作用等角度来感受本单元小说的魅力。本单元写作教学为审题立意,重在准确、深入地理解题目的意思和材料的含义,而后确定中心,恰当立意。本单元综合性学习是"岁月如歌——我们的初中生活",旨在为四年初中生活留下一份永久的纪念。主要学习内容为:收集整理文字、图片信息;拟定编写思路,撰写文稿。

5 孔乙己

鲁 迅

一、教学目标与学习要素

（一）教学目标

1. 能通过人物的肖像、语言、动作描写，分析其背后所揭示的人物性格，理解人物形象的复杂性和丰富性。
2. 了解小说中场景、次要人物的作用。
3. 能从小说叙述视角的角度理解小说的社会意义。

（二）学习要素

1. 从孔乙己自己眼中的自己和看客眼中的孔乙己的不同中理解人物形象的复杂性和丰富性。
2. 理解酒店掌柜、酒客、举人老爷等次要人物对表现小说主旨的作用。
3. 通过小说中小伙计叙述视角的转换表现出小说丰富的内涵。

二、文本解读

（一）课文整体解析

"能于寥寥数页之中，将社会对于苦人的冷淡，不慌不忙地描写出来，讽刺又不很显露，有大家风度。"《孔乙己》是鲁迅先生艺术成就最高的短篇小说之一，同时也是20世纪中国文学史上的经典短篇小说之一。

小说第1—3段开始先介绍了鲁镇酒店的格局和酒店中酒客们的身份，用简短的几笔借咸亨酒店为我们浓缩出孔乙己所生活的社会背景。在这里，短衣帮和长衫客有如楚河汉界，泾渭分明。

第4段到倒数第2段开始介绍孔乙己。"站着喝酒而穿长衫的唯一的人"，第一句就意味深长地介绍了孔乙己的身份。他"站着喝酒"已说明自己根本就没有资格像那些身穿长衫的阔绰者一样，踱进酒店去慢慢地"坐喝"，只能与"短衣帮"为伍；但他却始终不肯脱下那件又脏又破的"似乎十多年没有补，也没有洗"的长衫，说明他是多么迷恋自己头脑中虚幻的"高人一等"的身份。在孔乙己的心中，长衫已经成了他唯一的精神寄托,但是这件长衫却写满了迂腐寒酸、可笑可怜,也表明他在现实面前的不伦不类,"站着喝酒而穿长衫的唯一的人"是对孔乙己最形象的描写。

结尾处是孔乙己最后一次来到咸亨酒店,此时的孔乙己"穿一件破夹袄,盘着两腿,下面垫一个蒲包,用草绳在肩上挂住",孔乙己最终连一件长衫也没能守住,可见世间凉薄。长衫是孔乙己的形象特征,也是他悲剧命运的注脚,这件长衫折射的正是科举制度对人的毒害。

最后一段是小说的结尾。小说以一个不谙世事的酒店小伙计的口吻,不动声色地讲述着孔乙己的凄惨遭遇,看似平淡轻松,实则蕴含着深沉的批判力量。作者借少年"我"的叙述和成年"我"的反思,在结构上形成首尾呼应,不仅展现一个人的悲剧命运,更揭示了一群人对悲剧的态度和反应——他们的冷酷和麻木。作者借助这些表达了对这样的社会和民众的批判与否定,使文章的内涵更加丰富。

小说还刻画了一群典型的中国"看客"形象,从侧面揭示孔乙己悲剧产生的原因。"看客"中的掌柜、长衫客、短衣帮对孔乙己都持嘲笑、冷漠的态度。这是看客杀人。学者钱理群认为,在鲁迅看来,千百年的习惯势力所形成的"无主名无意识的杀人团",更在无时无刻地制造着更为普遍、更不露痕迹,因而是更为可怕的"吃人"的悲剧。

(二) 重点语段细读

1. 孔乙己是站着喝酒而穿长衫的唯一的人。

仅仅十七个字便点出了孔乙己的尴尬处境。文字极少而容量极大。既然是穿长衫的,理应踱进屋里慢慢地坐喝,然而孔乙己却踱不进去,因为他"终于没有进学,又不会营生","愈过愈穷,弄到将要讨饭了"。他只能跟短衣帮一样,靠柜外站着喝酒。既然穷到这步田地,就该脱下那件又脏又破的长衫,走进短衣帮的行列,然而他却不能,因为他思想深处铭刻着那个时代赋予的教条:万般皆下品,唯有读书高。这使得他自以为高人一等,看不起劳动和劳动人民,即使处在穷极潦倒的境况之下也不肯正视现实,还要摆读书人的架子。于是孔乙己便成了病态社会的病态人物,成了咸亨酒店的上不去下不来的特殊顾客——穿长衫而又站着喝酒的唯一的人。这十七个字是对孔乙己这个矛盾人物的思想性格特征高度地形象地概括。

2. **便排出九文大钱。**

这个"排"的动作实际上代表了孔乙己的全部性格特征。"排"就是手掌里的一把钱一个一个次第而出,在柜台上排成一串。这个动作既显示了对人家的嘲笑不屑置辩的经济实力,又掩盖了这笔钱不光彩的来历。但是,这个动作还须以"大钱"为后盾。大钱,比一般铜钱大,作为货币的价值也较高。尽管酒店定价只以"铜钱"为准,孔乙己却没有现钱则已,有现钱就付大钱,这样才使"排"的动作有恃无恐,颇有神韵。如果孔乙己"排"出来的竟是"小钱"(指质量、重量均次于一般铜钱的小铜钱),必定被人讥笑,自讨没趣。

3. **孔乙己是这样的使人快活,可是没有他,别人也便这么过。**

这句话无比残酷而又真实地揭示了孔乙己存在的全部意义——他只是人们可有可无的戏弄和嘲笑的对象。这其中也包含了成年后"我"对孔乙己地位的再认识,在鲁镇,无人真正关心他的生死。

4. **我温了酒,端出去,放在门槛上……坐着用这手慢慢走去了。**

这是孔乙己最后一次出现在大家的面前。原本高高大大,如今却只能"在柜台下对着门槛坐着";原本脸上青白,如今却是"黑而且瘦,已经不成样子"。可即便如此,掌柜的第一句话仍是想着让孔乙己还钱,而后即是一以贯之的嘲笑。和众人不同的是,年仅十二岁的"我"却对孔乙己充满了同情,所以把酒放在他容易拿取的门槛上,而不是放在地上。当孔乙己消逝在大家眼前的时候,周围的人都在"说笑",对于孔乙己的生死,这些人毫不在意,极端冷漠。而小说在此处却用了一个"走"字。用两只手在地上行走的时候,这个动作用"爬"字更为贴切,而作者为何在此处却用了个"走"字呢?正是这一个"走"字,寄寓了作者对这个人物的同情与尊重,在其走投无路之时还要给予他人最基本的"尊严",让他像一个人那样走着离开大家的视线。

5. **我到现在终于没有见——大约孔乙己的确死了。**

"大约"与"的确"在这里并不矛盾。"大约"表估计推测,因为没有人再说起这件事,也没有确凿的根据,只是估计。根据前文孔乙己在被打断腿之后仍然要来喝酒的情形,而"到现在终于没有见"这样的情况估计,孔乙己的确死了。小说以这句话结束而且独立成段,流露出"我"对孔乙己的同情以及成年后的"我"对他的挂怀。

三、教学过程

第一课时

(一)课时目标

品读文中的肖像、动作、语言描写,分析其背后所揭示的人物性格,理解人物形象的复杂性和丰富性。

(二)导入

鲁迅的学生孙伏园在《关于鲁迅先生》一文中说:"我曾问过鲁迅先生,其中哪一篇最好,他说他最喜欢《孔乙己》,所以已经译了外国文。"鲁迅先生为什么会最喜欢《孔乙己》呢?今天,让我们带着这个问题来学习这篇文章。

(三)活动设计:孔乙己的画像

▲ **活动设计一:孔乙己的自画像**

孔乙己如何评价自己?如果让孔乙己为自己画一幅人物肖像,你觉得他的自画像中最想突出的是哪个特征?

▲ **活动设计二:你为孔乙己画像**

你眼中的孔乙己是他的自画像中的样子吗?圈画并品读对孔乙己的肖像、语言、动作描写的语句。

重点品读:孔乙己是站着喝酒而穿长衫的唯一的人。(爱面子、尴尬)

他身材很高大;青白脸色,皱纹间时常夹些伤痕;一部乱蓬蓬的花白的胡子。穿的虽然是长衫,可是又脏又破,似乎十多年没有补,也没有洗。(穷困、懒惰)

便排出九文大钱。(结局穷困却又要面子)

孔乙己睁大眼睛说:"你怎么这样凭空污人清白……""什么清白?我前天亲眼见你偷了何家的书,吊着打。"孔乙己便涨红了脸,额上的青筋条条绽出,争辩道,"窃书不能算偷……窃书!……读书人的事,能算偷么?"接连便是难懂的话,什么"君子固穷",什么"者乎"之类……(迂腐)

孔乙己立刻显出颓唐不安模样,脸上笼上了一层灰色,嘴里说些话;这回可是全是之乎者也之类,一些不懂了。(落魄、迂腐,受封建科举制度的毒害至深)

孔乙己等了许久,很恳切的说道,"不能写罢?……我教给你,记着!这些字应该记着。将来做掌柜的时候，写账要用。"……孔乙己显出极高兴的样子，将两个指头的长指甲敲着柜台，点头说，"对呀对呀！……回字有四样写法，你知道么？"……孔乙己刚用指甲蘸了酒，想在柜上写字，见我毫不热心，便又叹一口气，显出极惋惜的样子。（热心、善良）

　　孔乙己着了慌，伸开五指将碟子罩住，弯腰下去说道，"不多了，我已经不多了。"直起身又看一看豆，自己摇头说："不多不多！多乎哉？不多也。"（善良、穷困、迂腐可笑）

　　他脸上黑而且瘦，已经不成样子；穿一件破夹袄，盘着两腿，下面垫一个蒲包，用草绳在肩上挂住……孔乙己很颓唐的仰面答道："这……下回还清罢。这一回是现钱，酒要好。"……但他这回却不十分分辩，单说了一句"不要取笑！"……孔乙己低声说道："跌断，跌，跌……"……他的眼色，很像恳求掌柜，不要再提……他从破衣袋里摸出四文大钱，放在我手里，见他满手是泥，原来他便用这手走来的。不一会，他喝完酒，便又在旁人的说笑声中，坐着用这手慢慢走去了。（可怜、痛苦）

▲ 活动设计三：孔乙己的他画像

1. 书上第19页上的这张插图画的又是谁眼中孔乙己的样子呢？你抓住了图片中的什么重要信息做出这样的判断呢？

2. 请大家找一找孔乙己每次出场时，鲁镇人对他的态度。
（1）孔乙己一到店，所有喝酒的人便都看着他笑。
（2）引得众人都哄笑起来：店内外充满了快活的空气。
（3）在这时候，众人也都哄笑起来：店内外充满了快活的空气。
（4）在这些时候，我可以附和着笑，掌柜是决不责备的。
（5）此时已经聚集了几个人，便和掌柜都笑了。
（6）不一会，他喝完酒，便又在旁人的说笑声中，坐着用这手慢慢走去了。
孔乙己穷困潦倒、迂腐不堪、身份尴尬，还是所有人眼里的笑料。

3. 朗读这几句话，特别注意"笑"字的语音语调。

（四）课堂小结

　　这节课我们了解了这篇小说在情节设置上的特点，知道了孔乙己眼中的自己和他人眼中的他之间存在的巨大差异。

（五）布置作业

　　结合这节课学习的内容，请以"孔乙己是_____而_____的人"的句式，全面评价孔乙己这个人物。

第二课时

（一）课时目标

了解小说中场景、次要人物的作用。

（二）导入

昨天的课上，我们知道了孔乙己对自己的评价和别人对他的评价像一架失衡的天平。今天我们再来看看他在鲁镇人心中的地位又是怎样的呢？

（三）活动设计

▲ **活动设计一：失衡的天平**

注意圈画对其他人语言、动作的描写，以及相对应的孔乙己的反应，简单批注。而后请你以"我从＿＿＿＿，读出孔乙己在鲁镇人心中的地位是＿＿＿＿"的句式来回答。

重点品读：

（1）孔乙己一到店，所有喝酒的人便都看着他笑，有的叫道："孔乙己，你脸上又添上新伤疤了！"他不回答，对柜里说："温两碗酒，要一碟茴香豆。"便排出九文大钱。他们又故意的高声嚷道："你一定又偷了人家的东西了！"孔乙己睁大眼睛说："你怎么这样凭空污人清白……""什么清白？我前天亲眼见你偷了何家的书，吊着打。"孔乙己便涨红了脸，额上的青筋条条绽出，争辩道："窃书不能算偷……窃书！……读书人的事，能算偷么？"接连便是难懂的话，什么"君子固穷"，什么"者乎"之类，引得众人都哄笑起来：店内外充满了快活的空气。

（2）孔乙己喝过半碗酒，涨红的脸色渐渐复了原，旁人便又问道："孔乙己，你当真认识字么？"孔乙己看着问他的人，显出不屑置辩的神气。他们便接着说道："你怎的连半个秀才也捞不到呢？"

（3）有一天，大约是中秋前的两三天，掌柜正在慢慢的结账，取下粉板，忽然说："孔乙己长久没有来了。还欠十九个钱呢！"我才也觉得他的确长久没有来了。一个喝酒的人说道："他怎么会来？……他打折了腿了。"掌柜说："哦！""他总仍旧是偷。这一回，是自己发昏，竟偷到丁举人家里去了。他家的东西，偷得的么？""后来怎么样？""怎么样？先写服辩，后来是打，打了大半夜，再打折了腿。""后来呢?""后来打折了腿了。""打折了怎样呢?""怎样?……谁晓得?许是死了。"掌柜也不再问,仍然慢慢的算他的账。

(4) 他脸上黑而且瘦,已经不成样子;穿一件破夹袄,盘着两腿,下面垫一个蒲包,用草绳在肩上挂住;见了我,又说道:"温一碗酒。"掌柜也伸出头去,一面说:"孔乙己么? 你还欠十九个钱呢!"孔乙己很颓唐的仰面答道:"这……下回还清罢。这一回是现钱,酒要好。"掌柜仍然同平常一样,笑着对他说:"孔乙己,你又偷了东西了!"但他这回却不十分分辩,单说了一句"不要取笑!""取笑? 要是不偷,怎么会打断腿?"孔乙己低声说道:"跌断,跌,跌……"他的眼色,很像恳求掌柜,不要再提。此时已经聚集了几个人,便和掌柜都笑了。

(5) 孔乙己是这样的使人快活,可是没有他,别人也便这么过。

▲ 活动设计二:寻找鲁迅先生的知音

1. 探寻鲁迅的情感世界:读完全文,你认为鲁迅先生对孔乙己有着怎样的感情? 你认为鲁迅先生笔下的孔乙己有活着的希望吗?

2. 探寻鲁迅的内心世界:鲁迅先生在写这篇小说的时候创作了很多次要人物,为什么没有给他们取名字? 作者写这些次要人物有什么作用? 看看哪位同学是鲁迅先生的知音,能明白他的用意。

3. 探寻鲁迅先生的精神世界:如果你生活在那个人民急需觉醒的年代,看到鲁迅先生的这篇文章,你能明白他的良苦用心吗?

补充小说写作背景:《孔乙己》创作于"五四运动"前夕,是鲁迅继《狂人日记》后的第二篇小说,收入短篇小说集《呐喊》。在《呐喊》自序里,鲁迅写道:"凡是愚弱的国民,即使体格如何健全,如何茁壮,也只能做毫无意义的示众的材料和看客……所以我们的第一要著,是在改变他们的精神。"

(四) 课堂小结

本节课我们先通过具体语句了解了孔乙己在鲁镇人眼中的地位是怎样的,而后理解了作者为什么在小说中安排这些次要人物的作用,分析了造成孔乙己悲剧命运的原因,理解了小说的社会意义。

(五) 布置作业

课外阅读《孔乙己那件脱不下的长衫》,谈谈你的阅读体会(150字左右)。

第三课时

(一) 课时目标

能从小说叙述视角的角度理解小说的社会意义。

(二) 导入

上节课,我们理解了《孔乙己》这篇小说的社会意义。这节课我们来学习作者是如何来体现小说的社会意义的。

(三) 活动设计

▲ **活动设计一:孔乙己——你说我说大家说**

1. 请大家以四个人为一个小组,每个人从以下四个叙述视角中选择一个,把孔乙己的故事讲给小组里的其他成员听。在讲故事的时候要注意你的身份、说话时的语气,可以适当地补充一些人物的语言、动作、心理活动等。

(1) 掌柜说孔乙己。

(2) 酒客说孔乙己。

(3) 小朋友说孔乙己。

(4) 孔乙己说自己。

2. 思考:为什么作者要让"我"来讲述这个故事?让掌柜或某个酒客来讲这个故事好不好?小组讨论,然后集体讨论。

小说中有两个"我",一个是十二岁的酒店小伙计"我",一个是成年的"我"。作者先将一个不谙世事的酒店小伙计眼里所看到的孔乙己、掌柜和酒客这些人物形象刻画得淋漓尽致,然后不动声色地讲述着孔乙己的凄惨遭遇,让人体会到,连一个孩子都这样冷漠,可见当时社会的世态炎凉。然后作者再以成年的"我"的叙述角度对自己当年的行为进行反思——孔乙己是值得同情的,而那些看客的做法是值得批判的。"我"的反思恰恰寄寓了作者的思想感情。作者不仅关注孔乙己横遭迫害的不幸,更关注人们对孔乙己的不幸的态度和反应。作者借少年"我"的叙述和成年"我"的反思,不仅展现一个人的悲剧命运,更揭示了一群人对悲剧的态度和反应——他们的冷酷和麻木。作者借助这些表达了对这样的社会和民众的批判与否定。

▲ **活动设计二：小说大擂台**

比较阅读《孔乙己》和《范进中举》，说说这两篇小说在塑造人物的手法、人物性格特点、小说主题和语言方面有哪些相同点和不同点。

	《孔乙己》	《范进中举》
塑造人物的手法	通过对人物肖像、动作、语言的描写	夸张、对比的手法
人物性格特点	孔乙己自命清高,迂腐不堪,拿一些无用的知识来炫耀;面对人们的嘲笑,他虽有所抗争,但却是软弱无力的。 孔乙己作为一个旧社会的读书人,身上存在着种种恶习,如好喝懒做等,但他分茴香豆给孩子吃,教小伙计认字等,从中可以看出他善良的一面	范进懦弱、猥琐,面对胡屠夫的训斥、辱骂,范进只是"唯唯连声",甘受屈辱,说"岳父见教的是"。 范进对胡屠夫前称"岳父",后称"老爹",面对张静斋的拉拢,则表现得世故、虚伪
小说主题	都是抨击封建科举制度、封建文化、封建教育毒害知识分子的罪恶,从而揭露封建社会的腐朽和黑暗	
小说语言特点	冷峻的白描手法,沉郁含蓄的语言	漫画的笔调,诙谐幽默的语言

（四）课堂小结

这节课我们首先从小说叙述视角的角度进一步解读了小说的丰富内涵。最后我们通过比较阅读感受了中国优秀文学作品的魅力，也进一步感受了鲁迅先生精准凝练、讽刺幽默的语言特点。

（五）布置作业

将《社戏》《藤野先生》《从百草园到三味书屋》《阿长与山海经》和本文放在一起进行一次探究学习，探究鲁迅小说中的多重叙述视角的作用。

6 变色龙

契诃夫

一、教学目标与学习要素

（一）教学目标

1. 梳理小说的主要情节，了解故事的来龙去脉，把握小说大意。
2. 抓住人物语言和动作细节，分析人物心理活动，感受其形象。
3. 学习小说人物对话中的话轮转换的作用。

（二）学习要素

1. 将人物的直接叙述转换为简洁的转述，梳理故事情节。
2. 通过主人公的"变"与"不变"，分析人物形象。
3. 小说人物对话中的话轮转换对表现人物形象的作用：从话轮的发起与控制、话轮的长度、话题转变、话轮打断等角度研读小说人物之间的权势关系和人物性格。

二、文本解读

（一）课文整体解析

本文是19世纪俄国批判现实主义作家契诃夫较为早期的一篇讽刺短篇小说。

1. "变"与"不变"

小说情节构思非常巧妙。警官奥楚蔑洛夫在街上巡视，恰逢首饰匠赫留金被狗咬伤，围绕狗主人是谁的问题，奥楚蔑洛夫在处理问题的短短几分钟时间里先后经历多处变化。

（1）警官对小狗的评价之"变"。

（2）警官对如何处理这条小狗的决定之"变"。

（3）警官对受害者的态度之"变"。

（4）警官语言、语气之"变"。

（5）警官对天气冷暖的反应之"变"。

(6) 警官对不同身份的人的称呼之"变"。

(7) 不变的是警官溜须拍马、媚上欺下、见风使舵、趋炎附势的本质。

小说运用夸张手法，极其细致地描写了奥楚蔑洛夫的几处变化。通过不断"变色"，自我表演，自我暴露，淋漓尽致地刻画出一个"见风使舵、媚上欺下、趋炎附势"的小人形象。虽然作者没有主观评判，但是通过人物言行的前后矛盾、丑态百出，突出明确讽刺的意味。

小说不仅描写了奥楚蔑洛夫警官的多处"变"，还写到了受害者赫留金的遭遇之"变"、赫留金本人的语气之"变"、手指头的作用之"变"、现场讨论话题之"变"、狗咬人的原因之"变"等变化来写出当时的社会环境，加强了作者的讽刺意味。

2. 对比、夸张的使用

为了更好地起到讽刺的效果，作品中作者设置了多处对比，深刻地反映了主题思想。有警官与小警员的对比、警官与市民的对比，还有警官先后态度反复变化的对比、警官对各种人不同态度的对比、狗的命运的对比、人与狗的对比等。此外还有环境的对比：环境一下子从没有人变成有人，原先的静态变成动态，围观的人聚集得如此神速，也讽刺了沙皇时代人们愚昧麻木、无聊透顶、却又不甘沉寂的精神面貌的病态现象。

3. 独特的语言表达

本文以人物对话（语言描写）推进故事情节发展。这篇小说几乎全部由对话构成，人物的动作和表情的描述几乎完全被废除，但是读者仍然能够感受到人物讲话时的神态和心态，在小说对话中隐含着人物的表情和心灵的动作。透过人物语言，读者不但看到了对话，而且还看到了人物的动作和表情、心理变化，甚至肖像。人物对话放缓了叙述的节奏，叙述的条理性和简洁性受到影响；同时也是人物分析、理解对比和夸张的讽刺性语言特点的前提。

（二）重点语段解读

1. 四下里一片沉静。广场上一个人也没有。商店和饭馆的门无精打采地敞着，面对着这个世界，就跟许多饥饿的嘴巴一样；门口连一个乞丐也没有。

"门无精打采地敞着"，用拟人手法描写环境，反映了当时市面萧条。"跟许多饥饿的嘴巴一样"，用比喻暗示了俄国人民饥饿贫困的生活，整个社会死气沉沉。

2. 木柴厂四周很快就聚了一群人，仿佛一下子从地底下钻出来的。

当狗咬了人之后，广场上很快地聚拢了一群人，这些人无疑只是看热闹。一个"钻"字能表现出他们为了看热闹,聚集的速度之快,可以感受到"人群"生活的无聊。他们无心劳动,似乎就是在期待一些事的发生,他们无疑是一群好事者。

3. 就连那手指头也像是一面胜利的旗帜。

这句话运用了比喻的修辞手法,形象地表明受伤的手指头在赫留金看来是主持公道、要求赔偿的证据,刻画出赫留金以手指被咬为索赔资本的胜券在握的心理。

4. 不瞒您说,我的兄弟就在当宪兵……

赫留金一开始找奥楚蔑洛夫申诉的时候是理直气壮的,他说:"这得叫他们赔我一笔钱才成,因为也许我要有一个礼拜不能用这个手指头啦。"可是后来有人说这是将军家的狗,独眼鬼又说是他把烟卷戳到狗的脸上去的,所以他说:"胡说,独眼鬼!你什么也没看见,你为什么胡说?"这个时候我们可以看出他着急了。于是他说:"我的兄弟就在当宪兵。"这是他着急、心虚的表现。

三、教学过程

第一课时

(一) 课时目标

1. 通过转述和复述的练习,理清小说的情节变化。
2. 品读关键语句,把握奥楚蔑洛夫"变色"的原因。

(二) 导入

1. 介绍预习的变色龙图片,了解变色龙的变色特点。
2. 介绍作者作品。

契诃夫(1860—1904)是俄国 19 世纪末期最后一位批判现实主义作家,20 世纪世界现代戏剧的奠基人之一,与法国作家莫泊桑和美国作家欧·亨利并称为"世界三大短篇小说家"。代表作品有《小公务员之死》《第六病室》等。

(三) 活动设计

▲ **活动设计一:梳理故事情节**

1. 示范:默读第9—10段,将人物语言的直接叙述,转换为转述的形式,注意转述的简洁。

原文:

"这好像是席加洛夫将军家的狗。"人群里有人说。

"席加洛夫将军？哦！……叶尔德林，帮我把大衣脱下来……真要命，天这么热，看样子多半要下雨了……只是有一件事我还不懂：它怎么会咬着你的？"奥楚蔑洛夫对赫留金说，"难道它够得着你的手指头？它是那么小；你呢，却长得这么魁梧！你那手指头一定是给小钉子弄破的，后来却异想天开，想得到一笔什么赔偿费了。你这种人啊……是出了名的！我可知道你们这些鬼东西是什么玩意儿！"

转述：人群里有人说狗是将军家的。奥楚蔑洛夫让叶尔德林脱下大衣，对赫留金说他想讹诈赔偿费，骂他是鬼东西。

2. 依照例句，小组合作，完成下列表格。

顺序	位置	人物	位置	奥楚蔑洛夫
一	9节	人群里有人说狗是将军家的	10节	奥楚蔑洛夫让叶尔德林脱下大衣，对赫留金说他想讹诈赔偿费，骂他是鬼东西
二	14节	巡警说……	17节	
三	18—19节	巡警说……人群里有人……	20节	
四	22节	厨师说……	23节	
五	24,26节	厨师说……	25,27节	

3. 思考：上表中第3列与第5列内容有怎样的关系？

▲ **活动设计二：超级变变变**

1. 因为狗主人身份的变化，所以奥楚蔑洛夫的言行也相应发生变化。先请大家围绕奥楚蔑洛夫的"变"，梳理警官对不同对象的态度，分组完成表格。

狗的主人	对狗的态度	对狗主人的态度	对赫留金的态度	对法律的态度	对天气冷暖的反应
不知狗主人是谁	野畜生、疯狗，把它弄死	拿点颜色出来、混蛋、好好地教训他一顿	肯定赫留金被咬的事实	尊重（那些老爷既然不愿意遵守法令，现在就得管管他们）	新的军大衣是沙皇警犬的特殊标志，也是他装腔作势，用以吓人的工具

续 表

狗的主人	对狗的态度	对狗主人的态度	对赫留金的态度	对法律的态度	对天气冷暖的反应
席加洛夫将军家的狗	那么小		怀疑("它怎么会咬着你";否定("异想天开""鬼东西")		天这么热,脱掉大衣("判"错了狗,内心惊慌、胆怯;为了掩饰惴惴不安、出尔反尔的狼狈,准备"变色")
不是将军家的狗	什么玩意儿、下贱胚子	居然有人养这种狗!这人的脑子上哪儿去啦?	绝不能不管	尊重("得好好教训他们一下!是时候了。")	
将军家的狗	名贵的狗、是娇贵的动物		混蛋、蠢手指头、怪你自己不好		穿上大衣,起风了,挺冷(心冷胆寒,以遮掩刚才辱骂了将军后更深一层的胆怯恐惧,并准备再次"变色"。一"脱"一"穿",热而又冷,把奥楚蔑洛夫凌弱畏强的丑态暴露无遗)
不是将军家的狗	野狗、弄死它算了				
是将军哥哥家的狗	还不赖,怪伶俐的,一口就咬破了这家伙的手指头!好一条小狗	老人家	早晚要收拾你		裹紧大衣(恢复了奴才兼走狗的常态,继续耀武扬威、逞凶霸道去了)

2. 除了奥楚蔑洛夫,还有哪些人身上也有变化?

(1) 赫留金之"变"。

(2) 看客之"变"。

3. 在这么多的"变"中,你认为哪处"变"最有价值?
4. 作者是为了讽刺奥楚蔑洛夫警官一个人吗?

(四)课堂小结

本节课主要对小说主体部分的情节进行了梳理,然后围绕课题中的"变"字,解读了人物形象和社会环境的特点,最后把握了主人公善变的原因。

(五)布置作业

思考:这篇小说在语言上最大的特点是什么?

第二课时

(一)课时目标

学习小说人物对话中的话轮转换的作用。

(二)导入

昨天的课上,我们分析了警官奥楚蔑洛夫"变色"的原因。今天我们要通过一个新知识"话轮"来学习这篇小说在语言上的特点。

(三)活动设计

▲ 活动设计一:对话中的话轮转换

1. 分角色朗读课文第 6—29 段,读出狗的主人发生变化时,奥楚蔑洛夫的变化。

2. 研究如何话轮转换。

(1)通过朗读,我们发现人物对话是这篇小说最大的特点,在会话中形成了小说的矛盾冲突。今天,我们将通过"话轮转换"这个概念来学习小说。所谓话轮,通俗说法就是一个人开始说话到停止发言。首先,请同学们以 4 人为一个学习小组,合作完成下列表格。看看你们有什么发现。

话轮转换	奥楚蔑洛夫	赫留金	巡警	闲人	普洛诃尔	总数	平均
话轮数目							
说话字数							
话轮平均长度							

通过表格的填写,我们不难发现无论从话轮数目还是话轮长度,主要都是奥楚蔑洛夫在控制话题,占据对话的强势地位,符合他在社会地位方面的身份。

(2) 请大家再次小组合作,完成下表,看看你们有什么新的发现。

人物	奥楚蔑洛夫	赫留金	巡警	闲人	普洛诃尔
话轮数目	11	2	3	4	3
话题转变					
话轮打断					

在表格中,我们发现话轮打断次数最多的还是奥楚蔑洛夫,他多次打断赫留金和巡警的话题,这仍然可以显示出他强势者的身份与威严。而话题转变全都集中在奥楚蔑洛夫身上,每一次的话题转变都与狗的主人的身份发生变化有关,此时他成了弱势者。当奥楚蔑洛夫是强势者的时候总是一副高高在上、自我感觉良好的样子,他的语言是连贯、流畅的。而当他是弱势者的时候,他表现出的是一副卑躬屈膝、谄媚讨好的样子,他的话语都是破碎的、凌乱的。

3. 补写心理活动——话轮转换背后的心理。

再读人物对话,特别留意话题转变和话轮打断的语句,补写出这些对话中包含了人物怎样的心理活动(3 选 1)。

(1) 当赫留金抱怨道:"……要是人人都这么乱咬一阵,那在这个世界上也没个活头了"时,奥楚蔑洛夫咳了一声,打断他说:"嗯!不错……不错……这是谁家的狗?"

(2) "不过也说不定就是将军家的狗……"巡警把他的想法说出来,"它的脸上又没写着……前几天我在将军家院子里看见过这样的一条狗。"

(3) "哦!……叶尔德林老弟,给我穿上大衣吧……好像起风了,挺冷……"

▲ **活动设计二:再品"闲"言"碎"语**

1. 再读第 9 段,这是一次顺理成章的"警官与闲人"的对话吗?
2. 再读第 11—13 段,这是怎样的"闲人"之心呢?

一个"闲人"的闲言碎语,引发了"一群"这样的闲人。一段"证词"或许巧合,但对赫留金大大不利,于是发生了赫留金与其互相攻击却争相讨好警官的争吵,马上被警官训斥。作为当事者和旁证的群众的证词在作为裁判者的警官眼中变成了"废话",那说明警官的心目之中,只关心"小狗是不是将军家的"?至于人欺负狗或是狗咬了人都不是他所在意的。

由此,一句"闲人之言",不但引出了警官的判案推断,也让我们看到了"社会群体"的表现,对于理解小说的主旨有了进一步的认识。

3. 再写一写:警官带着巡警离开之后,留在广场上的人们会有怎样的对话呢?

学习了课文之后,请尝试写一组"闲言碎语"吧。

(四)课堂小结

这节课我们学习了一个新的概念——"话轮转换",从而掌握了分析小说中人物对话的方法,从奥楚蔑洛夫和其他人的对话中进一步感受到奥楚蔑洛夫的趋炎附势以及当时这个时代的特点,从而进一步理解了小说的主旨。

(五)布置作业

一说到"变色龙",人们头脑中出现的是出尔反尔、自食其言、专横跋扈、见风使舵的反面贬义形象。你有这样的定式思维吗?请阅读下面几则时讯材料,说说你的发现。

材料一:"变色龙"坦克主要是在表面装上一层薄膜。这种薄膜可以随时按周围环境颜色的变化改变坦克外表的特征,而且这层薄膜也可以随时调节温度,从而使敌人不能根据坦克的散热来探测其行踪,使其达到隐形的效果。

材料二:台湾宝岛有两个政治变色龙,一个是大条变色龙李登辉,一个则是小只陈水扁。这两个变色龙都鼓吹"本土政权",所以有人称之为"土龙"。

材料三:变色龙设计试用JNC最新MP3 SSF300。JNC,作为国内首屈一指的MP3厂商,一向为我们提供做工精良、音质上乘的中高端MP3,虽不是自主研发,但这一种方式促使MP3市场更新换代速度加快,起到一种润滑剂的作用。看看它这次为我们带来的最新款MP3,型号为SSF300的高端机型,也许会给很多用户带来不小的惊喜。

7 溜索

一、教学目标与学习要素

（一）教学目标

1. 能通过对马帮汉子的动作、肖像和语言描写分析人物形象。
2. 能通过对鹰和牛马的描写以及环境描写的语句读懂人物形象。
3. 能通过"我"的所见所闻所感的语句，明确"我"所处环境的奇险，并进一步感受马帮汉子的形象。

（二）学习要素

1. 从人物描写和叠词的角度理解人物形象。
2. 从小说环境描写的角度解读人物形象。
3. 从阿城小说简洁而富有表现力且雅俗共赏的语言中解读人物形象。

二、教学建议

本单元已经学习了两篇经典的短篇小说，学生已初步掌握了小说三要素，且已经具备了一些基本的阅读小说的方法，而本文恰巧可以对之前学过的知识进行自主学习。自主学习的重点可以放在以下几个方面：一是梳理小说的情节。二是理解小说中人物描写的作用，概括人物形象。三是学习环境描写对小说主题的作用。四是从叙述视角来理解小说主旨。通过这几个知识点的自主学习，既可以对之前学过的内容进行巩固，同时也可以提示学生这是阅读小说内容的重要方法，对学生将来自己阅读小说作品也能起到一定的帮助作用。

三、教学过程

（一）导入

本单元的前两篇课文，我们学习了两位文学巨匠的两篇小说。这节课请同学们运用之前学习小说的方法自主学习阿城的代表作《溜索》。先请同学们回忆一下，读懂一篇小说主要要抓住哪些要素？

(二)活动设计:自主学习小说的方法

▲ 活动设计一:概括情节

本文主要记叙了一次"溜索"的过程,请大家围绕"溜索"这一主体事件概括本文的情节,注意从开端、发展、高潮、结局四个部分来概括。

▲ 活动设计二:概括人物形象

1. 本文描写的人物很多,有第一人称的"我",有马帮的首领,有首先溜索的精瘦短小的汉子以及马帮中的其他人。谁才是小说的主人公?

2. 首领是一个怎样的人?请从文中找出描写首领的语句,分析首领的人物形象。

重点品读:(1)首领也只懒懒说是怒江,要过溜索了。

首领稳稳坐在马上,笑一笑。

首领缓缓移下马,拐着腿走到索前,举手敲一敲那索,索一动不动。

(2)慎慎地下来,腿子抖得站不住,脚倒像生下来第一遭知道世界上还有土地,亲亲热热踩几下。

回首却见首领早已飞到索头,抽身跃下,拐着腿弹一弹,走到汉子们跟前。

3. 小说中的其他人物分别具有怎样的特点?请同学们找出对他们动作、语言、肖像的描写来分析。

▲ 活动设计三:环境描写的作用

1. 小说中有不少描写怒江大峡谷的语句,如"万丈绝壁飞快垂下去,马帮原来就在这壁顶上……怒江自西北天际亮亮而来,深远似涓涓细流,隐隐喧声腾上来,着一派森气。俯望那江,蓦地心中一颤,惨叫一声"。请找出相关语句,思考这些环境描写有什么作用?

2. 小说中还有不少描写鹰和牛的语句,也请同学们找一找,说说有何作用?

▲ 活动设计四:叙述者的作用

"我"是本文的叙述者,可是全文没有出现一个"我"字,这样写有什么好处?

(三)课堂小结

这节课我们仿照前两篇小说的学习路径,从情节、人物、环境描写和叙述视角四个方面自主学习了这篇小说。希望大家能够掌握这种阅读小说的方法,在看到一篇新的小说的时候也能主动从这四个方面去研读,相信会对大家阅读小说的能力有所帮助。

(四) 布置作业

用今天梳理的学习小说的方法自主阅读阿城小说《棋场鏖战》。

8 蒲柳人家(节选)

一、教学目标与学习要素

(一) 教学目标

1. 把握小说的故事情节。
2. 分析人物形象,体会人物身上的侠义精神和传统美德。
3. 了解小说的艺术手法,品味小说的语言。

(二) 学习要素

1. 通过线索人物梳理小说情节。
2. 高度概括人物形象的语句:小说中关于这个人物言行的语句,以及作者的议论或者作者借作品中其他人物对他的评价性的语句。
3. 小说借鉴中国古典小说和民间说唱艺术的表现手法的作用。

二、教学建议

刘绍棠的《蒲柳人家》讲述了20世纪30年代,花鞋杜四家的童养媳望日莲和周檎相爱,可阴险邪恶的杜四夫妇另有打算。半路又杀出巡警雷麻子,勾结杜四,要把望日莲卖给董太师做小,并要以"抗日"的罪名把周檎抓走。于是,矛盾激化,以何大学问、一丈青大娘、柳罐斗、吉老秤等为首的父老乡亲一齐出面,挫败麻、杜阴谋,檎、莲顺利完婚。全篇小说共分12段,但这个主线故事只占不到2段的篇幅,其余10段随意分叉,记叙了运河边十来个乡间人物的逸闻趣事。课文只是这部中篇小说的前两节。所以,单看节选部分无法一下子读出小说主旨,这是与前三篇课文的不同之处。而人物形象的塑造和之前学习的《孔乙己》有相似之处,都是用一句话高度概括出人物形象。小说的叙述视角也和《孔乙己》一样使用了儿童视角。极具特色的语言也与前三篇小说一样值得咀嚼。

三、教学过程

(一) 导入

在本单元的学习中,我们认识了鲁迅笔下可怜又可悲的孔乙己,见识了契诃夫笔下见风使舵的奥楚蔑洛夫,结识了阿城笔下强悍勇猛的马帮首领。今天我们将走进当代作家刘绍棠的代表作《蒲柳人家》,看看他笔下的人物又有怎样的特点。

(二) 活动设计

▲ 活动设计一:谁是概括小能手

本文的线索人物是谁?围绕线索人物,梳理小说的情节发展过程。

何满子被爷爷拴在葡萄架的立柱上→引出何满子的故事→引出奶奶一丈青大娘的故事→引出爷爷何大学问的故事→解释何满子被拴的原因→何满子盼救星

▲ 活动设计二:人物众画像

阅读课文第一部分,完成下列各题。

1. 请在课文第一部分中找到一句高度概括一丈青大娘形象的句子。
2. 围绕这个句子中的关键词,结合具体内容,分析人物形象特征。

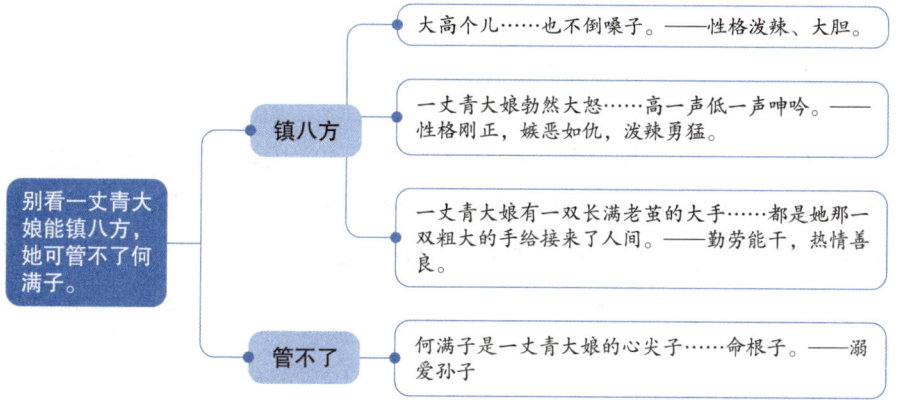

3. 以同样的方式,自画思维导图,分析何大学问的人物形象。
4. 结合小说中还出现的几个其他人物,概括"蒲柳人家"的形象。

▲ 活动设计三：叙述视角的作用

这篇小说是从谁的视角来叙述的，有何作用？

▲ 活动设计四：品析语言的作用

阅读全文，完成下列表格。

语言特点	例句	作用
大量使用口语俗话		
借鉴传统小说和评书的语言		
文白相间		

参考示例：

语言特点	例句	作用
大量使用口语俗话	略	使作品带有鲜明的民族特征和浓厚的乡土特色
借鉴传统小说和评书的语言	略	使小说叙事生动，人物形象鲜明，增添了小说的趣味性和文采，具有浓厚的中国古典小说色彩
文白相间	略	典雅的文言词汇和前后的俗语口语形成语言风格的巨大反差，有一种强烈的夸张感，幽默可笑

(三) 课堂小结

刘绍棠说："我要一生一世讴歌生我养我的劳动人民。"这满怀的率真之情，恰是我们解读乡土创作情感的一把钥匙。全篇小说共分 12 节，但这个主线故事只占不到 2 节的篇幅，其余 10 节随意分叉，记叙了运河边十来个乡间人物的逸闻趣事。课文只是这部中篇小说的前两节。所以，单看节选部分无法一下子读出小说主旨，有兴趣的同学可以去阅读全文。

(四) 布置作业

用外号概括人物性格特点，是我国古典小说常见的表现手法。请你运用此种手法，描写生活中一个人物，力求人物个性鲜明、形象传神。

写作 审题立意

一、教学目标与学习要素

（一）教学目标

1. 能紧扣题目中的关键词，正确审题，提升立意。
2. 能紧扣关键词，理解标题的比喻义，学会为喻体匹配恰当的本体。
3. 能读懂材料间的关系，深入理解材料的含义，多角度思考，确定中心。

（二）学习要素

1. 对各类典型作文题目进行分析和比较，从而做到正确审题。
2. 用变化角度、深入理解等方法提升立意。

二、教学建议

"审题立意"是部编版教材九年级下第二单元的写作训练主题，本单元为小说单元，要求学生在分析人物形象的基础上能对作品的主题有自己的看法，因此在写作训练的模块也强调对于题目和素材有正确、深入的分析，在不偏题跑题的基础上学会多角度看待问题，有自己的独特看法。本次训练也为第三单元"谋篇布局"的写作训练打下了基础。

经过初中四年的训练，学生已有一定的审题能力，但是不成系统，并且大部分学生思维方式单一，本堂课要在教师的引导下整合已有的经验，并且打开思考角度。根据作文题目类型的不同，我们针对性地练习和总结审题立意的方法，主要从以下几个方面入手：一是对一般的全命题作文，把握限制条件，明确选材范围，进而确立中心思想；二是明确比喻性题目的比喻意义；三是梳理半命题作文的审题立意思路；四是从不同角度深入挖掘材料作文的意义。

三、教学过程

（一）导入

审题是作文的第一步，明确题目的意思和要求，包括文体、题材、中心、写作对象等，只有审题正确才能确保不会偏题，为全文打下稳固的基石。审题之后的重要任务是立意，它确立了全文的中心思想。审题要细致、客观和深入。立意要正确、鲜明、集中且深刻。今天我们来梳理和整合一下审题立意的方法。

（二）活动设计

▲ **活动设计一：审视题目、品味字词**

1. 一般命题作文

（1）请找出以下标题中的中心词。

珍贵的<u>礼物</u>　难忘的<u>回忆</u>　悄悄地<u>提醒</u>　有<u>家</u>真好　黑板上的<u>记忆</u>

不止一次，我努力<u>尝试</u>

在作文标题中，中心词往往交代了你要叙述的事件或描写的对象，所以审题第一步就是先圈画出标题中的中心词。

（2）品味修饰成分的作用。

修饰成分是题目中的限制条件，它帮助我们明确选材的范围。

比较《难忘的回忆》与《黑板上的记忆》这两个标题，分别圈画出题目中的中心词和修饰词，思考两个作文题的写作要求一样吗？

二者的中心词是"回忆""记忆"，因此叙述的事件都是发生在过去的经历，所以都适合用倒叙的记叙顺序，但二者的修饰词起到了不同的作用："难忘"强调了程度，要求我们在写作时要突出这件事的独特性，解释清楚为什么这段回忆令人印象深刻；而"黑板上"限制了范围，暗示我们这个故事是依凭"黑板"这个媒介展开，所以故事发生的场所必须有黑板存在，而且黑板上的内容必须与文章的中心密切相关。由此可见，因为两个标题中的修饰词不同，所以写作的要求就会不同。

通过比较，我们可以知道，标题中的修饰成分一般限定了事件或描写对象的特点，比如数量、程度、范围、时间、状态等，而这正是组织材料时要关注的点。在此基础上再来确定文章的中心，立意就正确了。

（3）小结：一般的全命题作文，我们通过把握中心词来确定描述的对象或事件，结合题目中的修饰成分限定选材的具体范围，进而确立文章的中心思想。

2. 比喻性题目

有时候我们遇到的作文题并不能单纯地从词语的本意去理解，这样的题目往往要深入思考它的比喻义，进一步理解题目的深意。

（1）接下来我们一起来看书本第 43 页《写作实践》第三题，分析题目《翻过那座山》,先请同学们圈画出标题的中心词。

(2) 那这篇文章是否都是写爬山的经历呢？"山"还可以有哪些含义？

山的特点是高大,在题目中象征着巨大的阻碍,由此,我们先要明确"山"的比喻义,"山"可以是学习、工作实践中的某个障碍、困难,可以是思想上的偏见、狭隘,可以是性格上的胆小、自私、偏激、懒惰,可以是人际交往的害羞、傲慢,也可以是意外发生的误解、差错等。

(3) 明确"山"的比喻义后,再想一下"翻过"可以换成哪些对应的词语？

翻过那座山 {
 战胜那个困难
 消除那种偏见
 克服那个缺点
 解决那个误会……
}

(4) 小结：对于有比喻义的题目,审题时可以先找出中心词,思考其比喻义,然后进一步思考其他的限定词有什么意味,为题目中的喻体匹配一个恰当的本体,如此也就明确了文章的立意方向。

▲ **活动设计二：深入思考、恰当立意**

1. 半命题作文

半命题作文介于全命题作文与材料作文之间,比起全命题作文,它给了学生更多的自我发挥空间,比起材料作文,它又在选材的范围上做了限制。

(1) 请同学们说说看,你会如何补完《有时候,我也想_____》这个题目？围绕补充好的标题,你想写一个什么故事呢？

例：有时,我也想退缩——如何坚持不懈坚持到底的故事
　　　　　　歌唱——歌颂生活中真善美的故事
　　　　　　哭泣——讲述成长中酸甜苦辣的故事
　　　　　　拼搏——战胜自我追逐梦想的故事
　　　　　　……

分析这个题目,我们发现要求补充的内容是标题的中心词。

同学们在选择中心词时,实际已经大致确定了文章要表达的中心主旨,再进一步根据立意的需要选择恰当且独特的素材,以便能写出更有深度的文章。

(2) 下列题目中,要求补充的部分起了什么作用呢？

①《我们的名字叫_____》。

②《这是_____的舞台》。

③《生活需要_____》。

以上三个例子中,题目中均已出现了中心词,分别是"名字""舞台""生活",此时我们填入的部分都是对中心词进行进一步修饰和限定的词语,如此就决定了正文素材的选择,从而确定了文章的立意。

(3) 小结：综上我们可以发现,半命题作文补全题目的过程也就是立意的过程。

2. 材料作文

(1) 梳理材料的基本意义。

阅读书本第 43 页"写作实践"第一题的材料,思考：①材料里出现了哪几个角色？主要的是哪一个？②你认为这则故事的寓意是什么？

这则寓言故事只有猫头鹰和斑鸠两个角色,其中更主要的是猫头鹰,因为故事是围绕它而展开的,文章的寓意也是基于它的行为而表现出来的。

原文中斑鸠给猫头鹰的建议——"你只要改变自己的叫声就可以了。如果不改变你的叫声,即使到了东方,还是会惹人讨厌。"指出了猫头鹰搬家的根本错误,因此我们可以得出本文的基本寓意是：人要从根源上改变自己来顺应环境,才有生存空间,逃避是无用的。

(2) 从刚才的尝试中,我们可以总结出哪些把握材料的基本方法？

① 梳理故事的人物和事件,舍次求主来概括主旨。

② 寻找文中的关键句,如发表观点的议论性语句,从而把握故事意义。

(3) 结合材料,深入解析。

材料作文立意不仅要清晰深刻,更需要学会求新,学会变化角度去思考问题。

① 如果你是猫头鹰,你赞不赞同斑鸠的建议？赞同的话,你的感受是什么？不赞同的话,你有什么办法？

通过对上面两个问题的思考,我们可以得出很多不同的感悟和思考。

赞同：人要积极听取他人正确的建议。

不赞同：要勇于寻找自己合适的生存空间。（反驳斑鸠的建议）

要悦纳自己,接受自己的不美好。（改变猫头鹰的态度）

要学会扬长避短,发挥出自己的优势。（改变应对方法）

……

② 你怎么看待故事中的斑鸠？我们可以从它身上学到什么？

喜欢：它热心、敢于直言、看问题一针见血。

不喜欢：它没考虑猫头鹰的叫声是天生的，提的建议不切实际。

因此从斑鸠身上我们也可以悟出道理，比如说劝人何妨直言，解决问题要从实际出发……

小结：我们将同学们得出的不同感想分类，可以总结出多角度思考材料的几种方式。

顺向主旨：正向思维，按照文章的倾向和引导。

变向立意、逆向立意：从对立面批判地看待问题。

辩证思考：从问题的根源去考虑解决方法。

发散思维：关注不同的人物、不同的角度。

……

（4）小试牛刀。

阅读材料，在认真审题基础上写出三个不同的主题：

有个鲁国人，擅长织麻鞋，他的妻子擅长织白绢。他们想到越国去居住，于是有人对他们说："你们将会贫穷不堪了。"这个鲁国人问他是何道理。那人说："麻鞋是穿在脚上的，而越国人是赤脚走路的。白绢是做帽子的，而越国人是披发的。你们夫妻的特长，在越国是无用武之地的，怎么能不穷呢？"

例：

顺应主旨：做事不能脱离实际。

逆向立意：人要敢于尝试和革新。

辩证思考：扬长避短才能生财有道。

……

（三）课堂小结

这节课我们进行了一般命题作文题目、比喻性题目、半命题作文题目和材料作文的审题立意训练，并归纳了这几类作文题目的审题立意的方法。希望同学们在具体的写作实践中有意识地运用今天这节课学到的审题立意的方法，把握题目的限制条件，明确选材的范围，确立中心思想，写出更好的作文。

（四）布置作业

完成"写作实践二"，自选角度完成一篇不少于600字的作文。

综合性学习 岁月如歌——我们的初中生活

一、教学目标与学习要素

（一）教学目标

1. 初步拟定编写思路。
2. 学会撰写文稿。

（二）学习要素

1. 确定主题拟定思维导图，梳理编写思路。
2. 写出人物特点，以为人物"画像"的方法来撰写文稿。

二、教学建议

"岁月如歌——我们的初中生活"是初中阶段最后一次综合性学习活动。这个活动不仅能将语文课程内部进行整合，还能与其他课程紧密结合，发挥学生各方面的特长，在激发学生兴趣的同时增强他们语文学习的能力。同时，这不仅是一次语文综合实践活动，更是初中生活的一次全面回顾、总结、反思，有助于学生学会认识自我，反思人生，助力成长。

三、教学过程

▲ **活动总设计**：致我们永不消逝的青春——《班级史记》编写

（一）导入

"长亭外，古道边，芳草碧连天。晚风拂柳笛声残，夕阳山外山……"同学们，再过几个月，我们就将唱响这首《送别》来告别我们的初中生活。回首初中这1000多个日日夜夜，你们一定觉得既漫长又短暂。你们一定还记得刚入校时的雄心壮志，结交好友时的欢欣雀跃，为中考而拼搏时的心酸与喜悦。今天，我们一起来学着编写一本班史，为初中生活留下一个永久的记忆。

(二) 活动设计

▲ 活动设计一：我的班史我做主

1. 什么是班史？

班史，顾名思义是关于班级及其成员的成长史，是将班级成员的活动、感悟、思想等用文字、图片、影像数据等形式展现出来的历史。

2. 为班史拟定编写思路

活动要求：

（1）为班史取一个名字。

（2）拟定编写思路，画一张思维导图。

示例：以"岁月如歌"为班史题目为例。

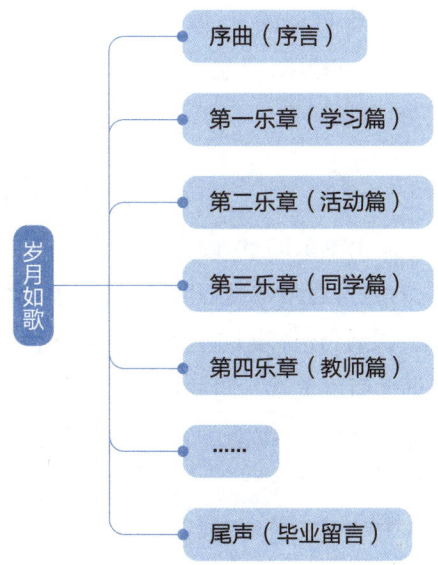

▲ 活动设计二：我的班史有情怀

活动要求：

（1）以"编年体"形式梳理班级大事记。

（2）以"纪传体"形式为某位同学或老师用文字素描的形式"画像"。

示例1：

2018年8月25日，在烈日下，全班40位同学齐聚操场，开始军训。

2018年8月26日，通过两天的努力，全班团结一心，获得会操第一名。

2018年9月30日,第一次参加全校运动会,取得团体二等奖。

……

明确:大家在梳理班级大事记的时候一定要求真求实,尽量将发生的比较重要的事情按时间顺序梳理出来。

示例2:以梁实秋先生写的《我的一位国文老师》中的一段为例。(一定要写出人物特点)

徐先生最独到的地方是改作文。普通的批语"清通""尚可""气盛言宜",他是不用的。他最擅长的是用大墨杠子大勾大抹,一行一行地抹,整页整页地勾;洋洋千余言的文章,经他勾抹之后,所余无几了。我初次经此打击,很灰心,很觉得气短,我掏心挖肝地好容易诌出来的句子,轻轻地被他几杠子就给抹了。但是他郑重地给我解释,他说:"你拿了去细细地体味,你的原文是软巴巴的,冗长,懈啦光唧的,我给你勾掉了一大半,你再读读看,原来的意思并没有失,但是笔笔都立起来了,虎虎有生气了。"我仔细一揣摩,果然。他的大墨杠子打得是地方,把虚泡囊肿的地方全削去了,剩下的全是筋骨。

(三)课堂小结

为班级编撰班史是一件很复杂的事,因为它涉及的内容比较多。在今天的课上,我们初步确定了班史的编写思路,然后开始回忆梳理班级的大事记,最后学习了为人物"画像"的要素。课后,还需要同学们将语文学科和其他学科进行融合,来把我们的班史完成得更全面更美观。与此同时,大家在整理回忆的时候还要对自己的初中生活进行反思,借此机会都能成为更好的自己。

(四)布置作业

为自己的好朋友或喜欢的老师"画像"。

单元练习

1. 文章开头在写鲁镇酒店的格局之后，又写了"短衣帮""大抵没有这么阔绰"，只有"穿长衫"的才踱进房屋里，"慢慢地坐喝"等。作者在孔乙己出场之前，这样写有什么作用？

2. 叶圣陶评价《孔乙己》一文时说："小说中最妙的文字是'孔己己是这样的使人快活，可是没有他，别人也便这么过'。"联系上下文，说说这"最妙的文字"妙在何处。

3. 指出下列各句运用的描写方法，并说明其作用。

（1）四下里一片沉静。广场上一个人也没有。商店和饭馆的门无精打采地敞着，面对着这个世界，就跟许多饥饿的嘴巴一样；门口连一个乞丐也没有。

（2）"哎呀，天！他是惦记他的兄弟了……可我还不知道呢！这么说，这是他老人家的狗？高兴得很……把它带走吧。这小狗还不赖，怪伶俐的，一口就咬破了这家伙的手指头！哈哈哈……"

4. 读完《变色龙》一文，某同学写了一副对联的横批和上联用来评价奥楚蔑洛夫，现在请你补写出下联。

横批：媚上欺下

上联：面对权贵趋炎附势尽显奴才脸。

下联：_____。

> **解 析**
>
> 1. 写出了等级森严的社会环境（或人们身份地位的标志），为孔乙己这个悲剧

人物提供了活动的典型环境。

2. 从结构上看,起到了承上启下的作用;从内容上看,既写出了孔乙己无足轻重的社会地位,更巧妙地揭示了人情的冷漠和世态的炎凉。

3. (1)环境描写:社会环境描写,作者通过对人物出场周围环境的描写,渲染了当时沙皇黑暗统治下的社会压抑、经济萧条、市场冷清的凄凉气氛,为情节的发展做铺垫。

(2)语言描写:作者通过对奥楚蔑洛夫看似搭讪的话的描写,生动形象地刻画出他趋炎附势、反复无常、巴结讨好权贵、媚上欺下的丑态。

4. 示例:"身处官场邀宠献媚大扬小人风"或"看到百姓专横跋扈露出虎狼相"等。

第三单元

单元教学目标

1. 把握古诗文的意蕴,领悟作者的思想感情。
2. 能够运用历史眼光审视作品的当代意义。
3. 在诵读中增强文言语感,积累常见文言词语。

单元内容框架

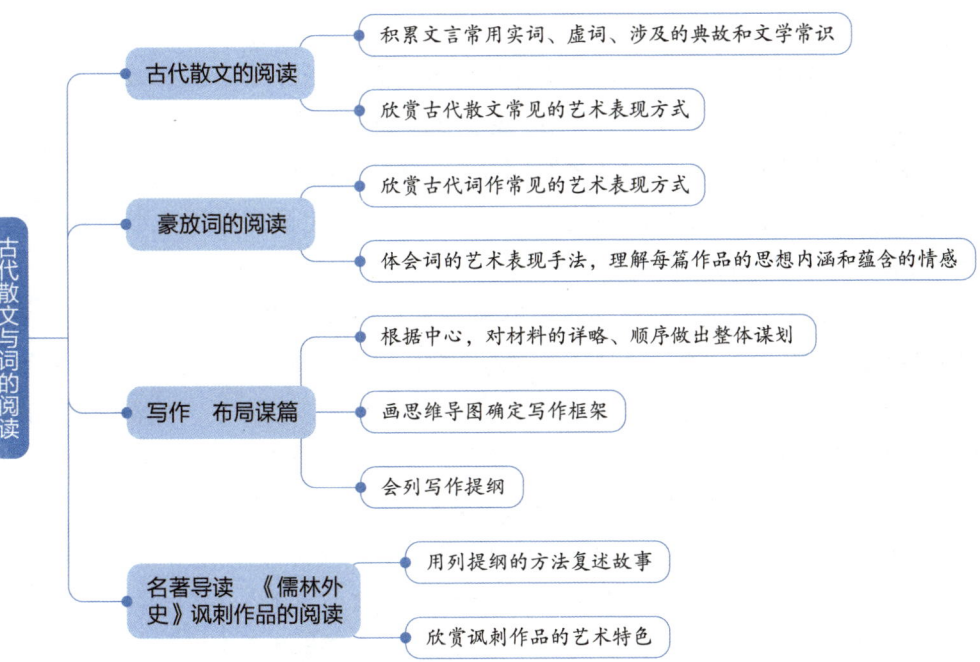

单元设计说明

本单元的课文均为经典名篇,主要涉及古代散文和豪放词。

《鱼我所欲也》将礼和义的冲突置于一个两难的境地,阐明了"舍生取义"的道理。在文中孟子认为人性本善,强调人皆有"本心",也就是与生俱来的良心。孟子善用精妙的比喻、精当的对比、精彩的排比来论证自己的观点,整篇文章气势恢宏,具有极强的说服力。

《唐雎不辱使命》是《战国策》中的一篇历史故事,记叙了韩魏被秦国灭了以后,安陵小国君臣针对秦国所做的一次外交抗争,赞扬了不畏强暴、勇于抗争的精神。文章主要以人物对话展开故事情节,鲜明的人物个性也在语言中凸显。

《送东阳马生序》通过记叙、描写等多种表达方式,讲述了自己年轻时求学的艰苦经历,勉励马生刻苦学习、有所成就。大量的对比使人物性格更加突出,道理更加深刻。

《词四首》中,《渔家傲·秋思》上片描写塞外秋景,下片抒发情感,表达了对家乡、亲人的思念,对成就功业的向往,还含蓄地表达了作者对昏庸朝廷的不满。《江城子·密州出猎》上阕写"出猎"场景,表现行为举止之"狂";下阕由实而虚,进一步写词人"少年狂"的心志,抒发了强烈的爱国热情,为国效力疆场、抗击侵略者的雄心壮志和豪迈的气概。

《破阵子·为陈同甫赋壮词以寄之》首尾写实,中间写梦境。现实与梦境形成鲜明对比,抒发了词人的抗金决心和壮志难酬的悲愤之情。《满江红》是秋瑾在中秋佳节所作,上片以明丽秋色衬"内心之愁",下片直抒胸臆,反映了她在封建婚姻家庭和旧礼教的束缚中,走向革命道路前夕的苦闷彷徨和雄心壮志的开阔胸怀。

本单元写作教学为布局谋篇,重在学会根据中心梳理材料,合理地安排材料的顺序、详略等,学会画材料框架图,帮助自己更好梳理思路,整理写作的材料;学会基于材料框架图列提纲,用简要的文字来标示文章的要点。

阅读《儒林外史》以及其他讽刺作品,可以通过列提纲的方法复述其中的故事,还可以用制作知识卡片的方法来欣赏作品的艺术特色,从而把握讽刺作品的艺术魅力。

9 鱼我所欲也

《孟子》

一、教学目标与学习要素

(一) 教学目标

1. 借助课文注释以及工具书,疏通文意,积累文言词语,梳理文章的层次结构。
2. 理解比喻、对比等论证方式的好处,体会本文的论述风格和语言特色。
3. 了解孟子"舍生取义"的道德主张和"实行仁政"的政治主张。

(二) 学习要素

1. 明确课文中"而""之""于""为"等虚词的意思和用法。
2. 理解比喻说理、对比说理的好处:能把抽象而深刻的道理说得浅显明白又形象生动;能把道理说得更清楚,给人印象更深刻,加强文章说服力。

二、文本解读

(一) 课文整体解析

《鱼我所欲也》是部编教材九年级下第三单元中的第一篇讲读课文。本文基于孟子"性善论"的观点,从这种理论出发,开篇用鱼与熊掌的比喻引出生与义不可得兼时应当舍生而取义的道理,接着从正反两个方面对论点进行正反对比论证,最后进一步指出人人都有向善之心;第二段结合当时的社会现实,从正反两个方面举例论证保持本心的重要性,赋予了舍生取义广泛的现实内涵,使这个道理更令人信服,再次论证了舍生取义这一论点。孟子的这一观点成为中华传统文化的重要内容,成为后世许多仁人志士的行为准则。

本文行文流畅,论证严密,引譬设喻,排比铺陈,气势恢宏,体现了《孟子》散文的艺术特点。对人的生死观进行了深入讨论,是他的一篇代表作。在文章中,孟子强调"正义"比"生命"更重要,主张舍生取义。孟子善用比喻、排比、对比等修辞手法将深奥的道理说得更加清楚,给人的印象也更深刻,加强了文章的说服力。

九年级的学生有了一定的文言文学习基础,借助注释以及工具书基本可以自行疏通全文大意。孟子的文章学生接触较多,对他的写作风格有一定了解,对于课文中使用的对比、比喻、排比等写作手法,学生也比较熟悉。学生能够很快抓住本文的主要论点,但对于孟子论述的方法和论述语言,还需要细细品读理解,此篇讲述的道理也需要学生结合自己的生活实际加以深刻理解。

(二)重点语段细读

1. 如何理解"非独贤者有是心也,人皆有之,贤者能勿丧耳""此之谓失其本心"?

本文选自《孟子·告子上》。《告子上》的主要内容是阐明"性善说",即人性里天生就有向善的种子,这种善的天性,就是人的"本心"。孟子认为它包括四种"本心":恻隐之心;羞恶之心;恭敬之心;是非之心。

2. 文章开头为什么要从"鱼和熊掌"谈起?

鱼和熊掌在当时来说都是难得的食物,在鱼和熊掌"二者不可得兼"时,一般人都会"舍鱼而取熊掌",因为熊掌在当时来说非常珍贵。孟子从生活中鲜活的例子谈起,引出自己"舍生取义"的观点。这里是运用了比喻论证和类比论证的方法,举例浅显,说理深刻。

三、教学过程

第一课时

(一)课时目标

1. 在理解内容的基础上,梳理全文的思路,抓住文章的主要论点。
2. 借助课文注释以及工具书,疏通文意,积累文言词语和文学常识。

(二)导入

孟子是我们熟悉的战国时期的思想家,请同学们小组合作,完善"孟子"这一百度词条。(字数200字左右)

参考:孟子,名轲,字子舆(约前372年—前289年),邹国(今山东邹城东南)人。战国时期哲学家、思想家、政治家、教育家,是孔子之后、荀子之前的儒家学派的代表人物,与孔子并称"孔孟"。

孟子宣扬"仁政",最早提出"民贵君轻"思想,被韩愈列为先秦儒家继承孔子

"道统"的人物,元朝追封为"亚圣"。

孟子的言论著作收录于《孟子》一书。其中《鱼我所欲也》《得道多助,失道寡助》《寡人之于国也》《生于忧患,死于安乐》和《富贵不能淫》等篇编入中学语文教科书中。

(三) 活动设计

▲ 活动设计一:朗读大比拼

把班级分成若干小组,并成立评委小组(约5人),进行朗诵比赛。以下为评分表。

评分标准	读准字音 (30分)	读准节奏和停顿 (30分)	有感情有气势 (30分)	自定义加分项 (10分)

▲ 活动设计二:贪吃蛇之虚词用法大作战

这篇课文中有很多虚词,尝试在圆圈里积累它们的意思和用法,看哪一组的贪吃蛇是最长的?

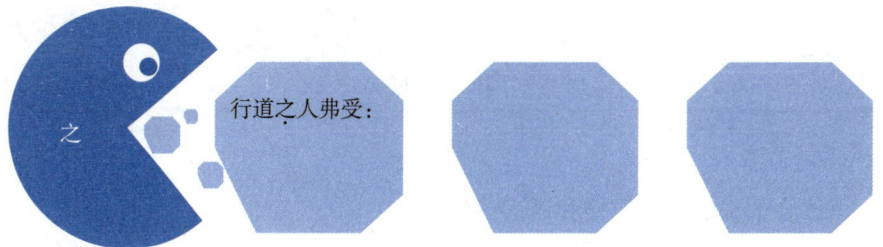

▲ 活动设计三:小组合作,画思维导图,理清全文思路

参考:

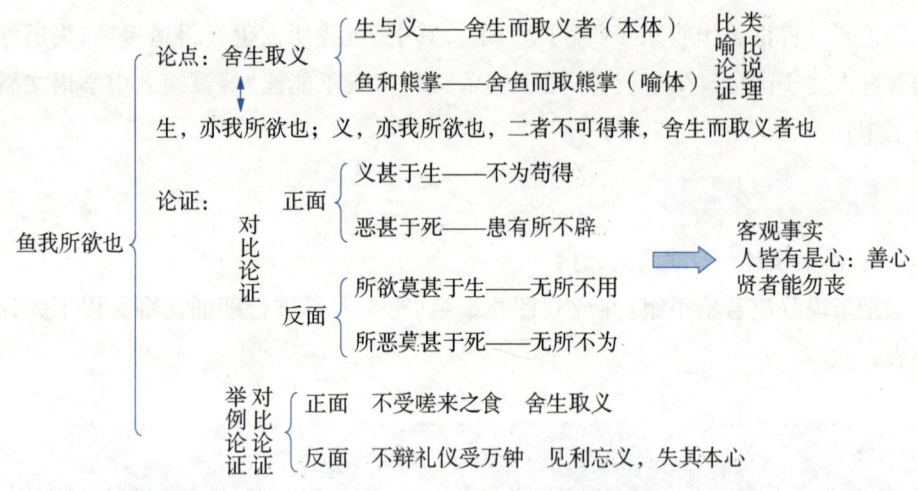

(四) 课堂小结

在这节课中,我们积累文中一些虚词的用法,理解了整篇文章的文意,也明确了本文的论点,理清了全文的思路。下节课我们将探讨作者孟子是如何论证他的观点。

(五) 布置作业

1. 熟读课文并成诵。
2. 课后与小组伙伴完善本课的思维导图,进一步理清作者论证的思路。

···第二课时···

(一) 课时目标

1. 体会本文的论述风格和语言特色。
2. 结合生活实际,正确理解孟子的观点。

(二) 导入

孟子所处的时代已经离我们远去,可他的精神却依旧在今天闪烁着智慧的光辉。今天这节课,我们将和孟子面对面,来一场超越时空的对话。

（三）活动总体设计：与孟子面对面

▲ **活动设计一：向孟子请教论辩术——孟子论辩本领高超**

我们都知道，孟子非常善于论辩，请同学们两两合作，以课文为例，一个人扮演孟子，一个人向他请教论辩的技术。

示例：

生一：孟老先生，您的论辩术真厉害，能不能教我两招？

生二：哈哈，予岂好辩哉？予不得已也。要说我的论辩术，善用"比喻"可以说是其中的精髓。比如在《鱼我所欲也》中，我用"鱼"比喻"生"，以"熊掌"比喻"义"；我用鱼和熊掌"不可得兼"比喻生与义"不可得兼"。我这样说理，可以把很抽象的道理化为形象，让听的人也更容易明白和信服。

▲ **活动设计二：背诵《鱼我所欲也》给孟子听**

如果面对孟子，你认为选《鱼我所欲也》中的哪一段话当面背诵出来，最容易得到孟子的好感？

总结：孟子在论辩时候善用排比、对比、双重否定等手法，使得论述时气势充沛、言辞犀利。

比喻：把抽象而深刻的道理说得浅显明白又形象生动。

排比：加强气势，增强感情，显示说话人的义正言辞，理直气壮。

对比：能把道理说得更清楚，给人印象更深刻，加强文章说服力。

▲ **活动设计三：与孟子探讨"舍生取义"**

示例：

生一：孟老先生，您说的舍生取义到底是什么意思？您能跟我讲一讲吗？

生二：我所说的"舍生取义"是指为了正义牺牲生命，但需要注意的是，我提出的"舍生取义"是在一种两难境地中的抉择，是有条件的，不能简单地理解为"生命不重要"。现在很多人说我这个观点是轻视生命，这是不准确的啊！

（四）课堂小结

孟子写这篇文章的年代离我们实在很久远，但"舍生取义"的观点在今天看来，仍然是掷地有声，发人深省。一个人的生命固然可贵，但是在这个世界上，永远有比生命更宝贵的东西！

(五)布置作业

1. 必做：

(1) 熟读、背诵全文。

(2) 在中华民族历史上，无数仁人志士都把"舍生取义"奉为人生准则，请你举出一两个事例，说给同学或者老师听。

2. 选做：孟子善于运用日常生活中的事例进行类比说理，使得抽象的道理变得浅显易懂。学习这种方法，写一段话，说明一个道理。

10 唐雎不辱使命

《战国策》

一、教学目标与学习元素

（一）教学目标

1. 了解本文相关文学常识，理解本文故事发生的历史背景。
2. 在理解的基础上，反复诵读乃至表演课文，在对话中感受不同人物的形象。

（二）学习元素

1. 积累战国策相关文学常识。
2. 理解人物对话的作用：凸显人物个性，丰富人物形象。

二、教学建议

《唐雎不辱使命》是部编教材九年级下第三单元中的一篇自读课文，是《战国策·魏策》的最后一篇。《战国策》是西汉刘向根据战国史料整理编辑的，共33篇，分国编订。《战国策》主要记叙战国时代谋臣策士游说各国或互相辩论时所提出的政治主张和斗争策略。

文章叙述了唐雎出使秦国一事，表现了唐雎维护国土的严正立场、凛然正气和不畏强暴、敢于斗争的布衣精神，揭示弱国安陵能在外交上战胜强秦的原因。《战国策》是史书，它的记事，有历史依据，但也有虚构的成分。本篇的故事有开端，有发展，有高潮。人物对话生动，个性鲜明，具备了后世小说的诸多要素。

全文通篇以对话展开情节，从对话中，我们可以感受到两个人物鲜明的形象，在教学中应以此为重点展开教学环节。

本篇为自读课文，对于九年级的学生来说，基本能够通过自学解决文言字词的疑难点，理解整篇课文。他们对情节生动的历史故事非常有兴趣，也乐于表演这样生动的对话，在教学中，可以把更多的时间给学生学习、交流、展示，教师适时引导总结即可。

三、教学过程

(一) 导入

提到战国,你会想到什么?是战火纷飞的激烈场面?是商鞅的变法图强?还是春申君、孟尝君的政治斡旋?其实,在这个英雄辈出的乱世,还有一个特殊的阶层,他们著书立说,到处游说,为君主出谋划策,他们被称作——士。

今天我们要学习的课文《唐雎不辱使命》中的唐雎,就是士。下面我们一起走进课文,来领略唐雎的风采。

(二) 活动设计

▲ 活动设计一:学海拾贝学文言

1. 火眼金睛辨通假。

错 ⟶ ■

请你仿照范例,再从文中找几个通假字,注意要说一说这些字的意思。

2. 机智如你辨"活用"。

小组合作,看哪一组找出的"词类活用"最多,并说说这些字的意思。

3. 古今异义大辩论。

(1) 古代"休"字起诉状。

(2) 现代"休"字律师辩护。

(3) 古今异义列表。(搜集证据当堂呈现)

(4) 语言法官裁决书。

大家都说得很有道理,语言是发展变化的,词语的意思也在不断变化,大家在学习中要注意积累。请你在文中再找找,还有哪些"古今异义"词?

▲ 活动设计二:为《战国策》一书写推荐语

请查找关于《战国策》的相关知识,为《战国策》这本书写一段推荐语。

示例:内容上接春秋,下至秦灭六国。了解战国时代的历史特点和社会风貌的必读典籍。矛盾冲突激烈、语言有声有色,你想要读的精彩历史故事,尽在这本书中!

▲ 活动设计三:我来做编剧

要求学生根据课文设计简单的剧本,要求用列提纲的方法,写清楚故事的内容。

时间：＿＿＿＿

地点：＿＿＿＿

人物：＿＿＿＿

起因：＿＿＿＿＿＿＿＿＿＿＿＿＿＿＿＿＿＿＿＿＿＿＿＿＿＿

发展：＿＿＿＿＿＿＿＿＿＿＿＿＿＿＿＿＿＿＿＿＿＿＿＿＿＿

高潮：＿＿＿＿＿＿＿＿＿＿＿＿＿＿＿＿＿＿＿＿＿＿＿＿＿＿

结局：＿＿＿＿＿＿＿＿＿＿＿＿＿＿＿＿＿＿＿＿＿＿＿＿＿＿

设计说明：

这个环节要求学生在理解全文的基础上，能够抓住文中的关键语句，搞清楚故事发生的开端、发展、高潮、结局。

▲ **活动设计四：我来做影帝/影后**

1. 导：请一学生与老师配合，表演故事的开端（第 1 段），请其余学生结合具体语句点评老师和同学的表演。

2. 演：两人一组，分别扮演秦王和唐雎的角色，表演课文的第 2、3、4 段。

3. 评：请其余学生结合具体语句点评同学的表演，并评选出班级影帝/影后。

设计说明：

这个环节要求学生表演人物的对话。表演是一种艺术，需要学生认真研读文本，把握人物的心理，用自己的语言、动作、神态来演绎激烈的矛盾冲突场面。

点评的时候，要求学生能够结合具体的语句进行点评，点评的过程其实就是赏析课文语句、分析人物形象的活动。如果学生没有很好地进行点评，教师可以加以点拨，提示学生注意某些语句表演时候的语气。这个环节结束以后，由学生总结出唐雎和秦王的人物形象特点。

秦王：虚伪狡诈、欺软怕硬、色厉内荏、前倨后恭。

唐雎：有勇有谋、不畏强暴、不辱使命、正气凛然。

▲ **活动设计五：历史故事人人演**

小组合作学习：自由组合 3—4 人，选择《战国策》其他有趣的历史故事，进行自主学习。

要求：（1）简述喜欢这个故事的理由。

（2）用自己的方式演绎这个故事，可以采用表演的方式，也可以画一组连环画……

（3）尝试总结故事中的人物形象、故事阐明的道理等。

绘画、交流可以分工合作，组内每一位成员都应该有自己的任务。

设计说明：

适当延伸，引导学生学习《战国策》其他的有趣历史故事，提升学习文言文的能力。

（三）课堂小结

在这样一场外交"战争"中，唐雎不畏强权，敢于斗争，有力捍卫了国家的尊严。唐雎确实是"不辱使命"。文章善用人物对话来凸显个性特征，情节生动吸引读者，这也是值得我们学习的。希望同学们在课外多阅读《战国策》的其他故事，丰富自己的学识，也汲取一些写作方面的经验。

（四）布置作业

查找资料，了解外交史上那些出使他国而"不辱使命"的人和故事，说给老师或者同学听。

11 送东阳马生序

宋　濂

一、教学目标与学习要素

（一）教学目标

1. 品读重点语句,体会古人求知若渴,克服艰难困苦,勤奋学习的精神。
2. 掌握对比手法对于表现文章主旨的作用。
3. 把握赠序的文体特点,体会本文"劝学"的主旨。

（二）学习要素

1. 关注记叙、描写等多种表现手法对于表现主旨的作用:使文章内容生动感人,充满真情实感。
2. 理解对比手法的好处:凸显主题,使得说理更有说服力。

二、文本解读

（一）课文整体解析

《送东阳马生序》是明代文学家宋濂创作的一篇赠序。在这篇赠序里,作者叙述个人早年虚心求教和勤奋学习的经历,生动而具体地描述了自己借书求师之难、饥寒奔走之苦,并与太学生优越的条件加以对比,有力地说明学业能否有所成就,主要在于主观努力,不在天资的高下和条件的优劣,以勉励青年人珍惜良好的读书环境,专心治学。

全文结构严谨,详略有致,运用对比手法,在叙事中穿插细节描写。作者现身说法,娓娓道来,情真意切,语重心长,具有很强的感染力和说服力,是古代论学励志散文的名篇佳作。

九年级的学生有了一定的文言文学习基础,借助注释以及工具书基本可以自行疏通全文大意。教师可对课文中一些重点字词句加以点拨。对于课文中使用的"对比"手法,学生也比较熟悉。不过,由于学生第一次接触赠序这类文体,故对于其特点缺乏了解。基于这样的学情,结合单元教学目标的设定,确定了本课的教学目标。根据教学目标设计了综合学习活动:宋濂纪念馆设计。在丰富有趣的活动中,让学生了解作者以及写作背景;体会古人求知若渴,克服艰难困苦,勤奋学习的精神;体会文章中运用对比手法的好处,进而明确作者的写作目的。

(二) 重点语段细读

1. 或遇其叱咄,色愈恭,礼愈至,不敢出一言以复;俟其欣悦,则又请焉。

句子意思:有时候遭到他的训斥,表情更为恭敬,礼貌更为周到,不敢答复一句话;等到他高兴时,就又向他请教。

理解:这一句写出宋濂求师之难。他所求的老师面对门人弟子并不和颜悦色,有时甚至会训斥学生,但为了能够继续请教,宋濂会表现得更加恭敬谨慎。这些能衬托出作者渴望知识、勤学好问、尊敬师长。

2. 诋我夸际遇之盛而骄乡人者,岂知予者哉?

句子意思:如果诋毁我夸赞自己的际遇很好,而在同乡面前骄傲,难道就是了解我吗?

理解:这是作者的假想之论,表明作者担心世俗之人对自己的这篇文章加以歪曲,故而特地强调。这是从反面强化了文章的主旨。

三、教学过程

(一) 导入

1. 同学们都读过不少课外书,大家了解什么是"书序"吗?赠序又是什么?
2. 请同学们齐读文题,尝试解读题目的意思。

(二) 活动总体设计:宋濂纪念馆设计

▲ 活动设计一:宋濂纪念馆雕像设计

宋濂纪念馆有一座宋濂雕像,现在雕像下面需要一些介绍语,请你查找资料设计一番。

参考:宋濂(1310—1381),字景濂,号潜溪,谥文宪。元末明初文学家,曾被明太祖朱元璋誉为"开国文臣之首",学者称太史公。宋濂与高启、刘基并称为"明初诗文三大家"。著作有《宋学士文集》等。

▲ 活动设计二:求学场景 AI 重现

纪念馆的设计者想要利用现代 AI 技术,在展示厅内重现宋濂求学的画面。

请你认真读课文,说说哪几个场景必不可少。

场景一:致书之难——"家贫,无从致书以观"。

场景二:求师之难——"又患无硕师名人与游"。

场景三:奔走之苦。

场景四:生活之艰。

▲ **活动设计三:宋濂与太学生"零距离见面会"**

纪念馆里,设计者设计了这样一个场馆——做官后的宋濂为太学生讲学。

请你设计一下这个场馆里宋濂对太学生说的话。

设计角度参考:

	太学生	余
食	县官日有廪稍之供	日再食,无鲜肥滋味之享
衣	父母岁有裘葛之遗	缊袍敝衣
住	坐大厦之下而诵诗书	寓逆旅
行	无奔走之劳矣	行深山巨谷
师	有司业、博士为之师,未有问而不告、求而不得者也	未尝稍降辞色;或遇其叱咄
书	凡所宜有之书,皆集于此	假借、手录

教师引导学生思考文中对比手法的好处,作者说明了学习条件的好坏,对学习效果没有决定性的影响。成功的重要因素是求学者的态度:要刻苦自励、专心致志、勤奋努力。文章中对比写法的好处:凸显主题,使得说理更有说服力。

▲ **活动设计四:超越时空的对话**

纪念馆里,有一本留言簿,请你写下你想对宋濂说的话。

参考一:从宋濂刻苦勤奋求学态度来谈自己的看法。

参考二:从尊师方式来谈自己的看法。

(三)课堂小结

宋濂的勤奋好学令人动容。而文章对比手法的运用也值得我们学习。今天我们通过"宋濂纪念馆"设计的综合活动,一起学习了整篇文章,希望同学们能学以致用,在生活中多观察多思考,争取有更大的收获。

(四) 布置作业

1. 摘抄古今中外勤奋好学的小故事至少两个,小故事后要有一两句议论性的语言进行评述。

2. 尝试从不同角度,有创意地改写文章内容,注意要结合文本,有细节地描写。(300字左右)(提示:可从宋濂自己、藏书者、先达、媵人、同舍生的角度。)

3. 《孙权劝学》《黄生借书说》同本文一样,都旨在"劝学",请你完成下列表格,谈谈这几篇课文的异同点。

比较内容	《孙权劝学》	《黄生借书说》	《送东阳马生序》
劝学对象			
劝学缘由			
劝学艺术			
劝学目的			

12　词四首

一、教学目标与学习要素

(一) 教学目标

1. 了解词的起源、发展和流派，初步感受同一流派不同词人在创作风格上的差异。
2. 在理解诗歌的基础上反复诵读，体会不同词的艺术表现手法，理解每篇作品的思想内涵和蕴含的情感。

(二) 学习要素

1. 掌握词作者相关的文学文化常识和词的创作背景。
2. 了解不同词作的艺术表现手法，把握词作的思想内涵与蕴含情感。
3. 初步感受词这种艺术形式在节奏、韵律上的美感。

二、文本解读

(一) 课文整体解析

《词四首》是本单元最后一课，包含四首词，这四首词虽属不同时期，但都词风豪迈，抒发了作者真挚深切的情感。

范仲淹的《渔家傲·秋思》是作者镇守西北边疆时所作。描写了浩渺苍凉的塞外秋景，抒发了边关将士壮志难酬和思乡忧国的情怀，整首词意境悲凉壮阔，语言质朴凝练，为宋词开拓了新境界，对宋词的发展产生了重要的影响。

《江城子·密州出猎》是苏轼任密州太守时与同僚出城打猎时所作。全词围绕"狂"字，记叙了作者出猎时的壮阔场面，抒发了作者想要报效国家、为国杀敌的雄心壮志和强烈的爱国精神。这首词词风粗犷豪迈，扩大了词的境界，提高了词的品位。

《破阵子·为陈同甫赋壮词以寄之》是辛弃疾被弹劾罢官，闲居江西时所作。全词围绕"壮"字，追忆了豪迈热烈的军营生活、激烈酣畅的战斗场面，表达了自己强烈的爱国激情和壮志难酬的悲愤抑郁。辛弃疾继苏轼以后，极大推进了词体的革新,在词中融入了更多的爱国热情和怀才不遇的伤感,有强烈的个人风格。

《满江红》是近代女诗人秋瑾寓居北京时所作。当时外敌入侵,清政府腐败无能,民不聊生。受到当时新思想的启发,秋瑾也渴望挣脱家庭的束缚,向往自由的生活。这首词就表达了她匡国济世的凌云志向。词作基调高昂,语言刚健清新,通过层层表述,曲折地反映了革命者参加革命前的复杂矛盾的心情,真切感人。

(二)重点语段细读

1. 浊酒一杯家万里,燕然未勒归无计。

这里作者运用了《后汉书》中的典故,东汉时窦宪率兵打败匈奴,一直追到燕然山,刻石记功而返。范仲淹在这里表达了自己和驻守边疆的士兵们的一种复杂情感:一方面他们非常思念自己远在万里之外的故乡和亲人,但另一方面他们也充满豪情壮志,立志要打败进犯的外敌,确保国家的安定。他们虽然想家,但是又不甘心无功而返,只能聊以一杯浊酒自我安慰,排解对家乡亲人的思念。这句词语言质朴凝练,典故运用毫无刻意,抒发的情感深沉真挚,感人至深。

2. 持节云中,何日遣冯唐?

这里作者使用了《史记》中的典故:汉文帝时,魏尚因报战功时多报了六个首级而获罪,后来文帝采纳了冯唐的意见,派冯唐拿着符节去云中赦免魏尚的罪。在这里作者自比魏尚,希望能够得到朝廷的重用。

3. 可怜白发生!

这句结语只有五个字,但表现力非常强。这五个字包含着作者无限的感慨,由美好的梦境一下跌入残酷的现实。梦境中的他意气风发,功成名就,可现实中的他却是壮志难酬,闲居家乡。想到自己已经年近半百,两鬓已生白发,空有满腔爱国热情却无法实现,心中更是抑郁难平。最后这句词戛然而止却振聋发聩,意味深长,令人回味无穷。

4. 莽红尘何处觅知音?青衫湿!

这句词的意思是,在滚滚红尘中,我去哪里寻找自己的知音?这里的知音是指和秋瑾一样,能够以民族兴亡为己任的有志之士。很显然,在现实生活中,这样的知音难觅,秋瑾觉得十分孤独与苦闷,因此流下了泪水。这里是借用了唐代诗人白居易的《琵琶行》中的典故。白居易在贬官期间,在船上听到琵琶女讲述自己的遭遇,感同身受悲从中来,泪水打湿了衣襟。"青衫湿"就是指悲伤无比,潸然泪下。秋瑾在这里的泪是一种黑暗中的呐喊,她渴望能有志同道合的同志与她一起抗争,饱含着她强烈的爱国主义情感。

三、教学过程

••• 第一课时 •••

(一) 课时目标

1. 通过多种形式诵读,初步体会词这种艺术形式在节奏、韵律上的美感。
2. 品读诗歌语言,感受诗歌的意境,把握诗歌的思想感情。
3. 积累文学常识,了解词的相关知识。

(二) 导入

中国是诗歌的国度,灿若星河的名篇点亮了我们的灵魂,而在其中,豪放词有着它特有的地位,这些词的意境广阔,气势恢宏,语言刚劲豪放,具有很强的艺术表现力。今天让我们一起读《词四首》,感受这些作品的独特魅力。

(三) 活动设计

▲ 活动设计一:"词的知识知多少"小擂台

教师准备关于词的几个常识性问题,由小组代表回答,竞赛结束后由小组补充介绍"词"这种文体的相关知识。

相关知识:

1. 词起源于南朝,隋唐时兴起,到了宋代,经过长期不断的发展,进入词的全盛时期。

2. 词最初称为"曲词"或者"曲子词",别称有近体乐府、长短句、词子、曲词、乐章、琴趣、诗余等。

3. 词牌是词的调子的名称,不同的词牌在总句数、句数、每句的字数、平仄上都有规定,词的题目与词的内容有关。一首词必须有词牌名,但不一定有题目。

4. 词一般都分两段(叫做上下片或上下阕),极少有不分段或分两阕(片)以上的。一首词有的只分一段,称为单调;有的分两段,称双调;有的分三段或四段,称三叠或四叠。

5. 一般按字数将词分为小令、中调和长调三种。58字以内为小令;59到90字为中调;长调91字以上,最长的词达240字。

6. 宋词传统上分为两类——婉约派和豪放派,这主要是以词的内容和风格来分的。婉约派是我国词坛上历史最久、数量最多、影响最大的一派。其代表人物有李清照、秦观、柳永等。豪放派与婉约派相比,从内容到形式、题材到风格都大不相同。其代表人物为苏轼、辛弃疾等。

▲ **活动设计二:朗读大比拼**

把班级分成若干小组,并成立评委小组(约5人),进行朗诵比赛。为了能更好地读出感情,请朗诵前介绍下词的创作背景。以下为评分表。

评分标准	读准字音 (20分)	读准节奏和停顿 (20分)	有感情有气势 (30分)	背景介绍 (30分)

▲ **活动设计三:"秋意浓"综合学习**

1. 设计"秋意浓"扇面

同样是写秋景,范仲淹和秋瑾笔下的秋色有何不同?现在要设计两面与词作有关的扇面,要求有展现"秋色"的画面,且有一句对应的词。

扇面主题	可以写在扇面上的描写秋色词句	扇面画面营造的意境
《渔家傲·秋思》	塞下秋来风景异,衡阳雁去无留意 (拟人手法,写出边塞异常苦寒) 千嶂里,长烟落日孤城闭(边塞黄昏的荒凉苍茫)	边塞黄昏荒凉苍茫之景
《满江红》	黄花开遍,秋容如拭(秋色明丽)	孤独冷清之景

2. "秋意浓"唱词大会

我们发现,同样是写秋景,两者呈现的景色截然不同,这当然是与作者所处的不同时代、不同生活处境密切相关。面对秋色,两人不约而同抒发了内心的深切情感,找出词中最让你感动震撼的语句,在全班同学面前唱一唱这句词,并说说为什么这样设计唱腔。

3. "秋意浓"男女大不同

比较两首词,说说这两位词作者在写作手法和思想情感上的异同。

（1）同：

① 都描写了秋天的景色。

② 都使用了典故,丰富了词作的意蕴,含蓄地表达了作者的情感。

③ 都表达了作者强烈的爱国热情和报效国家的愿望。

（2）异：

① 秋色不同。《渔家傲·秋思》这首词通过写边塞的战地风光,给人荒凉苍茫之感。秋瑾描写的中秋时节的秋色,明净如洗,但乐景衬悲情,给人以凄凉寂寥之感。

② 情感各有侧重。《渔家傲·秋思》表现了作者报国立功的英雄气概和壮志难酬、思乡忧国的感慨情怀,同时也写出了边塞战士的艰苦生活,隐约表达了对统治者的不满愤慨。《满江红》抒发了作者对寄生无聊生活的厌倦,和对冲出封建束缚,为祖国的前途命运而奋斗的强烈向往,表达作者匡扶天下、救民水火的凌云壮志。

（四）课堂小结

今天我们通过了丰富多彩的活动一起学习了两首词,相信大家对豪放词的特点有了一定的理解,明天我们将继续学习剩下的两首词。

（五）布置作业

1. 必做：

背诵并默写两首词。

2. 选做：

（1）用现代汉语描写范仲淹笔下的秋景,写一段文字。

（2）以秋瑾的角度,写一封给友人的信,表达她的情感。

第二课时

（一）课时目标

1. 通过多种形式诵读，体会词这种艺术形式节奏、韵律上的美感。
2. 品读诗歌语言，体会诗歌的意境，把握诗歌的思想感情。

（二）导入

在上一节课中，我们运用了比较阅读方法，学习了两首词，今天我们将继续用这种方法学习《江城子·密州出猎》和《破阵子·为陈同甫赋壮词以寄之》。

（三）活动设计

▲ 活动设计一：唱词大会

1. 一读课文：学生合作，初读两首词，一个人读时另一人听，要求读准字音，读对节奏。

2. 二读课文：抽几位学生朗读两首词，其余学生认真聆听，并进行点评，尤其要注意读出词作的气势。

▲ 活动设计二：品词大会

1. 凝视词作的眼睛——词眼的魅力。

两首词都围绕着一个字展开，请你找出这个词眼。

《江城子·密州出猎》：狂。

《破阵子·为陈同甫赋壮词以寄之》：壮。

2. 抓住词作的核心——分析文中词眼。

《江城子·密州出猎》中，作者苏轼是如何表现他的"狂气"的？《破阵子·为陈同甫赋壮词以寄之》中的"壮"又是怎么体现的？结合具体的词句，说说你的理解。

教师给出赏析模板：

"千骑卷平冈"中的千骑，是指跟随太守出猎的人员众多，与"倾城"联系，可以看出猎的场面非常壮观，太守的号召力极强。

《江城子·密州出猎》——狂：

狂在装备齐全，随从众多；（左牵黄，右擎苍，锦帽貂裘，千骑卷平冈）

狂在百姓倾城，观看狩猎；（为报倾城随太守）

狂在自比孙郎,乘马射虎。(亲射虎,看孙郎)

《破阵子·为陈同甫赋壮词以寄之》——壮：

壮在战前军容雄壮,战士们战斗充满激情;(八百里分麾下炙,五十弦翻塞外声,沙场秋点兵)

壮在战时身先士卒,飒爽英姿;(马作的卢飞快,弓如霹雳弦惊)

壮在战后功成名就,赢得功名。(了却君王天下事,赢得生前身后名)

▲ 活动设计三：苏轼辛弃疾面对面

这两首词彰显了作者的"狂""壮",假设现在苏轼和辛弃疾面对面,他们会对彼此说些什么呢?

参考方向一：聊创作背景。

《江城子·密州出猎》：宋神宗熙宁八年,是苏轼到密州上任的第二年。当时,密州蝗旱相连,而西北方的西夏和辽不断袭扰边境。作为爱国心切、一贯主张抗敌御侮的苏轼,年届"不惑而雄心勃勃",在贬官外任中,不但尽力解除人民的疾苦,而且时刻准备要驰骋疆场,为国效力。他在这年十月中,祭常山归来,与同僚猎于铁沟、黄茅冈,作此词。

《破阵子·为陈同甫赋壮词以寄之》：辛弃疾是山东济南人,出生时山东已被金兵占领,年轻时他参加抗金军,后来提出抗金主张一直未被采纳。辛弃疾作这首词时,已被人弹劾罢官,在江西上饶农村闲居,但心中时时不忘杀敌立功,统一祖国。这首《破阵子》是辛弃疾赠给他的好友陈亮的,二人均为南宋著名词人,又都坚决主张抗金,收复中原,这共同的志向使他们成为知心朋友。

参考方向二：结合词中的关键语句,聊词作的思想情感。

1. 酒酣胸胆尚开张。鬓微霜,又何妨!

两鬓虽有微霜,可自己根本不衰老,尚有用武之地。表现作者不认老的心态。

2. 持节云中,何日遣冯唐?

运用典故,自比魏尚,意在希望朝廷能够重用他,给他机会去建功立业。

3. 会挽雕弓如满月,西北望,射天狼。

表达了自己杀敌报国的志向。建功立业的决心,关心国家命运的爱国精神。

4. 可怜白发生。

这五个字包含着作者无限的感慨,由美好的梦境一下跌入残酷的现实。梦境中的他意气风发,功成名就,可现实中的他却是壮志难酬,闲居家乡。想到自己已经年近半百,两鬓已生白发,空有满腔爱国热情却无法实现,心中更是抑郁难平,隐含对统治者的不满。

参考方向三:聊两首词作在写作手法和思想情感上的异同。

1. 思想情感上的异同

(1)同:都传达出作者强烈的爱国激情,表达了建功立业、为国杀敌的愿望,也都隐约表达了作者对统治者的不满。写法上,都使用了典故、比喻等写作手法来表情达意。风格上都非常豪放、开阔、雄壮。

(2)异:情感上,苏轼传达出的更多的是老当益壮,渴望重获重用,为国效力的雄心壮志。而辛弃疾更有一份壮志难酬的抑郁悲愤。

2. 写作手法上的不同

苏轼从肖像、动作、心理等多角度塑造豪情万丈的出猎太守形象,表达了自己的心志。而辛弃疾是使用了梦境与现实的对比,表达自己的情感。

(四)课堂小结

学生谈谈本节课收获,教师小结整节课。

唐诗、宋词、元曲……宋词在文学史上有着重要的地位,而豪放词更是开拓了"词"的新境界。希望同学们在课外多运用我们所学的方法,读更多的诗词,过"诗意"的人生!

(五)布置作业

(1)背诵并默写两首词。

(2)课外再查找一两首豪放词,将它们与课文对比,说说豪放词的共同特点。

写作　布局谋篇

一、教学目标与学习元素

（一）教学目标

1. 根据中心，对材料的详略、顺序做出整体谋划。
2. 根据材料的处理情况，通过画思维导图确定写作整体框架。
3. 基于思维导图，列出写作提纲，并能根据实际需要修改提纲。
4. 养成在写作中布局谋篇的意识和习惯。

（二）学习元素

根据文章中心，梳理材料，画材料框架图，列写作提纲。

二、教学建议

布局谋篇，是对文章的组织、结构等作整体规划，包括文章的整体结构安排，也包括整体和局部、局部和局部之间的关系规划。

布局谋篇，首先要根据中心选择材料，并对选择的材料进行梳理。要理清材料本身的内容，就初中生最常写的叙事性文体来说，要理清事件的起因、经过、结果。如果选取了多个材料，那么还要注意分析几个材料之间的逻辑关系，根据中心确定材料的详略、先后。

梳理好材料后，可以借助思维导图等方式明确材料内容、材料详略、材料的先后以及逻辑关系等。

最后，我们可以根据画好的思维导图或者框架图，列出详细的写作提纲。用简要的文字来标示文章的要点。

三、教学过程

（一）导入

出示朱光潜名言：有许多话要说，究竟从何说起？哪个应先说，哪个应后说？哪个应割爱，哪个应作为重点？主从的关系如何安排？这时候面前就像出现一团乱丝,"剪不断,理还乱",思路好像走进一条死胡同,陡然遭到堵塞,左也不是,右也不是,不免心绪意乱。

师生互动:同学们在写作时有没有这样的烦恼?今天我们要来教大家如何布局谋篇,相信学习了今天的小妙招,一定对你们的写作大有裨益。

(二)活动设计

▲活动设计一:他山之石,可以攻玉

拿到一篇文章,我们首先确定的就是中心。中心确定了,我们要做的就是选择材料,并对所选的材料作全面的梳理。那么我们该如何处理手头的写作材料呢?接下去我们来通过学习过的《盼》来探究如何更好地梳理材料。

请同学们再读课文《盼》,说说课文围绕着中心写了哪些事情?作者是如何安排这些材料的详略的?这样处理详略的原因是什么?这些材料又是按照什么顺序安排的?

明确:中心为体现孩子的天真可爱以及对生活的向往和热爱。

材料:

1. 妈妈给我买了一件新雨衣,我特别喜欢,甚至在屋子里试了又试。(略)

2. 我每天盼望着变天,盼望能穿上新雨衣。(略)

3. 终于下雨了,可妈妈却让我听英语讲座,我不甘心,想借口买酱油穿上新雨衣,甚至还说谎爸爸说过要炖肉,但最终还是被妈妈识破,只能无奈在家听讲座。晚饭后,雨在我的企盼下停了,让我重新燃起对明天的希望。(详)

4. 第二天,终于下雨了,我如愿以偿穿上了新雨衣,格外欢畅。(略)

这么多材料,作者是按照时间顺序来安排的,显得十分清晰有条理。这些材料都可以体现蕾蕾盼望下雨、穿新雨衣。而在这些材料中,作者着重写了下雨了蕾蕾想穿雨衣却不得的事情。在材料(3)中,她的心情由激动兴奋→急切→无奈沮丧→重新燃起希望,心情的跌宕起伏特别能体现蕾蕾对穿新雨衣的渴望,突出了孩子的天真可爱,对生活的向往热爱。

当然,几个材料的安排可以按照时间顺序,也可以打破时间顺序,运用插叙、倒叙等手法,但都要"言之有序"。材料的详略安排应该根据中心,特别能够凸显中心的详写,其余与中心关系不大的略写。

▲活动设计二:拟框架图,梳理材料

同学们有没有发现,梳理材料的过程其实是一个需要缜密思考的过程。为了

让这个过程更加顺畅，我们可以采用拟材料框架图的方法。下面我们以《家乡的名片》为题，用一张图来梳理出你想选用的材料，注意安排好材料的详略和顺序，书上的框架图可以供你参考。

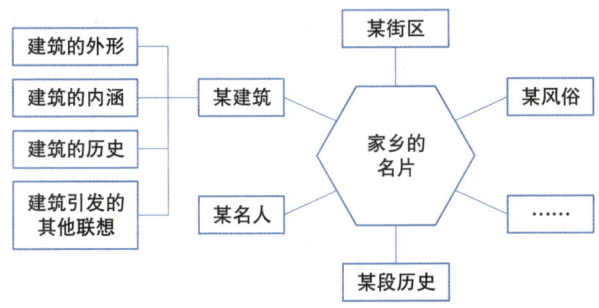

学生交流自己画的材料框架图，说说自己选择的材料、材料的详略安排、材料的顺序等。

总结：通过实践我们发现，画材料框架图可以帮助我们构思，明晰自己的思路；通过画材料框架图，我们明确了写作需要的材料、材料的详略、材料的顺序、材料相互间的逻辑关系。画材料框架图时可以修修改改，直到修改到满意为止。画图可以让我们的思维更加发散，更有助于我们进一步写作。

▲ **活动设计三：图文转换，学列提纲**

画好了材料框架图，并不意味着我们就可以开始动笔写文章了，毕竟思维图与文字之间还有距离，那么我们如何将可视化的图表转化为一篇习作呢？这中间似乎还要做某件事，那就是要列提纲。

下面我们看看某同学的这张材料框架图，如何转换成提纲？

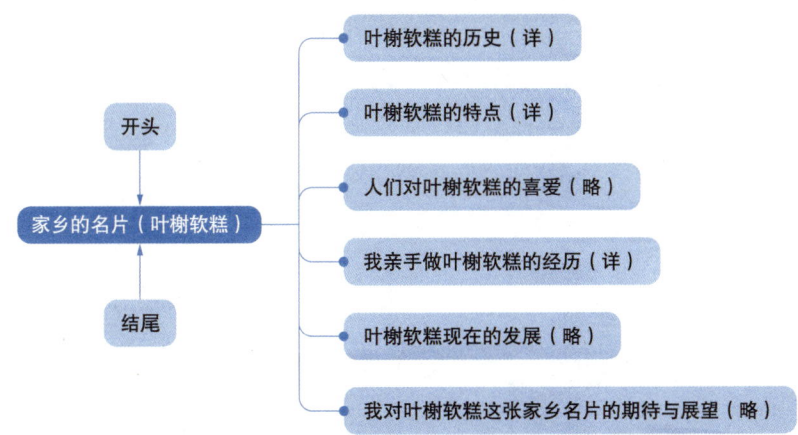

参考:《家乡的名片》写作提纲

(1) 中心:介绍家乡的传统点心,表达对家乡的热爱。

(2) 开头:介绍叶榭软糕的特点,回忆小时候做软糕的经历。(略)

(3) 主体:① 小时候,每到春节,我和妹妹到老家,都能尝到叶榭软糕,觉得特别松软,入口香甜,特别喜爱。(详)

② 奶奶教我和妹妹做传统的叶榭软糕。(详)

③ 奶奶告诉我们叶榭软糕的来历。(略)

(4) 结尾:表达对叶榭软糕这张家乡名片的喜爱之情,并期待传统的文化得以不断传承创新。

总结:列提纲时,首先要明确文章的中心,可以用一句简洁的话语写出来;其次要明确文章的要点,可以用一句话或者一个小标题来简单描述,在后面可以标注详略;最后要明确各内容之间的逻辑关系,并且标出文章的线索,把这个线索贯穿全文,保证文章的思路清晰,结构明了。当然,文章的一些你认为重要的节点,比如开头、结尾、中心句、过渡句等,可以明确标示在提纲中。

(三) 课堂小结

布局谋篇就好像造房子打地基、搭脚手架,准备工作做好了,自然"下笔如有神",希望同学们都能形成写作前布局谋篇的意识,这有助于我们理清思路,把握全局,更快更好地完成我们的写作。

(四) 布置作业

请结合自己课上列的提纲,写一篇题为《家乡的名片》的作文,不少于600字。

名著导读 《儒林外史》讽刺作品的阅读

一、教学目标与学习元素

（一）教学目标

1. 初步了解有关吴敬梓的生平以及《儒林外史》这本书的创作背景和思想内涵。
2. 了解《儒林外史》中的故事情节，分析人物的形象特征。
3. 体会小说大胆夸张、细致描摹、辛辣讽刺的艺术手法。

（二）学习元素

1. 学会用列提纲的方法复述故事。
2. 初步领会讽刺作品的艺术特色。

二、教学建议

《儒林外史》是清代著名小说家吴敬梓写的一部长篇小说。它以知识分子为主要描写对象，也是一部典型的讽刺小说。此书描写了一些深受八股科举制度毒害的儒生形象，反映了当时世俗风气的败坏。建议在班级里开展《儒林外史》讽刺作品的阅读学习交流活动。首先是让学生能够了解作者吴敬梓的生平以及《儒林外史》的创作背景。其次是通过一些有趣的课堂活动，让同学们分享读书过程中的感悟和收获，并引导同学们进一步欣赏讽刺作品的艺术特色，激发阅读更多讽刺作品的兴趣。

三、教学过程

（一）导入

学生自读课本第64页鲁迅和陈美林对《儒林外史》的评价，说说：你读出了什么？

明确：《儒林外史》有着深刻的思想内涵，在小说艺术上也达到了很高的境界。鲁迅在《中国小说史略》中称《儒林外史》为中国古代最优秀的讽刺小说，可见它的地位,今天我们将通过几个学习活动一起来读《儒林外史》。

(二) 活动设计

▲ 活动设计一：复述故事——故事会

要求如下：

- 复述一个你喜欢的《儒林外史》中的故事,时长限定在 10 分钟内(2 000 字左右)。
- 复述前,准备一个提纲。
- 复述时,既要讲清楚故事的内容,也要注意一些生动的细节。
- 复述时,要包含作者的情感态度,也可以谈一些自己对人物或者故事内容的理解。

明确：

1. 列出故事的提纲。
2. 复述故事有内容,有情节。
3. 复述时要留心作者的情感态度。

示例：以《儒林外史》中《范进中举》为例。

范进五十多岁中了秀才→范进乡试被胡屠户奚落→范进中举喜极而疯→范进被胡屠户打醒→范进与张乡绅结交

▲ 活动设计二：制作知识卡片——小说人物大家谈

《儒林外史》的讽刺艺术非常高超,鲁迅先生说"无一贬词,而情伪毕露"。作者高超的讽刺艺术突出表现在对人物的刻画上。书中的人物性格迥异,栩栩如生。选择书中的一个主要人物,摘抄最能体现他性格特点的语句,制作知识卡片进行欣赏点评,看看作者在刻画人物时,运用了哪些讽刺手法,这些手法有何好处。

提示：

1. 根据书中情节,制作知识卡片。
2. 分析人物个性特征,欣赏讽刺艺术。

《儒林外史》读书卡片	
章回	第五回：王秀才议立偏房　严监生疾终正寝

续 表

	《儒林外史》读书卡片
摘抄	严监生在临死前,手伸二指,迟迟不肯咽气。众人皆摸不透其中原因,最后赵氏走近上前道:"爷,只有我能知道你的心事。你是为了那灯盏里的两茎灯草,不放心,恐费了油。"挑落一茎后,严监生点一点头,把手垂下,登时就没了气。
赏析	临死时了还不忘灯盏里点的两茎灯草,唯恐费了油,直到赵氏挑掉一茎才断气。透过这样的细节描写,恰到好处的夸张,把严监生那贪婪吝啬的形象刻画得入木三分,活灵活现。

(三) 课堂小结

本次学习活动,我们以列提纲的方式,来复述《儒林外史》中的故事;以制作知识卡片的方式,来探究《儒林外史》的讽刺艺术和其中的人物性格。希望同学们学以致用,继续使用这种方法,阅读更多的讽刺小说,提升自己的阅读能力。

(四) 布置作业

1. 续写故事

《儒林外史》中没有贯穿全书的核心人物。书中的人物常常在登场数回之后,从此不再出现。他们退场之后的生活会如何?选择书中的一个人物,发挥想象,续写他的故事。

2. 运用今天所学的方法,阅读《格列佛游记》或《围城》。

单元练习

综合学习：小语的穿越时空之旅

第一站：去战国学辩论术

小语在第一站来到了战火纷飞的战国，遇到了安陵的使臣唐雎。小语向他请教辩论术，他会怎么指导他呢？请你设计下他们的对话。

小语：唐雎先生，我从书中了解到，您临危受命，在秦国朝廷不卑不亢，斗智斗勇，让不可一世的秦王甘拜下风，维护了自己国家的尊严，您是如何办到的？

唐雎：

第二站：去宋代学写宋词

小语在第二站来到了繁华的宋代，遇到了苏轼、辛弃疾、范仲淹。小语想向三位大家讨教写词与写诗的不同之处，三位大家商量了下，给了小语一个锦囊宝典。动动脑筋想一下，这秘籍里写了些什么？

第三站：去元末明初学赠序

小语在第三站来到了元末明初，见到了大文臣宋濂。小语想向他请教：赠序是怎样一种文体？它和书序等有什么区别？请你想想，宋濂会怎么对他说呢？

宋濂：

第四站：回到现实写感想

通过本单元的学习，加上这次时空穿越之旅，小语觉得自己对这些经典篇目有了更深的理解，他打算以《今天我来读_____》为题，谈一谈自己对这些经典之作的看法，字数500字左右。

解析

第一站：我首先是以一个"否"字断然反驳秦王，加以否定，重申了安陵君的立场；再以"虽千里不敢易也"为依据，表明坚守国土的坚定信念；同时我也是在激怒秦王，先发制人。当秦王威胁我是否听过"天子之怒"时，我首先以"臣未尝闻也"

轻描淡写带过,这是为了表达我对他的轻蔑和鄙视。接着我以"布衣之怒"针锋相对,以古证今,挺剑而起。我在论辩时运用了大量的史实,还将一些自然现象与刺客行为联系在一起。语势强烈,慷慨激昂,从而彻底击垮了秦王。

第二站:

第一,在声律方面,词有着更严格更细致的规定。词谱中对每种词调的平仄、押韵都有规定。

第二,在规格方面,词的种类非常多。而诗相对而言就比较简单,尤其是近体诗。

第三,在情感方面,词抒发的情感通常比较委婉,但也有特别的,那就是豪放派的词。而诗一般抒发的情感就比较率真。

第三站:赠序,其中的"序",并非"序言",而是"赠言"的意思。作为文章的体裁,序有书序和赠序之分。赠序与书序的性质不同,始于唐朝,文人之间以言相赠,表达离别时的某种思想感情,赠序多为推重、赞许或勉励之辞,题目通常写作《送……序》或《赠……序》。

第四站:略。

第四单元

单元教学目标

1. 阅读浅显的文艺论文,注意了解作者的观点,学习思辨的方法。
2. 发现疑难问题,独立思考,有自己的见解。
3. 学习文中介绍的读书和鉴赏方法,迁移运用到自己的欣赏实践中,获得读书的乐趣。

单元内容框架

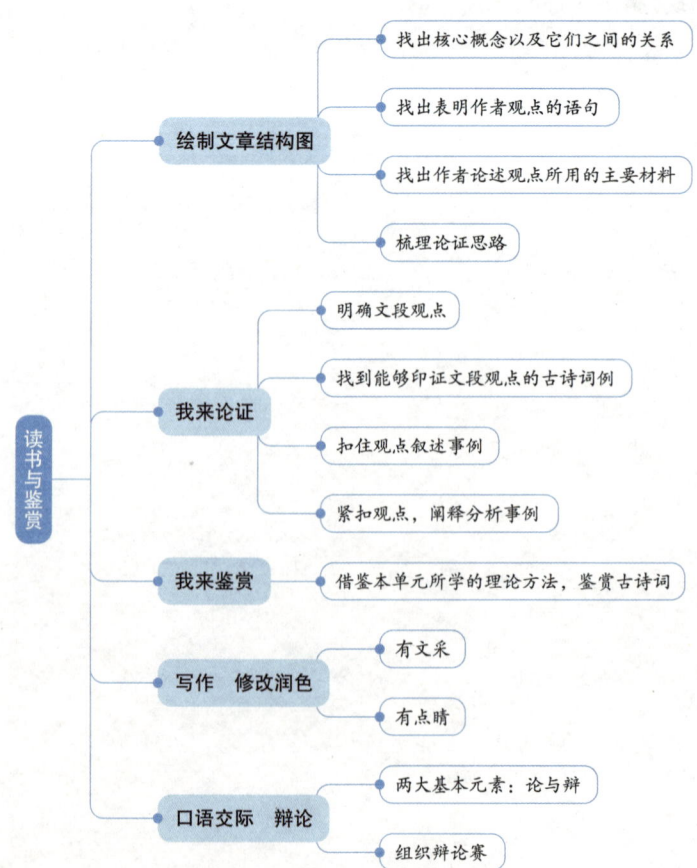

单元设计说明

本单元的主题是读书与鉴赏,所选文章都是关于读书求知、艺术鉴赏方面的,涉及人们的精神生活层面。《谈读书》是一篇随笔,探讨读书的目的、价值及人们应该持有的态度;《不求甚解》是杂文,阐发对阅读鉴赏方法的认识;《山水画的意境》《无言之美》和《驱遣我们的想象》都是比较典范的文艺论文,《山水画的意境》重点是阐发"意境"在艺术创作中的重要价值,《无言之美》目的是探讨"言不必尽意"、讲求含蓄的艺术创作原则,《驱遣我们的想象》则是在探讨如何驱遣想象去鉴赏文学作品的问题,为一般读者的文艺鉴赏提供切实可行的方法和具有参考性的示例。

理清论证思路,是学生阅读议论文的正确方式。我们引导学生通过绘制结构图,理清概念间的关系,理解作者观点,分析文章的论证思路,学会辩证地分析问题;同时拓展迁移,通过让学生为文章增加例证等任务,既引导学生从书本走向生活,用书中所学去鉴赏生活中的文艺作品,同时又提高了学生用生活实例论证观点的能力。

13　短文两篇

一、教学目标与学习要素

（一）教学目标

1. 理解并把握作者的主要观点。
2. 梳理课文的论述思路，学习作者的说理艺术。
3. 梳理正确的读书观，认识读书的价值，学会以正确的方法和态度读书。

（二）学习要素

比喻论证、类比论证、正反论证等多种论证方法的运用及作用。

二、文本解读

（一）课文整体解析

议论性文章的阅读，首先要把握作者的观点。

《谈读书》是英国著名学者弗朗西斯·培根写的一篇短小而精悍的文章，在世界范围内有很大的影响。作者围绕读书问题，用多种写作手法阐发了一系列观点，论及读书目的、读书方法、读书态度等，对学生来说具有很强的教育意义。文章篇幅不长，语言比较简练，但涉及的内容非常广泛，文中每一句话基本都是格言警句。同时，文章采用了多种论证方法，如比喻论证和类比论证，每一层先提出观点，然后做出阐发。学习这篇课文要掌握议论文的写作方法及相关知识。

《不求甚解》一文，作者旧词翻新意，提倡学习陶渊明的"不求甚解"，提出读书要虚心，不要固执一点，而要前后贯通，了解大意。文章先破后立，层层铺垫，层层阐发，逐步确立观点，再正反举例及引用名言，指出正确的读书方法。

（二）重点语段细读

1. 读史使人明智，读诗使人灵秀，数学使人周密，科学使人深刻，伦理学使人庄重，逻辑修辞之学使人善辩：凡有所学，皆成性格。

这组句子阐述的论点是"凡有所学，皆成性格"，即不同的书会塑造人不同的性格特质。这一段的议论，都是围绕这一小句展开的。"凡有所学，皆成性格"这句话前面的文字,是这句话的论据。作者先分别论述史书、诗歌、数学、科学、伦理学和逻辑修辞之学的价值,然后做出总结归纳。这里,作者运用了一种论证方法——归纳论证;从修辞的角度讲,这里是运用了排比。

2. **人之才智但有滞碍,无不可读适当之书使之顺畅,一如身体百病,皆可借相宜之运动除之。滚球利睾肾,射箭利胸肺,慢步利肠胃,骑术利头脑,诸如此类。如智力不集中,可令读数学,盖演题须全神贯注,稍有分散即须重演;如不能辨异,可令读经院哲学,盖是辈皆吹毛求疵之人;如不善求同,不善以一物阐证另一物,可令读律师之案卷。如此头脑中凡有缺陷,皆有特药可医。**

这段话先提出观点:人之才智但有滞碍,无不可读适当之书使之顺畅;然后用"一如身体百病,皆可借相宜之运动除之"来设喻进行论证,最后再列举三个通过读不同的书可以医治不同的精神缺陷的例子,充分地证明了论点。这段话中,最重要的观点是"如此头脑中凡有缺陷,皆有特药可医。"即读书可以治疗我们头脑中的知识缺陷。书就像药一样,可以治疗人的愚蠢。学习时的难点在于要理解作者为了证明这个观点是正确的,使用了哪些论据,又运用了哪些方法呢?读书像运动,在修辞上,这里运用了比喻论证。这样的论证,生动形象,容易理解。这一段运用了比喻论证和事实论证的方法来证明作者观点的正确。在这个过程中,我们知道了培根先生对读书的看法:读书是大有益处的,读书是有方法可循的,读书是十分有用的。

3. (1) 不要固执一点,咬文嚼字,而要前后贯通,了解大意。

(2) 不能只记住经典著作的一些字句,而必须理解经典著作的精神实质。

(3) 观其大略的人,往往知识更广泛,了解问题更全面。

(4) 观其大略同样需要认真读书,只是不死抠一字一句,不因小失大,不为某一局部而放弃了整体。

这四个句子,分别来自文章《不求甚解》的第4、5、6、7段。其共同点是强调要重视整体理解,重视精神实质的把握,主张阅读时不在语言文字上钻牛角尖。为了论证这一点,作者举了正反两个例子,诸葛亮是"观其大略",不求精熟,追求对知识了解更广泛更全面;而普列汉诺夫追求的是熟读,记住著作的一些字句,但并不理解其精神实质。接着,作者由想要把经典读透就必须不断努力学习的道理,推到要学习得好就必须活读、理解其精神实质的道理;"活读"就是要整体上看著作的"大略",不死抠个别字句,而是全面地了解,以求把握其精神实质。为了让读者信服,作者继续举例,诸葛亮比徐庶等人高明得多,是因为观其大略的人往往知识更广泛,了解问题更全面。提倡不求甚解,"观其大略",是否意味着不需要认真读书呢?考虑到可能会带来的误解,作者进一步做了补充,并且态度坚定:"绝对不应该这样",因为"观其大略同样需要认真读书",只是更注重对整体的把握,而不是对一字一句的细抠。

三、教学过程

第一课时

(一)课时目标

理清本文的论点和论据,学习论证方法,学会鉴赏语言。

(二)导入

在成长的过程中,我们一定读过不少的书。刘向说:"书犹药也,善读之可以医治愚。"同学们,请结合一次阅读经历,说说你对这句话的理解吧!

(三)活动设计

▲ 活动设计一:我来谈读书

同学们,请写下你最喜欢的十本书的名字,并说出你喜欢的理由。

"我来谈读书"

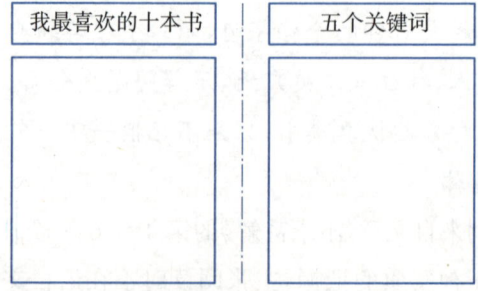

想一想:如果你来写"谈读书",想谈些什么?请写下五个关键词。

▲ 活动设计二:我为大师做名片

请结合所查阅的资料和你对课文的理解,大胆发挥想象力,为哲学家培根制作名片。

"培根"的名片			
原名：		国籍：	"培根"简笔肖像画
星座：		体型：	
血型：		代表作品：	
成就与地位：			
读书主张：			

▲ **活动设计三：纲举目张，文章结构谁最懂？**

本文没有分段，请你按以下三个方面进行划分：

1. 读书的目的：足以怡情，足以傅彩，足以长才。
2. 读书的方法：推敲细思，全神贯注，孜孜不倦。
3. 读书的意义：凡有所学，皆成性格。

朗读全文，勾画以上三个方面中观点句子或词语。

▲ **活动设计四：庖丁解牛，句间逻辑我来析！**

文段一：读书足以怡情，足以傅彩，足以长才。其怡情也，最见于独处幽居之时；其傅彩也，最见于高谈阔论之中；其长才也，最见于处世判事之际。

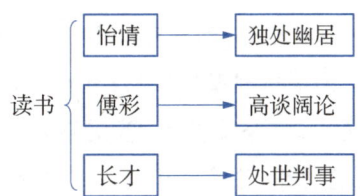

读懂句义，再将意思相近的句子组合在一起。

文段二：(1)练达之士虽能分别处理细事或——判别枝节，然纵观统筹，全局筹划，则舍好学深思者莫属。(2)读书费时过多易惰，文采藻饰太盛则矫，全凭条文断事乃学究故态。(3)读书补天然之不足，经验又补读书之不足，盖天生才干犹如自然花草，读书然后知如何修剪移接；而书中所示，如不以经验范之，则又大而无当。(4)狡黠者鄙读书，无知者羡读书，唯明智之士用读书，然书并不以用处告人，用书之智不在书中，而在书外，全凭观察得之。

请用"/"分析以上句间关系。

1. （1）/（2）（3）/（4）。
2. （1）深思的作用。
3. （2）（3）补读书之不足。
4. （4）怎样用读书。

文段三：（1）读书时不可存心诘难作者，不可尽信书上所言，亦不可只为寻章摘句，而应推敲细思。（2）书有可浅尝者，有可吞食者，少数则须咀嚼消化。换言之，有只须读其部分者，有只须大体涉猎者，少数则须全读，读时须全神贯注，孜孜不倦。（3）书亦可请人代读，取其所作摘要，但只限题材较次或价值不高者，否则书经提炼犹如水经蒸馏，味同嚼蜡矣。

请用"/"分析以上句间关系。

（1）/（2）（3）

结合自身阅读经历，请为加下划线的做法举例，每个学生任选一处。

文段四：（1）读书使人充实，讨论使人机智，作文使人准确。（2）因此不常作文者须记忆特强，不常讨论者须天生聪颖，不常读书者须欺世有术，始能无知而显有知。（3）读史使人明智，读诗使人灵秀，数学使人周密，科学使人深刻，伦理学使人庄重，逻辑修辞之学使人善辩：凡有所学，皆成性格。

请借助关联词和标点理清思路，用"/"分析以上句间关系。

（1）（2）/（3）

文段五：（1）人之才智但有滞碍，无不可读适当之书使之顺畅，一如身体百病，皆可借相宜之运动除之。（2）滚球利睾肾，射箭利胸肺，慢步利肠胃，骑术利头脑，诸如此类。（3）如智力不集中，可令读数学，盖演题须全神贯注，稍有分散即须重演；如不能辨异，可令读经院哲学，盖是辈皆吹毛求疵之人；如不善求同，不善以一物阐证另一物，可令读律师之案卷。（4）如此头脑中凡有缺陷，皆有特药可医。

请圈画关联词语，通过分析论证方法理清思路。

（1）/（2）（3）/（4）

（四）课堂小结

全文主要有三个层次：先提论点，后展开论证。

首先，文章第1—6句谈读书有三种目的，即怡情、傅彩和长才。三种目的又分别适应于不同的场合。"怡情"使人即使独处幽居也可以不失去生活的情趣；"傅彩"使人善于言谈，以在高谈阔论时装点门面；"长才"则使人在待人、接物、进业方面更加精熟完满,并从反面指出读书的不足,强调读书要与经验相结合。其次,文章第 7—10 句谈读书态度和方法。强调读书要推敲细思;不同的书有不同的读法,须与作文、讨论相结合。书有好坏优劣,因此读法各别;有可浅尝者,有可吞食者,多数只需大体浏览,少数则须认真阅读、仔细消化;还可使人代读。读书要与经验结合,要凭观察得之。最后,文章第 11—17 句谈读书的价值或意义。书如良药,可以疗治各种心智缺陷。不同书籍,各有专能,读书也应因人而异,正如治病理当对症下药一般。

本文采用的主要论证方法:

1. 比喻论证。

(1)头脑缺陷—身体百病;(2)书—良药;(3)读书—治病。

2. 对比论证。

(1) 读书使人充实,讨论使人机智,作文使人准确。

(2) 不常作文者须记忆力特强,不常讨论者须天生聪颖,不常读书者须欺世有术。

文章采用多种论证方法,持论有据,论证谨严,生动形象,文采斐然。一方面化抽象为具体,使说理通俗易懂;一方面增强文采,使语言生动有趣,避免枯燥,增强了议论的说服力。

(五) 布置作业

1. 阅读培根的随笔《论真理》《论爱情》《论逆境》等。选择你喜欢的词语或句子,做成书签,送给师友。

2. 培根说:"凡有所学,皆成性格。"举例谈谈你对这句话的理解。

第二课时

(一) 课时目标

学习举例、对比等论证方法,对读书有自己的思考。

(二) 导入

邓拓,笔名马南邨,当代杰出的新闻工作者、政论家、历史学家、诗人和杂文家、书画收藏家。曾任全国人民代表大会代表、中华全国新闻工作者协会主席。著有杂文集《燕山夜话》。自 1961 年起在《北京晚报》的"燕山夜话"专栏陆续发表杂文，后汇为五集出版。

（三）活动设计

▲ **活动设计一：选一选，"不求甚解"知多少？**

作者从人们对"不求甚解"的误解入手，阐述了自己的观点：读书要"不求甚解"。以下哪种说法或做法最不符合马南邨的"不求甚解"的意思？

A. 书到用时方恨少。（陆游）

B. 词句究竟还是末事，第一立意要紧。若意趣真了，连词句不用修饰，自是好的。（林黛玉）

C. 读得巧，读得实，读得深，懂得取舍，注重思考。（习近平）

D. 书还可请人代读。（培根）

▲ **活动设计二：比一比，谁能晋级"概述王"？**

请阅读课文，填写下面的表格。

段落	内容概括	论述思路
第1段		
第2段		
第3段		
第4段		
第5、6段		
第7—9段		

策略提示：如何概括呢？

1. 摘：文段中有现成的话，可以直接摘录下来。

2. 整：文本中没有可以直接使用的句子，但是有一些关键词，我们把关键词串成一句话。

3. 写：文本中没有任何的词、句可以拿来概括，就根据自己的理解，重新写一句。

"摘、整、写"是内容概括的三个基本方法。

对照表格：

段落	内容概括	论述思路
第 1 段	盲目反对不求甚解没有充分理由	着眼现象引思考
第 2 段	不求甚解是读书会意的正确态度	查找语源解新意
第 3 段	读书的要诀全在于会意	陶渊明例证观点
第 4 段	读书态度要虚心,方法要前后贯通	明确观点释内涵
第 5、6 段	读书要虚心,重在理解精神实质	正反事例证观点
第 7—9 段	不求甚解不是不认真,而是整体把握,反复阅读	名言辨误结全文

▲ **活动设计三:观点与材料——对应关系找一找!**

请同学们以第 5、6 段为例,分析议论文中观点和材料的对应关系,填写下表。

事例叙述	事例特点	作者观点
	曲解	
	更广泛、更全面	

示例:

事例叙述	事例特点	作者观点
普列汉诺夫自以为熟读马克思著作	曲解	对于马克思列宁主义的经典著作要虚心
诸葛亮读书"独观其大略"	更广泛、更全面	读书要活,须理解经典著作的精神实质

结论:作者所持态度取决于事例特点,所持观点针对事例的做法。

▲ **活动设计四:主题演讲之"我是如何读书的"**

4 月 23 日是"世界读书日"。初三某班级将举办"我是如何读书的"主题演讲活动。

小明同学为撰写演讲稿搜集到甲、乙、丙三则材料,但有一则不符合演讲的主题要求,请你帮他找出来,并说明理由。

【甲】现在常听人说:"多读杰作,学取技巧。"这话是不错的,但倘使他读杰作的时候,心里总惦记着,"快学技巧呀!"他在杰作的字里行间时时都发生"这是不

是技巧"的问号,那他决学不到什么技巧。(摘自茅盾《论"入迷"》)

【乙】那些有学问对我有用处的书,我用吃橄榄的办法阅读,反复咀嚼,徐徐品味;那些有学问然而对我用处不大的书,我用吃甘蔗的办法阅读,啜其甜汁,吐其渣滓。(摘自李国文《我的阅读主张》)

【丙】最近,我市书城里各类包装精美的高价图书特别畅销,不少人买了是作为礼品送给亲戚朋友的。对此现象,有专家认为,将这类图书作为礼品送人,虽然从某种程度上体现了人们对文化的重视,但若仅限于此,就会流于形式,导致读书浮华风气的蔓延。(摘自4月21日《××早报》)

我认为材料_____不符合要求,理由是_____。

▲ 活动设计五:"比较",深入阅读的最有效工具

《短文两篇》中两篇短文都谈到读书,从主要观点、论证方法、语言风格方面比较两文的不同之处。比较阅读,完成下表。

篇目	主要观点	论证思路	语言风格
《谈读书》			
《不求甚解》			

示例:

篇目	主要观点	论证思路	语言风格
《谈读书》	读书的目的、态度、方法、价值(全面论述)	先提观点再论证	典雅丰富
《不求甚解》	读书要不求甚解,以虚心的态度,理解精神实质的方法(论证重点)	沿着思路逐步提	朴素亲切

思考感悟:为什么会有这些不同呢?

(1) 培根—哲学家—哲学著作—哲学思想—丰富深刻全面。

(2) 邓拓—杂文家—夜话栏目—思想评论—平易亲切生动。

(四) 课堂小结

本节课,我们在完成学习活动的过程中,学习了举例、对比等论证方法及其作

用;通过"比较",从主要观点、论证方法、语言风格等方面深入了解了两篇短文的不同之处。希望同学们能学以致用,提升对文章的鉴赏能力。

(五) 布置作业

4月23日是"世界读书日"。学校举行"好读书、会读书"宣传活动,请你写一篇文章,介绍好的读书方法。

大家可以参考以下名人观点:
- 周国平:愉快是读书的基础。
- 茅盾:读"爱读的书"。
- 王国维:读书三境界。
- 王力:厚今薄古,古为今用。
- 朱光潜:读书应"字字推敲,咬文嚼字"。

思路提示:

可借鉴《不求甚解》一文中"引—解—证—释—证—结"的写作思路,如作者所说:

"我常常想到、看到、听到一些东西,觉得有了问题,随时就产生一个题目;每一个题目有关的材料和观点,只能利用工作之余的一点时间,就自己现有的水平,有什么写什么;写的时候,基本上是按照自己的思维过程,用文字表达出来。"

14　山水画的意境

李可染

一、教学目标与学习要素

(一) 教学目标

1. 把握文章的核心概念,了解概念间的关系,理解作者的观点。
2. 梳理文章的论证思路,分析作者所举实例,体会实例与作者观点的关系。
3. 引导学生借鉴文中的理论方法,学习鉴赏文学作品和山水画作。

(二) 学习要素

1. "意境"的核心内涵。
2. "是什么—为什么—怎么样"的议论文思路。

二、文本解读

(一) 课文整体解析

本文是较为典范的文艺论文,重在阐发"意境"在艺术创作中的重要价值。课文遵循"是什么—为什么—怎么样"的论述思路,由现象到原因再到应用进行探究。文中引用较多实例,对主要观点展开阐释,丰富了观点的表达,要注意分析实例与观点之间的关系。

文中涉及的"意境"理论,是中国传统美学的重要范畴,不仅适用于山水画的创作,而且适用于文学作品的创作和鉴赏。作者的观点是基于他的山水画创作实践得出的,教师授课时可借此引导学生拓展阅读相关文献资料,质疑问难,形成自己对意境的认识和理解。

(二) 重点语段细读

1. 在我们的古诗里,往往有很好的意境。虽然关于"人"一句也不写,但是,通过写景,却充分表现了人的思想感情。

这句话来自文章第 3 段开头。为了便于读者理解,"通过写景,却充分表现了人的思想感情",作者在第 3、第 4 段分别引用了李白《送孟浩然之广陵》和毛泽东《十六字令三首》,文中作者对古诗中景与情关系的解读,能让学生充分理解什么是意境,以及艺术作品是如何通过写景充分表达人的思想感情,从而把握意境的内涵,以及意境与情、景的关联,了解作者创造意境的方式。既有较强的说服力,同时又使得行文典雅,富有知识性。

2. ① 肯定地说,画画要有意境,否则力量无处使,但是有了意境不够,还要有意匠;为了传达思想感情,要千方百计想办法。

② 意境和意匠是山水画的两个关键,有了意境,没有意匠,意境也就落了空。

这两句话分别在文章第9段和第10段,探讨了要"苦心经营意匠"这一问题。"肯定地说,画画要有意境,否则力量无处使","有了意境不够,还要有意匠"。意匠,就是"表现方法、表现手法的设计"。意境和意匠是山水画的两个关键,"没有意匠,意境就落了空",因此,诗人、画家为了把自己的感受传达给别人,一定要"千方百计想办法","苦心经营意匠"。

三、教学过程

(一) 导入:感受"富春山居图"

课前布置预习任务:网上检索《富春山居图》,看一看除了山之外还有哪些景?有哪些人物?他们又在做什么?什么让山水画更富有诗意?什么让山水画更富有生机?

课上学生分享欣赏《富春山居图》的收获和体会:有学生在观察中会发现,山水画中往往除了画山以外,还会添加很多景物,比如树、亭、船、鸟等。这些景色的添加,使得画面更加丰富有生机;还有学生进一步观察到画面中的人物都在做什么,比如垂钓、远眺等,同时代入自己的心境,感受人的思想情感。

今天我们一起来学习《山水画的意境》,从艺术鉴赏的角度来认识"意境"在艺术创作中的重要价值。

(二) 活动设计

▲ **活动设计一:填写"核心概念图"**

文章开篇明确提出主要观点:"画山水,最重要的问题是'意境',意境是山水画的灵魂。"什么是意境?怎样获得"意境"呢?山水画还有什么是关键?请同学们填写下图,从文中快速提取关键信息。

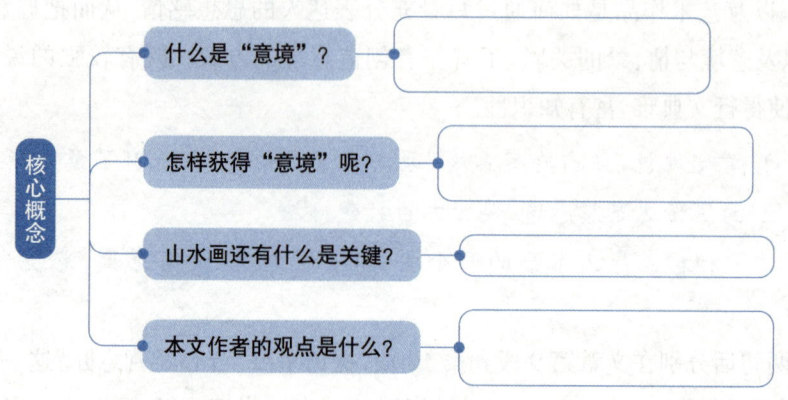

示例:

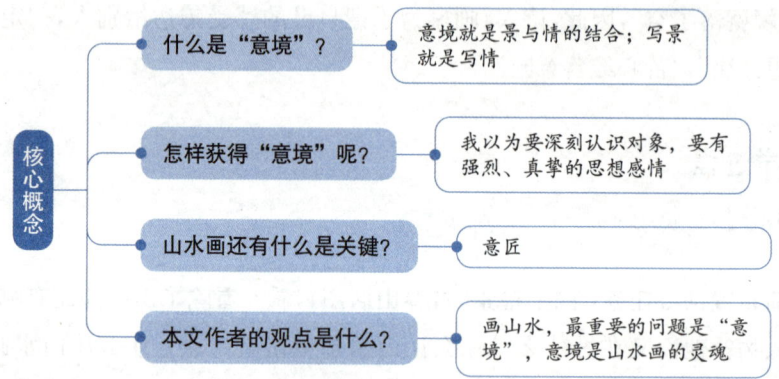

▲ 活动设计二:绘制文章思维导图

请同学们采用"是什么—为什么—怎么样"的思路梳理文章结构,将思维导图补充完整。

第1段提出观点:画山水,最重要的问题是"意境",意境是山水画的灵魂。第2段讲意境就是景与情的结合;写景就是写情。第3、4段用李白和毛泽东的作品这两个实例来说明。两个例子的共同点是:通过写景充分表现人的思想感情;有很好、很深的意境。课文前四段,从"观点—是什么—为什么",层层深入,思路清晰。第5段讲怎样才能获得意境呢?"我以为要深刻认识对象,要有强烈、真挚的思想感情。"第6段讲要深入全面地认识对象,必须身临其境,长期观察。(齐白石画虾)第7段讲要求站得高于现实,这样来观察、认识现实,才可能全面深入。(毛泽东《沁园春·雪》)第8段讲画松(一正一反),中国画强调表现事物的精神实质。第5段和第6、7、8段是总说和分说的关系。第9、第10段都是围绕"意匠"展开

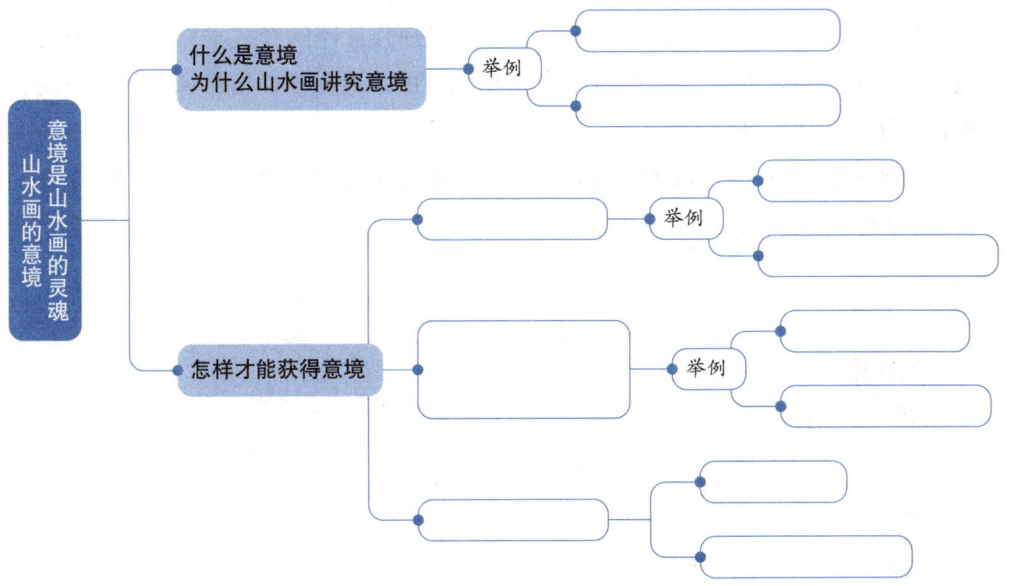

的,是讲要苦心经营意匠。

导图示例:

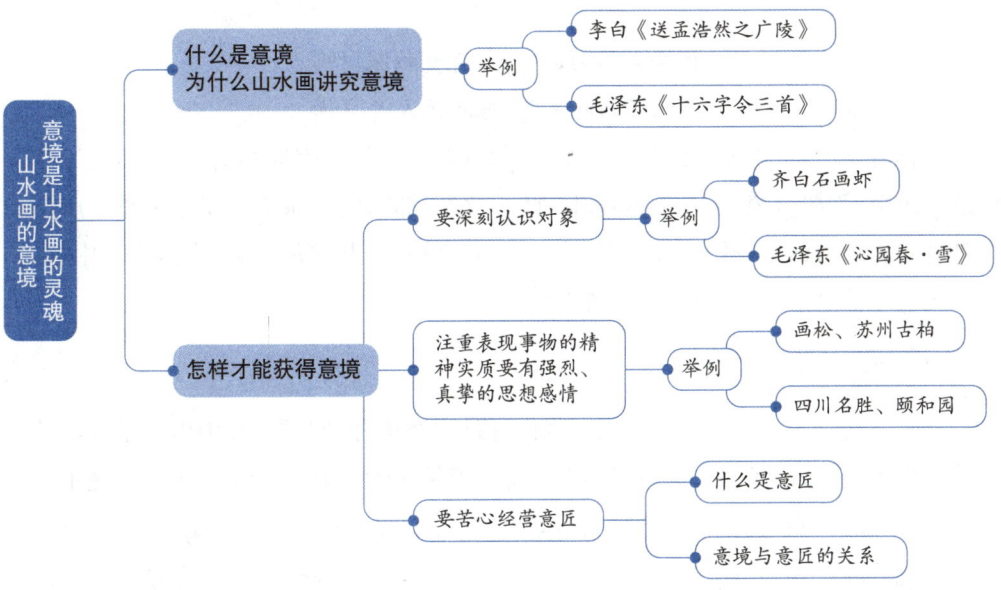

▲ 活动设计三:"绝知此事要躬行"

作者为了探讨山水画的意境,多以古诗词为例,具体阐释艺术作品是如何通过写景充分表达人的思想感情,从而创造出意境的。请同学们仿造课文第三段的论证方法来完成论证。

在我们的古诗里,往往有很好的意境。虽然关于"人"一句也不写,但是,通过写景,却充分表现了人的思想感情,如_____
_____。

实践流程:

第一步,明确本段观点。

第二步,找到能够证明本段观点的古诗词例子。

第三步,扣住观点叙述事例。

第四步,紧扣观点,阐释分析事例。

示例:

要点:景与情的结合

滁州西涧
唐·韦应物

独怜幽草涧边生,上有黄鹂深树鸣。

春潮带雨晚来急,野渡无人舟自横。

作者认为,意境就是情与景的结合,写景就是写情。韦应物的这首诗,无论是涧边幽草、深树黄鹂,还是春潮晚雨、野渡横舟,都构成一派萧瑟淡远之景。所谓处处景语皆情语。我们选择论据的一个要点,就是景与情的结合,在这首诗中,字字不离眼前之景物,又字字紧扣诗人之心境。

(三)课堂小结

本文结合文学作品和山水画的创作,探讨"意境"的问题。文中引用了大量的诗词作为例证,让我们充分感受到中国诗画意境相通的独特艺术之美。意境不但是山水画的灵魂,而且也是诗歌创作追求的目标。在诗词中,起点是意象,终点却是意境。因此,解读意象,品味意境,把握两者的区别与联系,这些将对我们提高审美品位,增强诗歌鉴赏能力大有好处。

(四)布置作业

1. 思考:作者要说的是山水画的意境,为什么要在开头大篇幅分析诗歌的意境?

2. 阅读课文中关于"意匠"的阐述,结合一首自己喜欢的古诗词,谈谈诗句里的"意匠"是如何体现的。

15　无言之美

朱光潜

一、教学目标与学习要素

(一) 教学目标

1. 把握文章的核心概念,了解概念间的关系,理解作者的主要观点。
2. 梳理文章的论证思路,分析作者所举实例,体会其与作者观点的关系。
3. 借鉴文中的理论方法,学习借鉴文学作品和艺术作品。

(二) 学习要素

1. "无言之美"的内涵。
2. "流露"与"含蓄"的区别。
3. 实例与作者观点的关系。

二、教学建议

《无言之美》也是一篇较为典范的文艺论文,旨在探讨"言不必尽意"、讲求含蓄的艺术创作通则,作者以问题为导向,遵循"提出问题—分析问题—得出结论"的论证思路。这篇论文,是达成本单元教学目标的重要载体。学习过程中学生圈画出文中的核心概念,画出表明作者观点的语句,并对自己感兴趣的问题进行深入探究。

三、教学过程

(一) 导入

"天何言哉?四时行焉,百物生焉。天何言哉?"同学们,请结合注释谈谈对这句话的理解;同时说说课文引用孔子的话开头,有什么作用呢?

(二) 活动设计

▲ 活动设计一:"我为大师做名片"

请结合所查阅的资料和你对课文的理解,大胆发挥想象力,为美学大师朱光潜制作名片。

"朱光潜"的名片

原名：	籍贯：	"朱光潜"简笔肖像画
属相：	体型：	
血型：	代表作品：	

经历与地位：

美学主张：

▲ **活动任务二：调动先知促理解**

阅读课文时，要收集文中出现的观点，努力理解它们。为了做到这一点，你需要把作者给出的知识和你已知的知识联系起来，进行比较，在脑海中将你正在学习的事实勾画、表达出来。

新学的知识＋已知的知识＝理解！
关于无言之美，   √想想你已经了解的知识。
√想想你正在学习的这篇课文。
√它们有哪些共同点？
√它们有哪些不同点？
√此文要探讨的话题是什么？
√能表明作者观点的句子是什么？

完成上述表格的中的六问之后，我们清晰地理解了文章要探讨的话题是"无言"。文中最能表现作者观点的句子：说出来的越少，留着不说的越多，所引起的美感就越大越深越真切。

▲ **活动任务三：跳读课文填下图**

找一找，为了阐述自己的观点，作者列举了哪几个艺术领域的实例？

根据图片提示，学生很快捕捉到关键信息，作者分别列举了文学、图画、音乐、

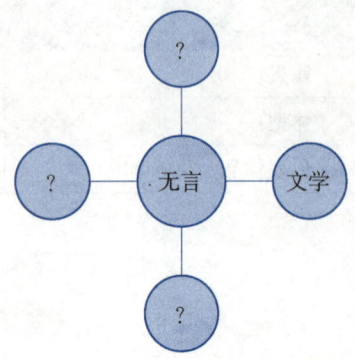

雕刻等四个领域来论述自己的观点。

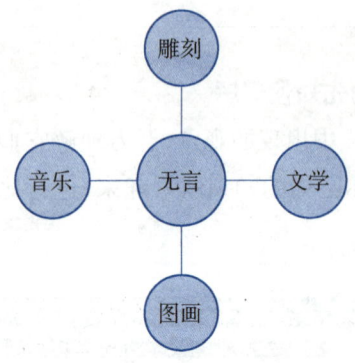

▲ 活动任务四：梳理文章的论证思路

文章第 1、2 段导入话题：作者引入孔子的话，引出"无言"这个话题（教育）——要想明了"无言"的意蕴，宜从美学观点去研究。（美学）本文的话题：从美学的观点看无言的意蕴。

文章第 3—6 段提出问题：言所以达意，然而意绝不是完全可以言达的。

因为：言——固定的、有迹象的、散碎的、有限的；
　　　意——瞬息万变的、缥缈无踪的、混整的、无限的。

文学讲究怎样的言意形式呢？

作者先提出问题：意既不可以完全达之以言，"和自然逼真"一个条件在文学上不是做不到吗？假使语言文字能够完全传达情意，假使笔之于书的和存之于心的铢两悉称，丝毫不爽，这是不是文学上所应希求的一件事？

然后在文章第 7—12 段分析问题，对前面提出的两个问题做出回答（第 7 段）：文字语言固然不能完全传达情绪意旨，假使能够，也并非文学所应希求的。一切

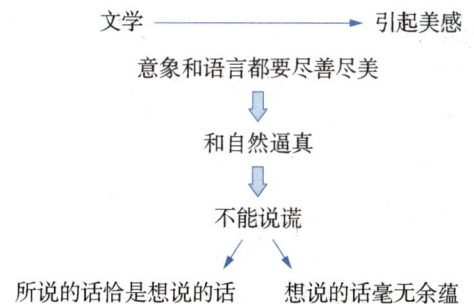

美术作品也都是这样,尽量表现,非唯不能,而且不必。作者通过对各类艺术作品的分析阐发言不能尽意,也不必尽意。

文章第 8 段分析问题:

相片——包罗尽致,体积、比例和实物都两两相称。(言尽一切,自然逼真)

图画——选择实物一部分,不必和实物完全一致。(言及部分,美感更浓厚、更深刻)

文章第 9 段分析问题:

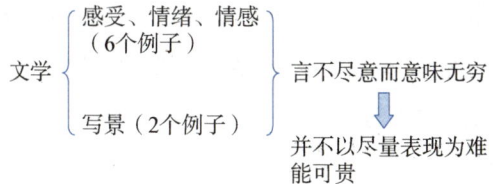

文章第 10 段分析问题:

凡是唱歌奏乐,音调由宏壮急促而变到低微以至于无声的时候,我们精神上就有一种沉默渊穆和平愉快的景象。"冰泉冷涩弦凝绝,凝绝不通声暂歇。别有幽愁暗恨生,此时无声胜有声。""听得见的声调固然幽美,听不见的声调尤其幽美。"

文章第 13 段得出结论:

拿美术来表现思想和情感,与其尽量流露,不如稍有含蓄;与其吐肚子把一切都说出来,不如留一大部分让欣赏者自己去领会。说出来的越少,留着不说的越多,所引起的美感就越大越深越真切。

▲ **活动任务五:让思路不断延伸**

探究何为"无言之美"的路径:

在同一个话题上不断深入思考的有效方法
√ 我同意/不同意作者的观点,因为……
√ 一开始我认为……但是现在我觉得……
√ 是什么让你产生了这样的观点?
√ 你能说说更多与此相关的事吗?
√ 我看到作者说……我觉得……
√ 这篇文章说……这让我想到……

经过探究,我们发现,"无言"的言,并不专指语言文字,而是包含一切艺术所用的"语言",如绘画的线条、色彩,音乐的乐曲、旋律等。"无言"也不是不用语言来表现,只留下空白让欣赏者去猜,而是注重含蓄,避免直露,以引发欣赏者想象的参与,体会更微妙更深广的内容。如此一来,体会到的美感也更浓厚,更令人难忘,这就是"无言之美"。

(三)课堂小结

本节课,我们借助阅读提示和旁批,梳理了文章的论证思路,理解了作者的主要观点。文章逐层深入的论证思路很值得大家学习借鉴。希望大家在今后的学习中,能够触类旁通,体会"无言之美"。

(四)布置作业

作者是从哪几个方面证明"无言"也能产生美的?作者在此主要运用了什么论证方法?

参考示例:

作者一共从四种艺术入手,运用了举例论证,论证了"无言"也能产生美。

1. 以"言尽一切"的相片与"言及部分"的图画相比,图画之美证明了无言之美;

2. 以文学作品的含蓄之美凸显无言之美;

3. 从音乐中的"无声胜有声"论证无言之美;

4. 从雕刻艺术的含蓄不流露来论述无言之美。

16　驱遣我们的想象

叶圣陶

一、教学目标与学习要素

(一) 教学目标

1. 阅读课文，把握文章的核心概念，梳理概念间的关系。
2. 把握文章观点，理清行文思路，理解作者的主要观点。
3. 把握观点和材料之间的关系，体会作者论述的逻辑和论述的严密。

(二) 学习要素

1. 核心概念"想象"的内涵。
2. 驱遣想象在鉴赏诗文中的作用。

二、教学建议

欣赏文艺作品，不仅要理解文字的表层含义，更要驱遣想象，透过文字进入作品的意境中，体会阅读的愉快。本文用平时的语言，以一诗一文为例，深入浅出地阐明了这一基本方法，为我们提供了很多启发。阅读本文，要重点关注作者所作的鉴赏示范，看看作者是如何引导我们驱遣想象去欣赏作品的。你还可以学习这种方法，试着去欣赏其他的文艺作品。

三、教学过程

(一) 导入

同学们，原题是"驱遣我们的想象"，驱遣：驱动，调遣，使用。题目的意思是：鉴赏文艺作品，要驱动、调遣我们的想象。

现在，请同学们把标题改写为不同的比喻句，看谁的想象更奇特又贴切。

(二) 活动设计

▲ 活动设计一：标题我来改！

原题是"驱遣我们的想象"，驱遣指驱动、调遣、使用。题目的意思是：鉴赏文艺作品，要驱动、调遣我们的想象。

现在,请同学们把标题改写为不同的比喻句,看谁想象奇特并且贴切。

▲ **活动设计二:双栏记录,提取核心概念**

阅读第1—5段,思考作者提出了哪些重要概念?这些概念之间是什么关系?介绍这些概念有什么作用?

双栏记录

文本	你的想法
·有趣的话 ·概念 ·比喻 ·事实 ·主要观点 ·问题 (左边)	·反应 ·推断 ·比较 ·解释 ·观点 (右边)

运用双栏记录阅读法,学生提取出了"文艺、文字、作者和读者"等重要概念。在原始社会里,文字还没有被创造出来,却先有了歌谣一类的东西,就是文艺。文字被创造出来之后,人们用文字记录所见、所闻、所想和所感,这样,文艺和文字就并了家。随着印刷术的发明,文艺就是许多文字的集合体。文字是一道桥梁,这边的桥堍站着读者,那边的桥堍站着作者。通过了这一道桥梁,读者才和作者会面。不但会面,并且了解作者的心情,和作者的心情相契合。

作者在这一部分引出四个概念,简明扼要地讲述了文艺产生的历史,探讨了文字在读者和作者之间的桥梁作用。

▲ **活动设计三:把握观点和材料,绘制论证思路图**

阅读第8、9段,完成下图,说说作者是如何论述欣赏文艺作品需要驱遣想象的。

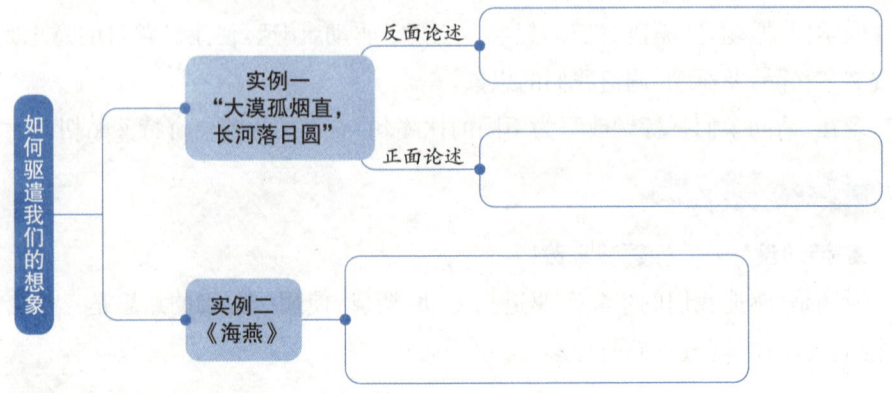

作者以赏析王维的诗句"大漠孤烟直,长河落日圆"为例,首先从反面论述,如果仅从字面意义理解,全然得不到诗句中所蕴藏的壮景与情感,这是不驱遣想象的结果;然后从正面论述,将诗句勾勒成一幅画,最后推想"直""圆"等的表达效果,这样就理解了诗中静寂的境界。通过对诗句的分析,自然而然地得出结论:"像这样驱遣着想象来看,这一幅图画就显现在眼前了,同时也就接触了作者的意境。"

此外,作者又以《海燕》为例,论述了要驱遣想象,在想象中生出一对翅膀来,才能领会作者的意境,从中受到启发。作者列举两个实例进行论述,启发读者对于不同作品,要驱遣想象运用不同的方法进行鉴赏,从而领会作品的意境。论证思维更严密,也使观点更令人信服。

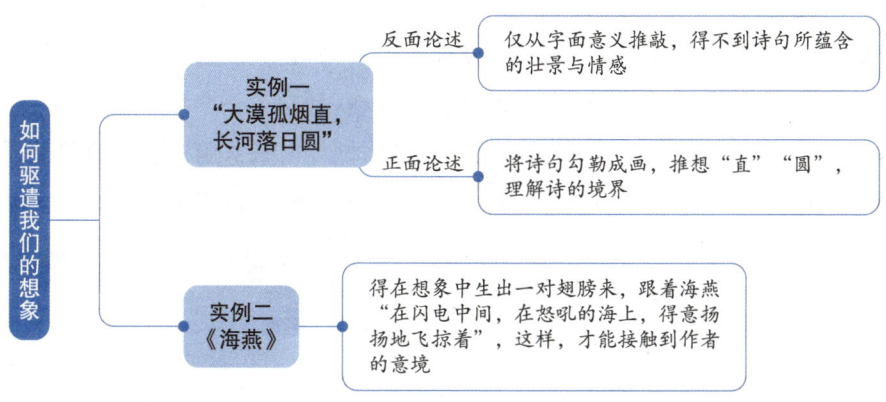

(三)课堂小结

首先,本文通过论述作者、读者以及文字之间的联系来明确读者欣赏文字作品的本质,即"接触作者的所见所感"。

其次,以王维的诗句和高尔基的《海燕》为例,具体论述如何驱遣想象来欣赏作品。

最后,得出结论:鉴赏文艺,不能拘泥于文字。必须驱遣我们的想象,才能通过文字接触美感的经验,得到人生的受用。

(四)布置作业

拓展延伸学以致用:文章以王维的诗句"大漠孤烟直,长河落日圆"为例,论述了如何驱遣想象鉴赏文学作品。请你借鉴作者论述,展开想象,鉴赏链接材料中马致远的《天净沙·秋思》,写一段赏析文字。

链接材料:

天净沙·秋思

元 马致远

枯藤老树昏鸦,

小桥流水人家,

古道西风瘦马。

夕阳西下,

断肠人在天涯。

参考示例:

马致远的《天净沙·秋思》中的"枯藤老树昏鸦,小桥流水人家,古道西风瘦马",作者把九种常见的客观景物,巧妙地连缀起来,让天涯游子骑一匹瘦马出现在一派凄凉的背景中,从中透出令人哀愁的情绪,抒发了一个飘零天涯的游子在秋天思念故乡、倦于漂泊的凄苦悲凉之情。读者阅读时在头脑中想象着这些景物构成的画面,就会感受到景物暗淡愁惨的氛围,体会到诗人无限的愁思。

写作　修改润色

一、教学目标与学习要素

（一）教学目标

1. 主要学习从"意"的角度修改自己的文章，使文章有文采、有点睛之笔。
2. 培养修改润色文章的兴趣，养成写作中主动修改的习惯。

（二）学习要素

细节描写、修辞格、多感官多角度的描写在作文修改中的运用。

二、教学建议

"文章不厌百回改。"文章写成后，多读几遍，做些修改，直到满意为止，这是一种很好的写作习惯。修改文章要兼顾"言"和"意"。言，指言辞和表达；意，指立意和思想内容。"言"的修改包含两个层次。基本要求是改"对"，进一步的要求是改"好"。言的修改主要是指字词句的修改。字的修改，主要是改错别字（包括标点符号），这个问题本节课不多讲，这是修改作文必须要做的事情。句子的修改，主要是修改设计语法和逻辑等的病句。要将"言"的修改与"意"的修改结合起来，补充内容，加工润色，使文章内容更充实，语言更富有文采。

三、教学过程

（一）导入

什么是记叙文的修改与润色与呢？

修改与润色，就是要把一篇记叙文的文辞变得更有文采，记叙文的结构更为曲折动人。记叙文的润色与修改，涉及的内容很多，本节课我们主要从有文采、有点睛之笔两个角度入手。

（二）活动设计

▲ **活动设计一：修改与润色——有文采**

孔子说："言之无文，行而不远。"意思是说，写文章的人如果对语言不加修饰，那么他的文章就不能广为流传。孔子所强调的,就是我们通常说的"文采"。

【例一】我们看下面这几个文段,怎样润色能显得画面生动呢?

(1) 一条小小的水渠将清澈冰凉的溪流引入小镇,推动了一个个水磨的转动,使小镇显得灵动可爱。小镇像一幅民俗风情画,深深印刻在我的心里。

"小镇像一幅民俗风情画",可以运用排比修辞做如下修改:

银发老人彼此携手在石板路上悠闲漫步;年轻的摄影爱好者寻找着最佳角度要拍摄富有藏族气息的小楼;一群孩童被街边小铺里琳琅满目的工艺品吸引,蜂拥而上。

(2) 前往朗木寺的时候,正是僧人们念完早课、下到镇里吃饭的时间。他们三三两两结伴,沿着山路行进,形成络绎不绝的队形。这美好的一幕深藏我心。

"这美好的一幕"可以修改为"湛蓝深远的天,洁白无瑕的云,他们红色的僧袍点缀在黑褐色的山脊上,颇像天地间一串意味深长的省略号,延伸在天地间"。

名篇范例:

"不必说碧绿的菜畦,光滑的石井栏,高大的皂荚树,紫红的桑葚;也不必说鸣蝉在树叶里长吟,肥胖的黄蜂伏在菜花上,轻捷的叫天子(云雀)忽然从草间直窜向云霄里去了。"(鲁迅《从百草园到三味书屋》)

运用了排比、拟人、色彩对比、多感官描写的方法,使文章有文采。

名篇范例:

"骤雨一样,是急促的鼓点;

旋风一样,是飞扬的流苏;

乱蛙一样,是蹦跳的脚步;

火花一样,是闪射的瞳仁;

斗虎一样,是强健的风姿。"(刘成章《安塞腰鼓》)

运用博喻、多感官多角度描写。

名篇范例:

我想起红布似的高粱,金黄的豆粒,黑色的土地,红玉的脸庞,黑玉的眼睛,斑斓的山雕,奔驰的鹿群,带着松香气味的煤块,带着赤色的足金。(端木蕻良《土地的誓言》)

黑云压城城欲摧,甲光向日金鳞开。角声满天秋色里,塞上燕脂凝夜紫。(李贺《雁门太守行》)

运用色彩的对比,让语言更有文采。

【例二】我们看下面这几个文段,怎样润色能显得画面生动呢?

(3) 我牵着妈妈的手走在这条路上,<u>清晨的阳光打在我们和路旁的桂花树上,照在我们身上</u>。

画线部分可以添加:几道影子被拉得斜长,阳光透过树枝,留下了斑驳的树影。清晨的天空像漓江的水般清澈,阳光还惺忪着,照在我们的身上却也暖暖的。

(4) 一条条小船在水面上行进,有几个人忙着在水面上活动,过了一会儿,有的人开心地回去了,有的人还停留在这里。

这句话可以修改为:澄澈的天空下,一条条小船在水面交错行进,或前行,或后退,船上的人有的摘取翠绿色的菱角,有的挽着红色的莲花,有的抓起那白色的鱼儿。随着夕阳落山,有的人心满意足地回家了;有的人悠闲自得安坐小船,好像没什么要做的事。

链接【细节】:指人物、景物、事件等表现对象的富有特色的细枝末节。

细节描写名篇范例:

便排出九文大钱。(鲁迅《孔乙己》)

树上的绿芽也密了;田野里的冬水也咕咕地起着水泡。(莫怀戚《散步》)

有一天,它因夜里冷,钻到火炉底下去,毛被烧脱好几块,更觉得难看了。(郑振铎《猫》)

教室里的课桌破旧得看不出年纪,桌面上是一道道豁开的裂缝,像黄河长江,一不小心,铅笔就从裂缝里掉下去了。(范锡林《竹节人》)

下课时,教室里摆开场子,吸引了一圈黑脑袋,攒着观战,还跺脚拍手,咋咋呼呼,好不热闹。(范锡林《竹节人》)

小结:

增加文采的好办法有不少,比如各种修辞手法的灵活运用、多感官多角度的描写、色彩对比、环境烘托、引用诗词佳句、细节描写等;"一切景语皆情语",在描写环境时,要抓住"典型"的能够凸显情感的事物,将内心的情感融于眼前的"境"。

▲ **活动设计二:修改与润色——有点睛之笔**

点睛有多重要?我们来看一则故事:

张僧繇于金陵安乐寺,画四龙于壁,不点睛。每曰:"点之即飞去。"人以为诞,因点其一。须臾,雷电破壁,一龙乘云上天,不点睛者皆在。(唐朝《历代名画记·张僧繇》)

【例一】请给文章《这事,真带劲》补写点题句。

"下雪啦!"雪花纷扬着落下,大地不久便身披银装,真带劲!可最令人称赞难忘的,无疑是在雪中与我们渐行渐近的过大年!山东的年,那这就一个带劲!

带劲的"吃",从小年那日拉开序幕。清晨时分,女性长辈们便开始和面了,要知道,一块优秀的面,要让它因自己沐浴着阳光而骄傲地膨胀上几倍才行,要不然那面可不带劲,没一点劲道。待它足够骄傲了,便切条下油锅,面一下锅便"滋啦啦"地响,随即胀得像企鹅一样圆滚滚,金黄色时便捞出沥油,这便叫"小果"!(1)_____。

补写点题句(1):等不及地一咬,登时烫得跳脚,转而便满口麦香,不由得竖起拇指,带劲!

年二九那日要蒸上满满几锅的馒头。早已发好的面团上或多或少插上些许洗净的枣条,又或将面团团成元宝状,待摆满了一整盘,便到了我最喜欢的环节:印花!印花也是大有讲究,要取冬日里最红的花瓣,制出火红的花汁,用木头印章重按下去,一印,便是一朵精致美艳的花跃然于面团之上,下锅,开蒸!一出锅便趁热吃上一口,满口顿时香、甜、软、糯俱全!(2)_____。

补写点题句(2):舌间鼻中绕着麦香和着淡淡花香,年的味道奔泻而出!带劲!

年三十的山东,重头大戏便是包饺子!一路煮饺子,一路准备放鞭炮。饺子们圆乎乎地在锅里游泳,待它们都忘乎所以地翻上肚皮便大功告成,屋里传来一声"吃饺子啦",屋外当即放起了鞭炮,直响出了一整年的红红火火。(3)_____。

补写点题句(3):一口饺子一口汤,浓浓的馅里满是鲜美!一口下肚,舒坦!带劲!从头暖到脚底,不知是炕暖的,还是饺子暖的……

【例二】请给文章《甘之如饴》补写点题句。

生活如品香茗,初入口苦涩中带有一丝芳香,再咂咂嘴便有回甘的滋味,我画画时就是甘之如饴。

美好的早晨,我来到画室,泡一杯花茶,沉寂心灵,唯有一室、一人、一笔、一物。轻闭双眼,体味"静"带来的或柔或刚的态度。

用铅笔轻轻勾勒美妙的轮廓,回荡在画室的只有清脆的沙沙声,我早已和笔纸融为一体。直到正午明媚的阳光洒落到画纸上,我才活动一下脖子,脖子却发出与脊椎摩擦的"嘎吱"声,这才发现时光已悄然流过了两小时。舒展四肢才觉得,我已疲惫不堪,手臂如灌了铅,竟然抬不起来。(1)_____。

补写点题句(1):四肢麻木并未使我抱怨作画之苦,充实生活、净化心灵,我对画画甘之如饴。

夏日的酷热烘烤着帝都的古老胡同,即使傍晚还有白天被暴晒的大地蒸腾的热气。夕阳的余晖透过树梢洒遍四合院的一砖一瓦,总有一只流浪猫慵懒地在屋檐上伸着懒腰,呆呆望着沉醉的我。胡同里老爷爷卖的热干面,仍旧散发着诱人的香。我支起画架,描绘这动人的一刻,(2)_____。

补写点题句(2):即使汗流浃背,即使被晒得黝黑,我对画画甘之如饴。

冰雪初融,新疆大地上,巍峨昆仑下,又见我的身影。风吹草低,牛羊悠闲地吃着嫩草。苍蓝色的天空下,冰雪化作溪流,鸣声叮咚,缓缓而来。远处的卡拉昆仑河岸,拾玉的和田老人目光深邃。他背脊弯曲,无法直立,但脸上却洋溢着幸福淳朴的微笑。这一刻,让我想到了米勒的名画《拾穗者》。我支起画架,描绘这动人的一刻,(3)_____。

补写点题句(3):即使寒风袭人,即使路远地荒,我对画画甘之如饴。

(三)课堂小结

文章的修改与润色,可以从两个角度入手,有文采,有点睛之笔。增加文采的好办法有不少,比如各种修辞手法的灵活运用、多感官多角度的描写、色彩对比、环境烘托、引用诗词佳句、细节描写等。点题时需要注意:一要瞄准文章的主旨去点题。二要在具体描述之后点题,有感而发。三是点题句少而精,简短、准确、有力。

(四)布置作业

请运用所学方法,认真修改学生习作《离成功又近了一步》的结尾段。

原稿:

28!没错,就是这个分数,我忍不住叫了几声,驱散前段日子的压力和辛苦。初三,我愿自己认真珍惜每堂课,中考查分也要像查历史一样。

修改示例:

"行百里者半九十",做事情越接近成功就越困难,越困难就越需要拼搏!备战历史考的过程,是艰辛的,有压力、有抱怨,但是我选择了拼搏。拼搏,才能实现突破。因为拼搏,我离中考成功又近了一步!

口语交际　辩论

一、教学目标与学习要素

（一）教学目标

1. 了解辩论的性质和意义，了解辩论活动的组织形式。
2. 指导学生在实践中学习和掌握辩论的基本技巧，提高思辨能力。

（二）学习要素

1. 两大基本元素：论与辩。
2. 辩论赛的活动形式和活动程序。

二、教学建议

辩论是一种在日常生活和社会活动中经常用到的口语交际方式，大到联合国关于国际事务的争端，小到学习、工作中出现分歧时的争执，都可能涉及辩论。作为一种高水平的口语交际活动，辩论有一定的原则和技巧。辩论能力并非一朝一夕养成的。平时要多进行口语表达练习，并注意养成敏锐、自信、大方的气质。

三、教学过程

（一）导入：用故事体会辩论之妙

同学们，八年级我们就曾接触过辩论。大家还记得庄子与惠子之间那场关于"庄子是否知道鱼之乐"的辩论吗？

庄子与惠子游于濠梁之上。庄子曰："鲦鱼出游从容，是鱼之乐也。"惠子曰："子非鱼，安知鱼之乐？"庄子曰："子非我，安知我不知鱼之乐？"惠子曰："我非子，固不知子矣；子固非鱼也，子之不知鱼之乐，全矣！"庄子曰："请循其本。子曰'汝安知鱼乐'云者，既已知吾知之而问我，我知之濠上也。"

这是一场巧妙的辩论。妙在何处呢？

惠子质问"子非鱼，安知鱼之乐？"很难正面回答，庄子以反问"子非我，安知我不知鱼之乐"化解危机。惠子以退为进，承认"我非子，固不知子矣"，但正因为此，接下来强调"子固非鱼也,子之不知鱼之乐,全矣!"把庄子逼到绝境。庄子偷换概念,在"安"字上做文章。惠子原本问他如何知道鱼乐,庄子故意曲解为"在哪里知道",回答说"我知之濠上也",结束了这场辩论。

由此我们知道,辩论包括"论"和"辩"两个方面,观点不一致的双方或多方各自不仅要论理,用一定的论据来分析和说明自己的观点;还要辩驳,要揭露对方观点中的矛盾、错误,反驳对方对于本方观点的批判。一句话,辩论各方的目的都是要说服对方,以达成对问题的统一认识。辩论赛是集道德涵养、知识结构、逻辑思辨、心理素质、语言艺术、整体默契、仪表仪态为一体,是高水平的、综合素质的较量,极富魅力,有很高的欣赏价值。

(二) 活动设计

▲ 活动设计一:观摩辩论赛视频

播放1993年国际大专辩论赛决赛视频片段,让学生直观感受辩论赛流程和辩论赛规则。辩论赛视频辩题是人性本善,正方是台湾大学队,他们的观点是人性本善;反方是复旦大学队,他们的观点是人性本恶。

▲ 活动设计二:辩论准备

1. 组织队伍。

正规辩论时,双方辩手各4名,分别是一辩、二辩、三辩和四辩。4位辩手分别负责各自的职责。除了辩手,还需安排主持人,保证辩论活动有序地进行。

2. 设计辩论提纲。

拿到辩题后,小组成员首先要分析并明确己方观点,想好从哪几个方面展开论述,用哪些材料支持论点,将思考和讨论的结果写下来。同时,还要考虑对方可能使用的论据与论述思路,推测对方可能出现的漏洞,构想己方批驳的思路。在此基础上,形成辩论提纲。

3. 进行对辩练习。

(1) 准备好提纲后,可以在组内进行随机的对辩练习,甚至可以直接和老师进行辩论。

(2) 每次对辩结束后,老师给出建议,同学之间进行互评,努力提高反应能力和辩论能力。

▲ 活动设计三：辩论实施

阅读"辩论赛常规安排"，了解一般辩论赛的基本程序。

环节	主要任务	辩手分工	时长
立论	正面论述己方观点	正方一辩 反方一辩	各约 3 分钟
攻辩一	质疑对方观点，回答对方提问	正方二辩 反方二辩	各约 3 分钟
攻辩二	质疑对方观点，回答对方提问	正方三辩 反方三辩	各约 3 分钟
自由辩论	轮流发言，强化己方观点，反驳对方观点	正方 反方	各约 4 分钟
总结陈词	对辩论进行总结	正方四辩 反方四辩	各约 4 分钟

▲ 活动设计四：口语实践

将全班同学分成若干学习小组，每组最少 8 人，分成正反两方，从下面提供的辩题中任选一题，进行辩论实战练习。在此基础上，组织一次班级辩论赛。

辩题展示：

1. 正方：逆境有利于成长　　　　　　　反方：逆境不利于成长
2. 正方：使用手机利于学习　　　　　　反方：使用手机不利于学习
3. 正方：初三冲刺期，要两耳不闻窗外事　反方：初三冲刺期，不要两耳不闻窗外事
4. 正方：统计数据会撒谎　　　　　　　反方：统计数据不会撒谎

辩论时注意以下方面：

1. 做好组内分工。
2. 列出己方观点和辩论要点。
3. 紧密围绕要点搜集材料，尽可能丰富，如名人名言、历史事实、新闻事件、权威数据、调查报告等。
4. 结合要点、材料，明确己方辩论思路，形成比较正式的辩词。
5. 推测对方的论辩思路和可能使用的材料，思考应对策略，批驳对方。

(三)课堂小结

本节课,通过观摩精彩的辩论赛视频,我们直观了解了辩论的流程和规则;通过辩论实践,初步感受到了辩论的魅力。真理越辩越明,期待同学们在实践中提升口语交际能力和综合素养。

(四)布置作业

1. 利用网络资源,检索观看辩论赛视频资源。
2. 结合学习生活中的热点话题,拟定一组辩题,要求写清楚正方和反方观点。

单元练习

1. 给画线字注音或根据拼音写汉字。

读书时不可存心诘难（　　）作者，不可尽信书上所言，亦不可只为 xún zhāng zhāi jù（　　），而应推敲细思。书有可浅尝者，有可吞食者，少数则须 jǔ jué（　　）消化。换言之，有只须读其部分者，有只须大体涉猎者，少数则须全读，读时须全神贯注，zī zī bú juàn（　　）。

2. 下面加点词语使用正确的一项是（　　）。

A. 现实生活中，我们不必为平凡而义愤填膺，因为平凡也是一种美丽。

B. 读书读到会心处，我们常常忍俊不禁地感叹："太妙了！这正是我想说而说不出的话啊！"

C. 重要的书必须反复阅读，每读一次都会觉得开卷有益。

D. 温州面临东海，江河纵横，海产品栩栩如生。

3. 下列对课文内容的理解和分析不正确的一项是（　　）。

A.《山水画的意境》一文阐述了山水画意境理论产生的过程，画家对意境的追求以及达成这种意境的重要途径。

B.《无言之美》一文中作者第一段引用《论语》入题，从孔子教育方面主张的"无言"之教开始，以赞同的态度自然引出对文学创作的"无言的意蕴"的论述。

C.《驱遣我们的想象》首先通过论述作者、读者以及文字之间的联系来明确读者欣赏文艺作品的本质，即"接触作者的所见所感"，然后以赏析王维诗句为例，从正反两个角度论述了驱遣想象的重要作用。

D.《谈读书》一文按照读书的方法、目的和作用三个层次结构全篇，在运用论证方法时，主要采用道理论证和举例论证。

4. 阅读下面"如何阅读名著"的短文，联系全文，将空缺处的内容补写完整，注意语意连贯。

阅读名著以自读为主，掌握一些基本的阅读方法很有必要。下列方法供参考：

一、不妨先读前言、后记和目录。这样就对这本书的写作背景、作者情况、写作目的和大致内容有了初步的了解，犹如①_____。

二、略读与精读相结合。略读全书，有利于整体把握主要内容；②_____

_____。二者结合,收获更多。

三、③_____。可以抄名言、写摘要、作批注、写心得等,养成"不动笔墨不读书"的良好习惯。

此外,在阅读过程中还要注意利用工具书和有关参考资料,来④_____。

解析

1. jié nàn;寻章摘句;咀嚼;孜孜不倦。

2. C。点拨:A项中"义愤填膺"指胸中充满义愤,与语境不符。B项中"忍俊不禁"指忍不住笑出来,语意不符。D项中"栩栩如生"形容画作、雕塑中的艺术形象等生动逼真,就像活的一样,用在这里不合语境。

3. D。点拨:《谈读书》是按照读书的目的、方法和作用这一顺序写的,主要运用了比喻论证和对比论证。

4. ① 登高览景,俯瞰脚下,景点布局、景物搭配、游览路线都了然于心

② 精读细节,深刻领悟文章主旨

③ 摘抄与写作相结合

④ 辅助理解难点和拓展相应的知识内容

第五单元

单元教学目标

1. 了解戏剧基本特点,准确流利地朗读剧本,掌握读剧本的策略,把握戏剧情节。

2. 结合时代背景,品味戏剧台词,分析人物形象,把握矛盾冲突,理解剧本主旨。

3. 了解剧本排演的知识,分工合作完成排练演出并评价,学会欣赏戏曲,感受中国传统文化的博大精深。

单元内容框架

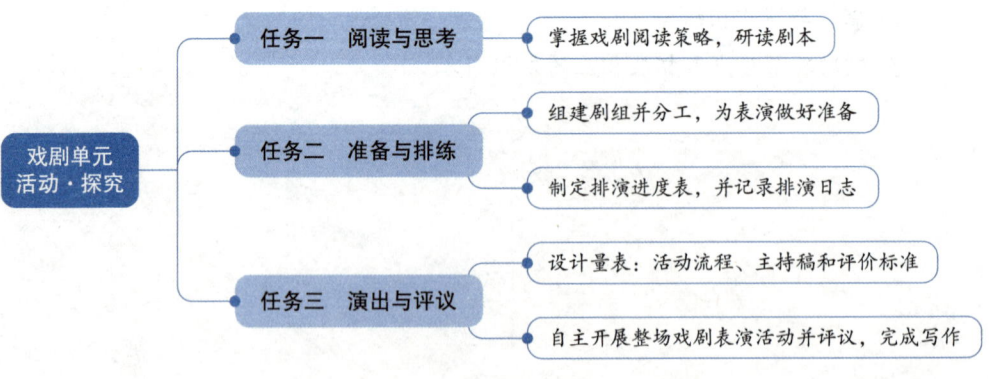

单元设计说明

本单元是戏剧主题的"活动·探究",也是部编版语文教材在八、九年级的四册书中的最后一个活动探究单元。在新闻、演讲和诗歌前三个单元的基础上,师生可以熟练开展,以任务来驱动,以活动为主体,采用群文阅读的方式开展。在任务一中,《屈原》第五幕的第二场,通过内心独白和象征的手法表达屈原对于国土沦丧的悲愤之情,冲突集中,情感强烈;《天下第一楼》第三幕通过此起彼伏的戏剧冲突和形象鲜明的众多人物写出动荡社会背景下"福聚德"由盛转衰的曲折故事,包含民俗文化和行业特点;《枣儿》是独幕话剧,以"枣儿"贯穿老人和男孩的交往对话,反映了深刻的社会人生问题,意蕴丰富。任务二通过实践活动深入把握戏剧要义,并转化为情境式的体验。任务三通过实际演出和评议写作,培养学生的高级思维和综合能力。拓展延伸板块中,通过戏曲的常识拓展和探讨思考,感受中国传统文化的博大精深。在本单元中要抓住戏剧特点、矛盾冲突、人物形象、中心主旨、舞台说明等要素,发挥学生自主性,感受戏剧的艺术魅力,培养学生综合素养。

附:

单元阅读学案

读顺剧本	生字注音			
	词语解释			

续表

作家背景	○ 郭沫若 ○ 何冀平 ○ 孙鸿	
表演设想	○ 屈原 ○ 天下第一楼 ○ 枣儿	内容图解： 摘录批注： 我的疑惑：

设计说明：

三篇课文都以自主预习案的方式充分发挥学生的自主性：正确流利地朗读剧本，自行查阅作者作品社会背景的信息，通过简单的结构图梳理情节，摘录语言进行批注，并写下自己的疑难问题。

在课堂上，对《屈原》和《天下第一楼》，集中学生的问题进行详细解读，落实单元目标。而《枣儿》则让学生自己通过之前所学，自主阅读，交流讨论。同时，本单元以学生为主体开展学习，因此，每篇课文最后还针对重、难点设计了"基础训练"和"能力提升"两个板块的自我检验，有效进行课堂检测，并为排练、演出和评议打下扎实的基础。

另外，本单元是初中语文的学习尾声，戏剧知识在考试标准中多融合于基础知识、阅读、写作和综合中。因此，在本单元最后，特别设计了传统戏曲知识的"综合运用"类自测题和艺术手法在"片段写作"中的运用，让学生能够拓展知识并迁移能力。

任务一　阅读与思考

一、教学目标与学习要素

（一）教学目标

1. 了解戏剧基本特点，准确流利地朗读剧本，掌握读剧本的策略，把握戏剧情节。
2. 结合时代背景，品味戏剧台词，分析人物形象，把握矛盾冲突，理解剧本主旨。

（二）学习要素

阅读策略——群文阅读，研读剧本，掌握戏剧特点，理解剧本主旨。

二、教学建议

这是本单元任务的第一个环节，也是后续任务开展的基础。三个剧本各有独特之处，可以引导学生运用剧本阅读策略开展学习活动，培养学生自主研读剧本的能力。教学过程中的各类活动表单也能为任务二和任务三的开展提供有力支架。同时，还需要引导学生思考剧本在舞台上的呈现，在研读剧本的同时，初步尝试舞台设计、道具准备、人物呈现等。

三、教学过程

见《屈原》《天下第一楼》《枣儿》教学过程。

17　屈原（节选）

郭沫若

一、教学目标与学习要素

（一）教学目标

1. 了解戏剧剧本的文体特点，准确流利地朗读剧本。
2. 了解背景，品读台词，理解独白和象征，把握人物形象。
3. 了解舞台说明及作用，尝试表演。

（二）学习要素

1. 戏剧的文体特征——文学体裁之一，兼具文本性与舞台性。
2. 戏剧的矛盾冲突——通过具体的舞台形象再现社会的生活斗争，激发观众强烈的情感反应。
3. 独白的艺术手法——直接展现人物内心深刻而复杂的矛盾。
4. 象征的艺术手法——运用具体形象表现抽象的概念、思想和情感。
5. 戏剧的舞台说明——包含所交代的剧情发生背景和人物表演信息等。

二、教学建议

（一）课文整体解析

1. 戏剧文体特征。戏剧是一种兼具文本性与舞台性的文体样式。戏剧与诗歌、散文、小说并列。在中学语文教学中，戏剧的教学能够带给学生不同于其他文体的审美体验。作为本单元的第一篇剧本《屈原》，从题材角度来看属于历史剧；从矛盾冲突性质和人物命运结局来看属于悲剧；从艺术创作手法来看属于浪漫主义戏剧；从长短来分属于多幕剧。课文为第五幕第二场的前两部分。

2. 戏剧矛盾冲突。在抗日战争相持阶段的 1942 年，郭沫若创作了历史剧《屈原》，以批判国民党反动派的黑暗统治，展示了现实世界光明与黑暗、正义与邪恶、爱国与卖国的尖锐斗争。课文所选第五幕"雷电颂"写靳尚和郑詹尹禀承南后郑袖旨意，欲密谋毒死屈原，最终屈原用内心独白，呼风唤雷，怒斥神祇。剧情富有戏剧冲突，以屈原为代表的联齐抗秦爱国政治路线和以南后郑袖为代表的降秦卖国的反动路线形成了迫害和反迫害的斗争,构成了贯穿全剧的动作线,展示了屈原和以南后郑袖为首的楚朝廷的奸佞们之间的尖锐的不可调和的矛盾冲突,也起到了"借古讽今,古为今用"的作用。

3. 独白和象征手法的运用是探究重点。郭沫若在冲突中激化人物内心情感,逐渐推向高潮,《屈原》的独白表达了对风雷电的呼唤和歌颂,对光明的礼赞和向往;借指斥神鬼偶像来愤怒诅咒昏庸腐朽的当权者。

(二) 重点语段细读

在本课中"雷电颂"是需要重点细读的语段,这一幕是屈原被囚禁于东皇太一庙时的独白,也是最能够引导学生感知戏剧文学性和舞台性兼具的语段之一。

从文学性角度细读,这幕独白充分展现了全剧的抒情特征。屈原含冤受屈,悲愤填膺,内容上表现为对神秘的自然和崇高的神灵的随意呼唤、指挥和斥责,修辞上表现为用拟人、呼告、排比和反复等凸显强烈的情感强度。如"啊!电!你这宇宙中最犀利的剑呀!……那么么灿烂的、多么炫目的光明呀!"又如结尾提及的"这是我的意志,宇宙的意志。"屈原似乎是一个巨人,置身宇宙,以闪电为长剑,独自奋战黑暗,这是典型的浪漫主义式的英雄想象。但不能忽视的是,此刻的屈原的真实状态是手足皆是刑具,行步举手"甚有限制"——这样饱满的情感抒发和残酷的真实现状发生强烈碰撞,更加凸显剧本语言的文学感染力。

从舞台性角度解读,一是引导学生再次关注课文开头的舞台说明,即"东皇太一庙之正殿""三间靠壁均有神像":东皇太一和云中君、东君、河伯与国殇等,而"室外雷电交加,时有大风咆哮",舞台氛围昏暗诡谲又暗潮涌动,颇有风雨欲来的气势。二是独白前的舞台说明:屈原玄衣披发、长链脚镣、愤怒睥睨,可见外在的氛围内化为了屈原的呵天叱神之问,独白内容与他被囚禁的东皇太一庙直接相关,除了风、雷、电这些自然现象,依次提及东皇太一、云中君、东君、大司命、少司命、湘君、湘夫人、河伯等地位从高到低的神灵,因此,屈原的独白看似随意抒发,实由东皇太一庙的物象所顺次引起,在舞台上体现了时间、地点、道具、布置与人物表情、动作等内外的融合。另外,还可以引导学生将"雷电颂"置于全剧来看,它又形成了情感的韵律,具有整体性的氛围。

三、教学过程

第一课时

（一）课时目标

1. 了解戏剧阅读策略，感知戏剧基本特点。
2. 交流预习，掌握生字词，能顺畅准确地阅读文章。
3. 理清剧本情节，初步感知戏剧的特点。

（二）导入

阅读单元活动任务单，以及任务一的阅读策略，感知剧本特点。

明确：

剧本包括	定义	作用	我们要……
台词	剧中人物所说的话	推进剧情，刻画人物，表现主题	模仿语气，大声朗读
舞台说明	剧作者根据演出需要，提供给导演和演员的说明性文字	交代剧情发生的时间、地点、人物的服装、所需的道具、布景，提示人物的表情、动作等	表演时要重点关注

可以与小说阅读策略相比较，相似点在于关注情节、人物和环境（故事背景），从而把握主旨。其中还要特别注意的是把握戏剧冲突，包括人与人、人与环境、人物内心的冲突，可以借助图表梳理。

（三）活动设计

▲ **活动设计一：导入《屈原》——看图话屈原**

示例：可投屏展示《屈子行吟图》，引导学生描述画面——他身材魁梧，饱经风霜的脸上愁眉不展。腰系博带，佩陆离长剑，戴切云高冠，着雪白罗服。瑟瑟秋风下，踱步远方，似行吟泽畔，似引吭悲歌。

明确：屈原故事、历史地位、创作背景等。

可结合学案交流：

读顺剧本	生字注音	（略）	
	词语解释（示例）	国殇	为国牺牲的人。这里指这些人死后变成的神灵
		诡谲	狡诈，狡黠。这里指鬼鬼祟祟的样子
		哗众取宠	用言论行动迎合众人，以博得好感或拥护
		伫立	长时间地站着
		睥睨	眼睛斜着看，形容高傲的样子
		镗镗鞳鞳	拟声词。原指钟鼓等声音。这里形容波涛声
作者作品	● 郭沫若 ○ 何冀平 ○ 孙鸿	作者简介：郭沫若（1892—1978），原名郭开贞，四川乐山人。我国伟大的无产阶级文学家、历史学家、著名的社会活动家、古文字学家。作品有诗集《女神》，历史剧《屈原》等。 背景资料：《屈原》写于1942年1月，正是抗日战争的相持阶段，半壁河山沦于敌手，国民党政府消极抗日、积极反共，悍然发动"皖南事变"。郭沫若面对这样的政治现实义愤填膺，创作了历史剧《屈原》，以批判国民党反动派的黑暗统治，展示了现实世界光明与黑暗、正义与邪恶、爱国与卖国的尖锐斗争，起到了"借古讽今，古为今用"的作用。 屈原，战国时楚国人。出身贵族，曾做过左徒、三闾大夫。怀王时，主张联齐抗秦，选用贤能，但受贵族排挤不见用，遭靳尚等人毁谤，被放逐于汉北，于是作《离骚》表明忠贞之心；顷襄王时被召回，又遭上官大夫谗言而流放至江南，终因不忍见国家沦亡，怀石自沉汨罗江而死。其忌日成为后人纪念他的传统节日——端午节。重要作品有《离骚》《九章》《天问》等，对后代文学影响极大	
表演设想	● 屈原 ○ 天下第一楼 ○ 枣儿	内容图解： 摘录批注： 　（课堂上进行语言品读交流） 我的疑惑： 　【预设】舞台说明；独白；象征；人物形象	

▲ **活动设计二：梳理剧本，关注冲突——剧情猜猜猜**

不看语文书，猜猜《屈原》剧本可能写哪些内容？

1. 结合屈原背景和写作背景请学生交流一些可能写入剧本的屈原人生片段。

2. 揭晓与剧本对应的环节（不按顺序）。

3. 用小卡片请学生自行填写顺序。

	小标题		概括每一幕大意,并对课文内容划分结构
屈原	第一幕:"	"	
	第二幕:"	"	
	第三幕:"	"	
	第四幕:"	"	
	第五幕:"	"	

4. 揭晓《屈原》剧本。

5. 揭晓本篇课文内容:本文以屈原为代表的联齐抗秦爱国政治路线和以南后郑袖为代表的降秦卖国的反动路线作为戏剧冲突,以此为基础形成了迫害和反迫害的斗争,构成了贯穿全剧的动作线。课文展示了屈原和以南后郑袖为首的楚朝廷的奸佞们之间的尖锐的不可调和的矛盾冲突。

▲ 活动设计三:聚焦独白——台词读读看

1. 有感情地准确朗读独白部分,注意朗读中的节拍停顿。示例:

(1)啊,我/思念那/洞庭胡,我/思念那/长江,我/思念那/东海,那浩浩荡荡的/无边无际的/波澜呀!那浩浩荡荡的/无边无际的/伟大的/力呀!那是/自由,是/跳舞,是/音乐,是/诗!

(2)但那湘妃竹/不是主人们/用来打奴隶的/刑具么?

两人一组选择一个段落划分节奏,互相读一读、听一听,将你们共同探讨的朗读节奏呈现给全班,完成独白部分的接力朗读。

2. 感受浪漫想象:作者进行了大胆的艺术虚构,运用夸张的艺术手法,让屈原凭借暴风、怒雷、闪电的翅膀,展开美妙的幻想,飞向光明的境地;也借助它们的力量,毁灭一切黑暗。这样,就使屈原的形象显得更加神采飞扬、光耀夺目。这段独白想象奇特,气势宏伟,表现了作者浪漫主义的激情。

(四)课堂小结

今天我们开启了新的单元,了解戏剧的基本特点,学习了戏剧阅读策略,这节课我们梳理了《屈原》的主要情节,把握了戏剧冲突,并且聚焦独白,品味台词,感知人物。在下一节课中,我们要继续深入看一看独白部分的艺术特色,从而结合全文,解读人物形象,把握文章主旨。

(五) 布置作业

《屈原(节选)》创作于国民党发动第二次反共高潮——震惊中外的"皖南事变"之后。剧本取材于战国时代楚国爱国诗人_____的故事。以_____为情节线索,构成了_____和_____的戏剧冲突,在尖锐的戏剧冲突中塑造了_____这个悲剧典型。

••• 第二课时 •••

(一) 课时目标

1. 理解独白和象征,把握人物形象。
2. 了解舞台说明及作用,尝试表演。

(二) 导入

朗读独白部分,回顾结构、节奏、浪漫色彩,继续探究独白部分。

(三) 活动设计

▲ 活动设计一：聚焦独白——"说一说"修辞辨别,作用鉴赏

示例：

语句摘录	修辞	作用
风！你咆哮吧！咆哮吧！尽力地咆哮吧！	呼告、反复	强烈地表现了屈原对风的热切期盼和对黑暗势力的痛恨
啊,电！你这宇宙中最犀利的剑呀！	比喻	热切地向往和赞美了电这种自然界的伟力
电,你这宇宙中的剑,也正是,我心中的剑。你劈吧,劈吧,劈吧！把这比铁还坚固的黑暗,劈开,劈开,劈开！	呼告、比喻、反复	热切地赞美电这种自然界的伟力,表达屈原想要冲破黑暗的急切而又果敢的决心
你,你东君,你是什么个东君？	反复、反问	直抒胸臆,有力地抒发了主人公的愤恨
光明呀,我景仰你,我景仰你,我要向你拜手,我要向你稽首。	呼告、反复	有力地表现了主人公对光明的渴望与追求

续 表

语句摘录	修辞	作用
你们这些土偶木梗,你们高坐在神位上有什么德能?	反问	有力抨击了那些无德无能、欺民惑众的官僚统治集团,反问的运用加强了抨击的语气
鼓动吧,风!咆哮吧,雷!闪耀吧,电!把一切沉睡在黑暗怀里的东西,毁灭,毁灭,毁灭呀!	呼告、排比、反复	呼唤着在黑暗中咆哮着、闪耀着伟大的自然力来毁灭这黑暗的社会,表达了必须彻底毁灭黑暗社会的决心,体现了他与黑暗势力决斗到底的浩然正气

活动小结:本文运用多种修辞手法,充分表达感情,增强语句气势。首先,《雷电颂》通篇用了拟人兼呼告的修辞方法,如"风!你咆哮吧!""你们风,你们雷,你们电""电!你这宇宙中最犀利的剑呀!"等这些语句热切地期望风、雷、电;而"你东君,你是什么个东君?"等语句无比愤怒地对恶神进行斥责。这样,就最直接最有力地表达了爱憎的感情。其次,运用了反复、排比等修辞方法,也使整个独白具有诗的形式美,朗朗上口,铿锵有力。

▲ **活动设计二:"画一画"象征探讨,图文速写**

明确:象征手法是根据事物之间的某种联系,借助某人某物的具体形象来表现某种抽象的概念、思想和情感。它可以使文章立意高远,含蓄深刻。恰当地运用象征手法,可以将某些比较抽象的精神品质化为具体的可以感知的形象,从而给读者留下深刻的印象,赋予文章深意,从而给读者留下咀嚼回味的余地。

请用表格梳理独白部分的象征手法的运用。

示例:

物像	画面速写(可在学生绘画后展示参考图)	象征意义批注
风雷电		象征人世间追求正义、光明,变革现实的伟大力量
洞庭湖、东海、长江		象征广大人民群众

续　表

物像	画面速写(可在学生绘画后展示参考图)	象征意义批注
有形的长剑、无形的长剑		屈原《涉江》篇云"带长铗之陆离兮"。有形的长剑,是屈原身子自由时的佩剑。无形的长剑指坚定的信念
没有阴谋、没有污秽、没有自私自利的没有人的小岛		类似英国作家笛福长篇小说《鲁滨逊漂流记》所描写的海中荒岛,是对社会现实极端憎恶而企求寄托灵魂的一方净土
土偶木梗群像		象征无德无能、欺民惑众的官僚统治集团

活动小结:

(1) 内心独白想象奇特,联想丰富,气势宏伟,表现作者浪漫主义的激情。

(2) 运用象征的手法,将作者难以言表的情感表达得更加含蓄、深沉、凝练。

(3) 比喻、拟人、排比、夸张、反复、呼告、反问等多种修辞手法的运用,增强了语句的气势和感情色彩。

(4) 多用短句,表达激烈的情感,朗读时语气急促,体现屈原忧国忧民、英勇无畏的伟大精神。

▲ **活动设计三:把握人物形象,掌握剧本主旨——"演一演"设计人物卡和舞台卡**

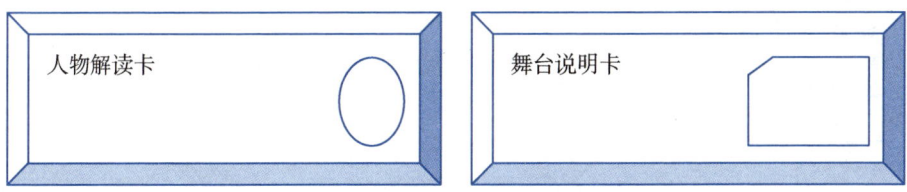

1. 分小组,6—8人为一组,组内进行分工,可2—3人认领一张卡片。

2. 阅读《雷电颂》,完成"人物解读卡"之"屈原独白卡"。

3. 阅读台词,挑选剧本其他出场人物之一完成"人物解读卡"之"其他人物卡"。

4. 阅读课文开头或《雷电颂》之前的舞台说明,二选一完成"舞台说明卡"。

5. 卡片共享,畅所欲言。

明确:可以通过分层,词句批注设计自己的表演(舞台说明)部分;结合独白的艺术手法,解读屈原的形象;通过台词和神态动作感知其他人物形象;通过舞台说明提取舞台道具布景和人物表情动作等信息。

示例一:屈原独白卡

层次	我关注的词句	我的表演(独白)	屈原形象
独白第一层是屈原对风、雷、电的呼唤与歌颂,对光明的礼赞和向往	比铁还沉重、比铁还坚固	在黑暗阴惨的宇宙前,他对祖国的前途命运担忧	剧中屈原是正义的化身。他痛恨黑暗,向往光明,他蔑视鬼神,鞭挞一切污秽,誓与丑恶的奸佞们战斗到底。屈原的形象是为正义和光明而战斗的不屈的战士的形象
	伟大的艺人们	他热切地呼唤和祈求那些咆哮的风、闪耀的电、爆炸的雷这些宇宙中的,以变革现实的伟大力量,把黑暗的世界爆炸、劈开	
	没有阴谋、没有污秽、没有自私自利	三个"没有"表达屈原强烈渴望创造一个新的世界来摧毁黑暗,迎来没有限制的自由和灿烂炫目的光明	
独白第二层借指斥神鬼像来愤怒地诅咒昏庸腐朽的当权者	把所有的土偶木梗"烧毁!烧毁!烧毁!"	象征暴戾、奸诈、怯懦的怪力乱神的憎恶,表现屈原对人的力量的确信	
	产生黑暗的父亲和母亲、完全是一片假,只有晓得播弄人	表现了他无比高昂的战斗激情	

示例二:其他人物卡

人物	形象	人物批注	共同点
南后	狠毒	"南后的脾气,你是知道的……明天便把你一起处死。"下密诏	这三个人物的共同特点是邪恶、阴暗、卖国。他们邪恶,残害忠良,他们分别是企图毒害屈原的主使人、策划者和执行者,他们卖国,他们痴想商於六百里土地,统统成了张仪的应声虫
靳尚	阴险	"蒙面、诡谲地登场",催逼郑詹尹毒杀屈原,而且亲自设出劝诱屈原的诡计	
郑詹尹	伪善	怕"惹出乱子",怕毁了他的庙宇而战战兢兢。他再三劝诱屈原喝下毒酒,甚至假惺惺地咒骂自己的女儿郑袖。他做坏事又胆怯,诱哄屈原又心虚地问"该不会疑心酒里有毒吧"。他最后被卫士甲用正义之剑刺杀正是罪有应得	
郭沫若说过,"我是借了屈原的时代来象征我们当前的时代。"南后、靳尚、郑詹尹这帮魑魅正是国民党反动派对外妥协、对内专制的象征			

拓展:

婵娟是屈原的侍女,是有正义感的女性形象。她爱戴、崇敬屈原,把他当作父亲和师长;她虽然是普通人家的女儿,但是却深明大义,知道做人的责任;她不屈服于公子子兰的威逼利诱,甘愿为搭救屈原而献出生命,这一切都突出地体现了她高尚、善良、纯真的品质。通过婵娟为正义而献身的行动,有力地衬托屈原正气凛然、英勇无畏的形象。婵娟之死,使正义和邪恶的冲突达到高潮。

示例三:舞台说明卡

舞台说明	信息	作用
东皇太乙庙之正殿。……各室均有灯,光甚昏暗,室外雷电交加,时有大风咆哮	室内空寂昏暗,室外自然景象是雷电交加,狂风大作,无边的黑夜在颤动,在撕裂,在爆炸	为屈原的内心独白——"雷电颂"提供了自然背景,增添了悲壮的气氛,同时也推动了情节的发展
屈原手足已戴刑具,……则拳曲于胸前	对屈原的动作、形象外貌作了一个必要的交代,可以看到舞台上的屈原是一个坚持真理的爱国者、受到奸佞残酷迫害的形象	现实世界给屈原的肉体和精神的严重伤害,又象征着光明与黑暗的搏斗。为读者理解下文的震天撼地的呼喊做了铺垫

(四)课堂小结

节选课文展现了这场光明与黑暗、正义与邪恶的拼死决战,凸显了古代爱国诗人、政治家屈原爱国爱民,忠贞不屈,有着浩然正气和英勇无畏的斗争精神的形象。作者以屈原的形象体现和概括了中华民族的性格。歌颂他所坚持的争取自由和反抗侵略的高风亮节,歌颂他为捍卫真理与正义刚正不阿、奋不顾身的意志言行,使全剧充满了崇高的悲剧精神与磅礴的正气。

郭沫若从抗战的现实斗争中深切地感受到人民的呼声和时代的责任,又从往昔的历史回顾中汲取着斗争的力量与澎湃的诗情。古为今用,借古讽今。用作者的话说当时是"全中国进步的人们都感受着愤怒",作者"把这时代的愤怒复活在屈原的时代里去了"。换句话说,作者是"借了屈原的时代来象征我们当前的时代"。借屈原的悲剧展示了光明与黑暗、正义与邪恶、爱国与卖国的尖锐、激烈的斗争。

(五)布置作业

1. 选文运用了哪几种修辞手法来增强语句的气势和情感色彩,以达到最大限度的抒情效果?试举例说明。(说出两种即可)
2. 结合本文的简介进行联想和想象,描写屈原吟咏选文内容时的环境。

18　天下第一楼（节选）

何冀平

一、教学目标与学习要素

（一）教学目标

1. 梳理情节，把握冲突。
2. 读出台词韵味，分析人物形象，结合背景，深入理解剧本主旨。
3. 进一步体会舞台说明的作用，尝试展现舞台演出。

（二）学习要素

1. 戏剧的情节冲突——抓住主要冲突，并提取与之并行的多个次要冲突的形成和发展，戏剧就是在尖锐的矛盾冲突中塑造人物形象，揭示社会生活。
2. 戏剧的阅读策略之了解戏剧的故事背景——包括戏作者创作戏剧的历史背景，还有剧中故事人物活动的社会环境。

二、教学建议

（一）课文整体解析

本单元的第二篇剧本《天下第一楼（节选）》从题材角度来看属于现代剧；从矛盾冲突性质和人物命运结局来看属于悲剧；从艺术创作手法来看属于批判现实主义戏剧；从长短来分属于多幕剧。《天下第一楼》独蕴戏剧匠心，描摹世态风俗，洋溢京味特色，直面苍凉人生，立意深邃复杂，是极佳的审美范本。

本篇课文的教学应当继续立足戏剧的特质，以文本为核心，读出戏剧味。《天下第一楼》选文中，戏剧冲突的展开是亮点。课文主要内容为在卢孟实带领下走向兴旺的福聚德面临新的危机而由盛转衰，以及围绕着卢孟实与福聚德发生的一系列冲突。"架不住，一个人干，八个人拆。"这句话道出了福聚德由盛转衰的原因，也道出了当时时代的重重压力：既有人与人之间的冲突，也有人与社会环境的冲突，还有人物内在性格和命运的冲突。剧本中有侦缉队和福聚德的冲突，有克五和罗大头的冲突，也有罗大头和卢孟实的冲突，但主要冲突表现为唐家兄弟和卢孟实的冲突,也是福聚德的所有者和经营者之间的冲突。这个冲突贯穿全剧始终,虽然并不集中和尖锐,有一个产生和加剧的过程,但是主要冲突的背后其实是人与社会的冲突,同时主要冲突中穿插着次要冲突,主要冲突的加剧也阻碍了次要冲突的解决,形成了错综复杂的场面。唐茂昌说"这儿是老唐家的买卖",冲突的根源就在于"传内不传外"的传统家族姓氏观念。在当时那个社会,卢孟实的心结在于他出身于当时被认为是低贱的"五子行"的家庭,这个卑微出身一方面促使卢孟实咬牙奋斗成为一个成功的掌柜,另一方面又使他看不起出身更卑微的人,他终其一生,苦心孤诣,也摆脱不了外姓人的身份,挣脱不了出身,这种传统偏见造成了卢孟实为人作嫁衣裳的悲剧,更是社会和时代的悲剧。

(二) 重点语段细读

1. 一个衣着整齐的小伙计快步跑上,用大拇指向横一划,这手势是告诉大伙掌柜的回来了。

……

卢孟实把手一伸。

小伙计马上把一个蓝花白地的细瓷小碗送到他手上。

这段一百余字的描写,有直接描写也有侧面描写,将卢孟实的出场写得无比精彩。从小伙计拇指一划的动作继而其他人立即回到原位,垂手而立,再到卢孟实手一伸,马上就有小碗送到手上。这些侧面描写无不体现了卢孟实治店的严格以及他作为掌柜的威严。对卢孟实的直接描写中,外貌描写也加深了其形象特点:他向店内扫了一眼,坐在当年老掌柜的太师椅上的细节很值得玩味,可以看出此时的卢孟实俨然已经把自己当作了福聚德的主人,足见其事业上的野心与抱负,也为这一人物的悲剧性命运埋下了伏笔。

2. 本文语言十分具有方言特色,教师宜引导学生关注话剧的这一语言特征。首先,作者选取的是北京的"福聚德",如王子西说:"要不孟实这么咬牙跺脚地干,心里窝着口气",一个"窝"字将京味特征凸显无疑。其次,"福聚德"绝不是一个雅文化的聚集地,如卢孟实骂小伙计时说"瞎话""下作的东西",这里不仅方言味十足,且显得比较低俗。文中的语言正是当地真实的语言,还原场景语言最真实的特征,才将话剧中的诸多人物形象刻画得栩栩如生。

三、教学过程

第一课时

(一) 课时目标

梳理情节，把握冲突，读出台词韵味，初步感知人物形象。

(二) 导入

教师展示北京烤鸭的图片。

(三) 活动设计

▲ **活动设计一："一千人口中有一千只北京烤鸭"**

1. 大家吃过的美味烤鸭：大家都吃过烤鸭吗？说说看口味、经历、感想等。

2. 烤鸭背后的知识比拼：谁知道烤鸭的来历呢？

3. 作者笔下的北京烤鸭：有这样一位作家为了探究北京烤鸭的来历，创作了《天下第一楼》，讲述一家老字号的起伏兴衰的命运，里面有饮食文化，有风土人情，有商业风云，有人生百态，也有历史变革。今天就让我们一起来看一看这个北京烤鸭老字号"福聚楼"的故事！

可借助学案交流：

示例：

读顺剧本	生字注音	（略）	
	词语解释（示例）	雕梁画栋	指房屋的华丽的彩绘装饰，常用来形容建筑物富丽堂皇
		搭济	帮人脱离困难
		行头	戏曲演员演出时穿的服装
		场面	指戏曲演出时伴奏的人员与乐器。当时名演员多自备场面
		忌讳	因风俗习惯或个人原因等，对某些言语或举动有所顾忌，积久成为禁忌
		拿糖	即拿乔，装模作样或故意表示为难，以抬高自己的身价
		另请高明	另外请一个较高明的人，意即不想受委托或聘请
		怵	害怕；恐惧
		打镲	方言。胡扯，胡搅

作者作品	○ 郭沫若 ● 何冀平 ○ 孙鸿	作者介绍：何冀平，1951年出生于广西，中国内地作家、编剧、制作人。她以一个女性独特的视角与写作手法，描写出了与她所处的时代相距甚远的戏剧佳作；以一种博大而悲悯的情怀审视中华文化古老的传统艺术，以一种深刻而别样的角度透视出男性的心理与世界，洞察身边的世事变迁与历史的流转。 背景资料：1988年，创作话剧剧本《天下第一楼》，是一部三幕话剧。1988年6月北京首演获得巨大成功，迄今已演出500余场。 福聚德：是名噪京师的烤鸭老字号，创业于清同治年间。传业至民国初年，老掌柜唐德源因年迈多病而退居内室，店业全仗二掌柜王子西协助两位少掌柜惨淡经营。怎奈两位少爷与鸭子无缘，大少爷迷戏玩票，二少爷崇尚武林，闹得店铺入不敷出，王子西几次向老掌柜推荐他的换帖兄弟卢孟实来操持店业。生性聪慧的卢孟实立誓要干出一番事业来，以泄人间不平。面对势如垒卵的"福聚德"，他绞尽了脑汁，结果在不长的时间里竟使这三间老屋翻盖起了二层楼。卢孟实之所以能使"福聚德"东山再起，除了靠他本人的精明干练，还得助于与他相好的青楼妓女玉雏姑娘，更靠技艺超群的厨师罗大头和善于迎来送往的堂头常贵。光阴荏苒，十年一晃而过，"福聚德"名噪京华。然而，事违人愿，就在福聚德发展正盛时，却又遭到了东家、官府等内外逼压，最终走向没落
表演设想	○ 屈原 ● 天下第一楼 ○ 枣儿	内容图解： 摘录批注： 　　（课堂上进行语言品读交流） 我的疑惑： 　　【预设】京味儿；时代；人物

▲ 活动设计二：把握情节，聚焦冲突——"没有冲突，不成方圆"

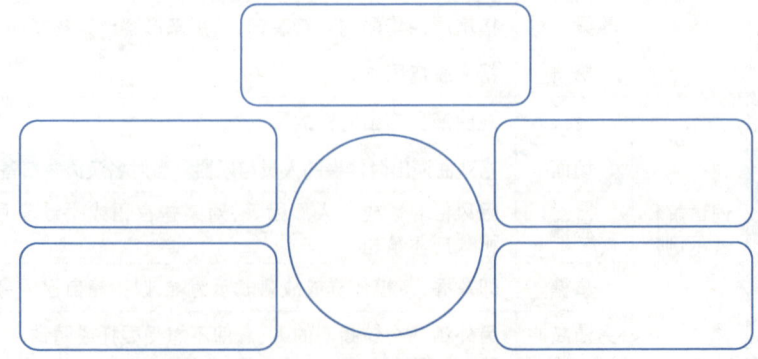

1. 借助小说的情节四部分划分法初步划分。

第一部分（从开头到"我今天得赶趟美斋头炉萝卜丝饼"）：交代了福聚德的开

业的兴隆景象以及掌柜的身世背景和当时的社会背景。

第二部分(从"唐茂昌带福子气冲冲地上"到"掌柜的是你祖宗？跪下")：写卢孟实出场前，唐茂昌与王子西、罗大头以及克五、罗大头与成顺的矛盾冲突，暗示着社会背景的复杂和福聚德开业的不顺。

第三部分(从"一个衣着整齐的小伙计快步跑上"到"玉雏儿扶卢下")：卢孟实出场后，先后经历了卢孟实与小伙计、卢孟实与罗大头、卢孟实与唐茂盛的矛盾冲突，这些冲突预示着福聚德开业带来了诸多不利因素，暗示着福聚德由盛而衰的过程。

第四部分(从"唉，不知道打哪就给你横插一杠子"到结尾)：尾声。揭示福聚德由盛转衰的根源。

2. 把握剧情，填写" 方块格 "。

快速阅读全文，梳理出主要情节，并用自己的话概括情节。

情节一：唐茂昌强行要钱，王子西勉强应对。

情节二：克五以罗大头藏烟土为要挟骗吃喝，遭卢孟实赶出。

情节三：卢孟实处罚不成器小伙计，厚赏成顺。

情节四：罗大头自恃烤鸭技艺自大，侮辱卢孟实并撂挑子离开。

情节五：唐茂盛借机要钱，挖走堂头常贵。

3. 聚焦冲突，探讨" 圆形格 "。

明确：

上述情节也正是本文的戏剧冲突，舞台剧强调的是集中的冲突，在节选部分，也有不少的冲突，请用表格逐一概括，并找到冲突双方。说说本文戏剧冲突是围绕什么展开的。

示例：

	冲突内容	涉及人物
1	开业当天，唐茂昌到福聚德强行要钱，王子西勉强应对。	东家与下属(掌柜)
2	克五讹诈罗大头，被罗大头力拒，克五虽是无赖，却讨了个没趣。	权贵与下属
3	罗大头发现烤杆被徒弟成顺用过，让他下跪，训徒。	下属与下属
4	克五想讹诈卢孟实，被其强行赶出。	权贵和掌柜
5	卢孟实严惩不成器的小伙计，却厚赏成顺。	下属和掌柜

续 表

	冲突内容	涉及人物
6	罗大头想惩戒成顺,被卢孟实阻拦,引发罗大头的罢工,卢孟实顺势将其辞退,重用成顺。	下属和掌柜
7	唐茂盛到店里要钱要人,卢孟实被逼得欲骂无言,欲哭无泪。	东家和掌柜
	"福聚德"即将衰落	掌柜——权贵 东家——下属

文章中哪句话最能概括上述情节？结合课文内容,说说你对福聚德的衰落原因的认识。

示例：

修鼎新的一句话**"一个人干,八个人拆"**是对上述情节最好的概括。

可以从"冲突双方"一栏最后的图示中看出,卢孟实这个掌柜直接承受着以唐茂昌、唐茂盛还有侦缉队和克五这类剥削阶级的"外患"压力。同时,与下属之间也有"内患",虽然卢孟实尚有决定权,但也很大程度上加速了福聚德的衰落。从全文来看,唐茂昌与唐茂盛是只知出不知入的二世祖,成心要钱挥霍,且二少爷直接挖走店里的得力助手,这比坐吃山空的后果更加严重；罗大头是烤鸭一把手,克五又知道他藏着烟土,这无疑是罗大头将要出事的信号,且罗大头自恃烤鸭技艺离去,这对于"福聚德"无疑是有打击力的；此外,连小伙计都不成器。种种迹象,几乎都指向"福聚德"即将衰落。

▲ **活动设计三：关注语言,读出韵味——方言大比拼之北京话 VS 普通话**

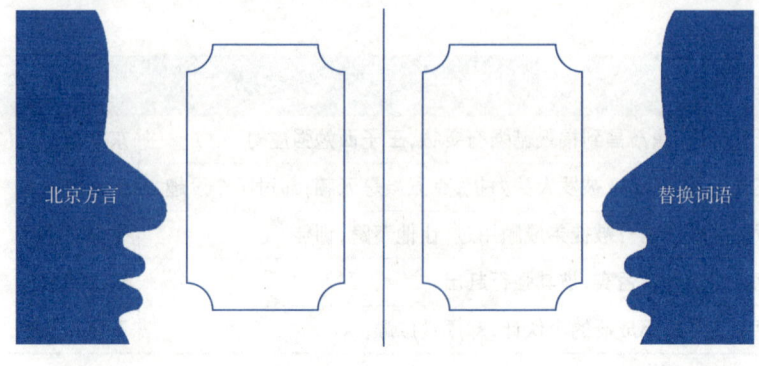

1. 两人一组，一人找出剧本中你认为有"京味儿"的词句。
2. 一人试着写写替换的词语。
3. 分别用原文和替换词语朗读台词，说说方言运用的妙处。

示例：

(1) 原文：要不孟实这么咬牙跺脚地干，心里窝着口气。

替换后：要不孟实这么咬牙跺脚地干，心里生闷气。

(2) 原文：瞎话！……下作的东西，……

替换后：胡说！……卑贱的东西！……

(3) 子西，你是福聚德的老人儿了，这些年我没理柜上的事儿，二爷又在天津，柜上的事儿，你得下心。

替换后：子西，你是福聚德的老人了，这些年我没理柜上的事，二爷又在天津，柜上的事，你得用心。

(四) 课堂小结

这堂课我们交流了阅读学案，依据"内容图解"梳理了剧本，结合时代背景，聚焦戏剧冲突是围绕着"福聚德"即将衰落展开的，并且收集了"我的疑惑"，先根据大家的"摘录批注"集中探讨了剧本中的语言特点和背后的含义，那么如何在表演中彰显冲突，在台词中塑造角色？下一节课让我们聚焦人物形象，挖掘主旨内涵。

(五) 布置作业

《天下第一楼》人物语言富有浓郁的北京特色和鲜明的行业特点，生动、地道，充满生活气息，请再找出几句，并试着读一读、演一演。

第二课时

(一) 课时目标

分析人物形象，结合背景，深入理解剧本主旨。进一步体会舞台说明的作用，尝试表演。

(二) 导入

通过上一节课对节选部分的矛盾冲突的分析，这个剧本中的人物很多。首先让我们回顾剧本内容，分角色读剧本。这节课就让我们一起来聚焦戏剧中的人物吧。

(三) 活动设计

▲ 活动设计一:"台词"中的人——"谁是奥斯卡"之人物信息卡

本文人物出场极多,但是许多人都给了我们十分鲜明的印象,这得益于作者对人物的个性化刻画。请你认真阅读文章,挑选出几个你喜欢的人物,运用表格分析其人物形象,并将讨论成果汇总。

示例:卢孟实形象

人物:卢孟实	
年龄:中年 衣着:华贵	面容丰满、威严
课文依据	人物形象
王子西与常贵的对话中可知卢孟实的背景经历,"咬牙跺脚地干"	务实勤劳,有志之人
福聚德开业当天红红火火	善于经营
卢孟实一经出场,便不屑于与克五这样的游手好闲之辈打交道,且将事情安排得妥帖	精明能干
严惩小伙计,厚赏成顺	他不仅关心着自己的自尊,同时也关注着伙计们的自尊,表现出的是劳动人民的傲骨。赏罚分明、原则性很强
周旋侦缉队,周旋两位少东家	懂得人情世故
与罗大头的对话	对陈腐该改的规矩力图改之,性格刚直
……	……

其他人物形象示例:

唐茂昌:好戏曲,势利骄横。

唐茂盛:好习武,势利蛮横。

罗大头:恃才自傲,迂腐固执,心胸狭窄,脾气火暴,同时又一身正气,真率,不屑与小人为伍。

常贵:扎实能干,善解人意,同情他人,老实厚道。

王子西:中规中矩,怯懦。

玉雏儿:心气高,有见识。

修鼎新：察言观色，看透人生。

克五：落魄权贵，纨绔子弟，无耻贪婪。

成顺：聪明精干。

福顺：憨厚老实。

福子：仗势欺人，谄媚姿态。

▲ **活动设计二："舞台说明"里的人——"小小设计师"之绘制舞台图**

开篇和第三部分开头的舞台说明都交代了哪些内容？试着简要绘制一下舞台设计示意图，并且说说看舞台说明有什么作用。

学生先自由绘制，在交流讨论之后，教师可查找《天下第一楼》的舞台剧照给学生展示。

明确：

分别交代了粉刷一新的福聚德门前的陈设，前堂和后厨热闹的情景，以及上上下下人员的整齐穿戴。这些都预示着福聚德开业应该是"开业大吉"的景象。这一舞台说明从正面刻画了卢孟实第一次出场时的整齐穿戴，以及侧面写出他出场时其他人的毕恭毕敬的样子，刻画了卢孟实的威严、庄重、举动利落的形象。

▲ **活动设计三："时代旋涡"里的人——"小小辩论员"之话题研讨会**

话题：卢孟实对待下属的态度，与两位少东家的周旋，给侦缉队送礼矛盾吗？

明确：立足时代背景，结合整个剧本，交流学案中的学生收集的信息，并发表看法。

信息收集示例：

福聚德	福聚德是名噪京师的烤鸭老字号，创业于清同治年间。传业至民国初年，老掌柜唐德源因年迈多病而退居内室，店业全仗二掌柜王子西协助两位少掌柜惨淡经营。怎奈两位少爷与鸭子无缘，大少爷迷戏玩票，二少爷崇尚武林，闹得店铺入不敷出，王子西几次向老掌柜推荐他的换帖兄弟卢孟实来操持店业。生性聪慧的卢孟实立誓要干出一番事业来，以泄人间不平。面对势如垒卵的"福聚德"，他绞尽了脑汁，结果在不长的时间里竟使这三间老屋翻盖起了二层楼。卢孟实之所以能使"福聚德"东山再起，除了靠他本人的精明干练，还得助于与他相好的青楼妓女玉雏姑娘，更靠技艺超群的厨师罗大头和善于迎来送往的堂头常贵。光阴荏苒，十年一晃而过，"福聚德"名噪京华。然而，事违人愿，就在福聚德发展正盛时，却又遭到了东家、官府等内外逼压，最终走向没落。

	续 表
五子行	旧社会对厨子、戏子、堂子、门子、老妈子的蔑视统称。他们从事当时社会上认为低下的行业，服侍他人，为人消遣，社会地位也就低下。卢孟实出身于当时被认为是低贱的"五子行"的家庭。父亲受辱而死。
时代	《天下第一楼》三幕分别发生在1917年张勋复辟、1920年北洋政府执政、1928年国民党政府统治时期。最后，复辟、军阀复辟、鱼龙混杂的北京社会现状得到充分展现。（"侦缉队""王爷贝勒府""皇上都在日本租界当了寓公"等）

话题小结：

似有所矛盾，这是那个时代阶级之分下朴实劳动人民个人奋斗创造事业的梦想破灭的悲剧，预示着他人生的命运。卢孟实是一个生活在社会夹缝中的人：小圈子里王子西的油滑与中庸、罗大头的自私自傲导致的流言四起；克五的好吃与无赖形成巨大的张力；社会环境愈加混乱、险恶，警察借机敲诈，侦缉队特务扰民生事……无疑福聚德成了众人眼中的一块肥肉，人人得而食之。在内外交困、被重重打压的境遇中，凭借个人的力量妄想建立事业无异于痴人说梦。罗大头甩手不干时当众说出卢孟实的父亲受辱屈死的真相，无异于宣布了社会力量对一个来自下层的穷小子向上奋斗的全部否定。个人的力量始终无法超越社会阶级和习俗的制约。在当时的社会背景下，最主要的社会矛盾应该是剥削阶级与被剥削阶级之间的矛盾冲突，就节选部分而言，就是以唐家二少东家为代表的剥削阶级以及侦缉队与克五这些剥削阶级的爪牙，与以卢孟实为代表的被剥削阶级之间的矛盾冲突。

（四）课堂小结

何冀平在戏剧结尾，借一副对联"好一座危楼，谁是主人谁是客？只三间老屋，时宜明月时宜风"中传达了对人生的思考与复杂的情味。剧本起笔于浮华之中，在描摹世情风俗之间，展现动荡的时代败局，直面失意的人生，揭开了无比苍凉的人生况味。

（五）布置作业

请简要概括卢孟实的性格特点，并说说你对卢孟实这个人物形象有怎样的感情。

19 枣儿

孙 鸿

一、教学目标与学习要素

(一) 教学目标

1. 运用剧本阅读策略自读,把握戏剧情节。
2. 自主品读台词意蕴,体会人物内心情感,结合社会背景理解剧本主旨。

(二) 学习要素

1. 戏剧阅读策略——自主交流单元阅读学案。
2. 戏剧人物解读——完成人物信息卡、表演批注。
3. 戏剧的写作及表演——续写剧本,尝试表演。

二、教学建议

作为三篇阅读剧本的最后一篇,《枣儿》从题材角度来看属于现代剧;从矛盾冲突性质和人物命运结局来看属于正剧;从艺术创作手法来看属于现实主义戏剧;从长短来分属于独幕剧。本剧一幕之内完成,篇幅较短,人物较少,情节线索单纯,结构紧凑,矛盾冲突迅速展开形成高潮,再戛然而止,是一个独立完整的戏剧故事。学生可以运用阅读策略,以前两篇剧本的学习经历做参考,通过多个活动自主开展对于戏剧多方面要素的深入探究,课堂活动中所设计的表格也可以为"任务二"和"任务三"的展开提供可复制的学习途径和可操作的实践支架。

三、教学过程

··· 第一课时 ···

(一) 课时目标

1. 运用剧本阅读策略自读,把握戏剧情节。
2. 自主品读台词意蕴,体会人物内心情感。

(二) 导入:学案交流

明确:"读顺剧本"和"作者作品"在自读课上不展开探究,在交流中学生自行交流讨论。而"表演设想"板块则通过四个学生活动,让学生自主探究获得深入认识。

读顺剧本	生字注音	竹匾子	zhú biǎn zi
		喃喃自语	nán nán zì yǔ
		蹑手蹑脚	niè shǒu niè jiǎo
		馋	chán
		囫囵	hú lún
		凝视	níng shì
		踌躇	chóu chú
	词语解释	喃喃自语	连续不断地小声自言自语
		蹑手蹑脚	形容走路时脚步放得很轻
		威严	有威力而又严肃的样子
		无可奈何	意思是指感到没有办法,只有这样了
		喜出望外	遇到出乎意外的喜事而特别高兴
		囫囵	完整,整个儿的
		开怀大笑	心情无所拘束,十分畅快地大笑
		心事重重	心里盘算的事很多,一层又一层
		踌躇	犹豫不决
		垂头丧气	形容情绪低落、失望懊丧的神情
作者作品	○ 郭沫若 ○ 何冀平 ● 孙鸿		作者介绍:孙鸿为靖江戏剧小品作家。《枣儿》发表于《剧本》1999年第1期,获1999年中国曹禺戏剧奖·小品小戏奖一等奖,并囊括优秀编剧奖、优秀导演奖、优秀演员奖。 背景资料:在剧烈深刻的社会变革中,人们的思想观念、生活方式面临着严峻的考验。日益强劲的现代化浪潮却无可阻挡地席卷着一切与之不相适应的思想和观念,迫使许多人不得不放弃他们熟悉的生活。《枣儿》等靖江戏剧小品以呐喊的方式对现代化带来的人性变化和感情淡漠提出了善意的批评。
表演设想	○ 屈原 ○ 天下第一楼 ● 枣儿		内容图解: 老人 ⎫ 儿子 男孩 ⎬枣儿 父亲 摘录批注: 　(课堂上进行语言品读交流) 我的疑惑: 　【预设】人物;童谣;象征

(三) 活动设计

▲ **活动设计一：初次演绎，小试牛刀**

分角色朗读，整体感知，把握剧情。

1. 学生自荐朗读课文，一人读老人，一人读男孩。其余同学点评。
2. 概括剧情。

明确：在乡间一棵挂满红枣的老树下。一位老人遇到了一个捡枣儿的男孩，这一老一少交谈起来，十分亲热。在谈话中，老人回忆有关"枣儿"的往事，流露出自己对儿子的思念；男孩要把"枣儿"留给父亲吃，流露出自己对父亲的盼望。他们满怀亲情，呼唤各自的亲人回归故乡，回到自己身边，来吃这家乡的"枣儿"。

（1）老人给男孩捧红枣，引出自己儿子的名字由来。
（2）老人让男孩踩在自己背上摘枣儿，再次回忆自己儿子。
（3）男孩想把枣儿带回家给父亲吃，老人舍不得男孩离开。
（4）老人哄男孩坐下给他讲故事。
（5）老人思念儿子，懂事的男孩哄老人开心。
（6）男孩说出真相，老人男孩互相安慰，深情呼唤各自的亲人回归故乡。

▲ **活动设计二：人物印象，深化认识**

1. 请为"老人"和"男孩"设计填写人物信息卡：

人物	
家庭关系	
舞台衣着	
大致年龄	
人物性格	
情感变化	

示例：

人物	老人	男孩
家庭关系	老伴(已故)、儿子(离乡)	爹(在城里有了新家)、娘
舞台衣着	西北特色(可以查阅资料,加以想象)	红肚兜、外衣(没有衣兜)(其余可以想象)
大致年龄	(符合一位儿子成年的父亲,且可以被称为爷爷的年龄即可)	(符合一位孩子的年龄即可)
人物性格	一生劳作,孤独留守家园。满怀亲情,富有爱心,关爱已成年的下一代,又疼爱年幼的新一代	思念父亲,喜爱心疼自己的老人,好奇而懂事,纯真可爱
情感变化	与男孩对话时,孤独、慈爱,又思念儿子,充满淡淡的哀伤;回忆往事时,有欢笑有悲痛	调皮天真——好奇——思念父亲,充满淡淡的哀伤——听故事入迷,关心老人——坦承父亲不会回来时的哀伤

2. 请分享你制作的人物信息卡,并且结合剧本信息说说你的依据和认识。

(1) 关于老人

老人在与男孩的谈话中,回忆了枣儿小时候的事:儿子"枣儿"一名的来历,儿子只顾摘枣竟尿了老人一脖子,枣儿小时候一有尿就尿到枣树下。回忆了自己小时候偷枣而长出小枣树的事、枣儿落到鬼子的钢盔上吓跑鬼子、闹灾荒时靠枣儿活命的故事。

老人在谈话中"沉思""心事重重""闪着泪花",流露出老人对儿子的思念,对以往岁月的怀念,对故土的热爱之情,有一种浓浓的失落感。

老人请男孩吃枣,老人让男孩骑跨在自己肩上摘枣,老人给男孩讲故事,老人与男孩拉钩发誓,老人紧紧搂住男孩,"将枣儿塞进男孩嘴里,自己也拿起枣儿咀嚼",这些都表现了老人对男孩的疼爱,表现出了一种不是祖孙而如同祖孙般的长辈对晚辈的关爱,也折射出他对儿子的亲情。

剧中的老人首先是老一辈的农民形象:他一生劳作,不离乡土,如今老迈,儿子离乡外出,他继续留守家园。其次他是具有更普遍意义的老一代的长者形象:他满怀亲情,富有爱心,他关爱已成年的下一代,又疼爱尚年幼的新一代;作为过来人,他怀旧而又传统,面对生活的变化不失爱心、不失希望而又有所失落。

(2) 关于男孩

剧中的男孩想把枣子留给父亲吃,喜欢吃巧克力,盼望父亲带巧克力回来,他蹑手蹑脚捡枣子,把枣子藏在红肚兜上的衣袋里,温顺地搀扶老人,认真听老人讲故事,和老人拉钩发誓……男孩是年幼的新生一代的形象:他思念父亲,喜爱心疼自己的老人,好奇而懂事,在他身上处处表现了儿童纯真可爱的天性。

▲ **活动设计三:二次演绎,影帝角逐**

要求:

1. 两人一组,品味语言,揣摩含义,富有感情地朗读台词,适当搭配动作表情。

2. 全班同学接力,并且互相评价,评比两个角色的最佳台词朗读者和最佳搭档。

示例:

评价表

	标准:A(8—10分) B(5—7分) C(0—4分)	第一组	第二组	第三组	第四组	第五组	第×组
老人	A 准确、流利、有感情地大声朗读台词,模仿人物语音语调,体现人物年龄、性格,塑造鲜明的人物形象,搭配表情和动作						
	B 准确、流利地朗读台词,人物特征较为明显,能辨识						
	C 较为完整地完成朗读台词,但人物形象塑造有待加强						
男孩	A 准确、流利、有感情地大声朗读台词,模仿人物语音语调,体现人物年龄、性格,塑造鲜明的人物形象,搭配表情和动作						
	B 准确、流利地朗读台词,人物特征较为明显,能辨识						
	C 较为完整地完成朗读台词,但人物形象塑造有待加强						
总分	加分项:两人搭配默契(加1~5分) 减分项:两人配合有失误(扣1~5分)						

(四) 课堂小结

本堂课同学们两次进行了角色台词朗读,运用阅读策略的前三项,通过梳理情节、分析人物和品读台词,我们更好地演绎了两个角色,下一节课我们将针对阅读策略的后两条继续开展活动,来设想舞台表现,深入理解主题。

(五）布置作业

《枣儿》是一个_____小品，荣获"1999中国曹禺戏剧奖·小品小戏奖"一等奖，其作者是_____。本剧以"_____"贯穿全剧，让老人与男孩围绕"_____"进行对话，展开情节。

第二课时

（一）课时目标

1. 结合舞台说明，设想舞台表现。
2. 结合社会背景理解剧本主旨。

（二）导入

回顾上一节课的成果：学案和人物卡片。

（三）活动设计

▲ **活动设计一："童谣"表演批注**

枣儿甜，枣儿香，
要吃枣儿喊爹娘；
爹娘给个竹竿竿，
打下枣儿一片片；
爹不吃，娘不吃，
留给娃娃过年吃。

为首尾的童谣找出你觉得在表演时明显不同的地方，做批注。

要素	开头	结尾

示例：

要素	开头	结尾
人物动作	树下坐着老人,形如雕塑	老人和男孩爬到土坡上,使劲儿喊,翘首远望,状如雕塑
幕后声音	带西北口音的童谣 (富有童趣和节奏的哼唱,声音清脆)	响起无数个童声呼唤声 (带着强烈的情感诉求,反映着老人和男孩的对亲人的渴盼,有回声)
场景布置	一棵挂满红枣的老树,老人旁有一个晒满红枣的竹匾子	地上、匾子里、树上全是枣儿
舞台灯光	明亮、冷清,大片光(时辰还早)	追光,反映人物的声音希望传递到时空所限之外的亲人耳中
……	……	……

活动小结:

这首童谣表达了在"枣儿"中所融入的父母疼爱子女的亲情,以这首童谣开头,隐含了全剧与"枣儿"有关、与亲情有关的特定内容,并将人们带入具有民族传统风情、充满乡土气息的特定情境。结尾用这首童谣,但情境有所变化,由幕后换为台前,由哼唱变成呼喊。由没人回应转为"响起无数个童声呼唤声",那一声声苍凉的、稚嫩的呼喊发自内心,像根在呼吸,像泉在喷涌。那呼喊,不只是期盼,更是一种给予、一种天赐——是爹娘赐予儿孙赖以生存的精神维系和生命依托,正是这呼喊健全着他们的神经,丰满着他们的羽翼,使他们飞得更高、更远。既与开头相呼应,又强化了剧中的情境和内容,深化了全剧的思想感情。

▲ **活动设计二:"枣儿"头脑风暴**

枣儿是_____?

示例:

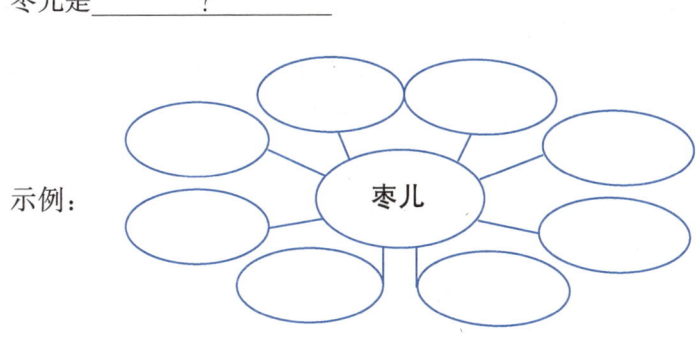

"枣儿"头脑风暴

是在乡间的一棵好大好大的老树的果子；

是一位老人的竹匾子里晒的东西；

是一位男孩想要蹑手蹑脚捡的东西；

是个儿很大又很甜的果子；

是一个父亲因为算命先生说缺"木"给儿子所起的好听顺口的名字；

是老人所思念的常年在外的儿子的名字；

是老人的儿子枣儿小时候跨在老人肩上摘的果子，摘时撒尿了都不知道；

是男孩想要留给十分想念的但却"不会回来"的父亲吃的东西；

是抗日时期掉在鬼子钢盔上把鬼子吓得抱头就逃的东西；

是闹饥荒的时候老人的老伴儿让给丈夫和儿子的口粮，让爷儿俩活了下来；

是老人小时候去村东头人家偷到的东西，并且舍不得吃，在娘要他还人时急得囫囵吞下肚，最后在蹲坑的地方变成了现在的枣树；

是老人和小孩拉钩约定再来的地方；

是老人和小孩唱起的童谣的内容；

是现代化过程中农村状况的缩影；

是家乡的象征；

是对亲人的呼唤；

是精神的渴望；

……

活动小结：

《枣儿》是香甜的枣儿，也是苦涩的枣儿。枣儿是一座永久的家园，又是一座需要护理和更新的家园，我们相信，爹娘享用那移栽他乡的奇异的甜果果时，会回忆那甜果果中儿孙小时的趣事；儿孙回乡品尝爹娘留给自己的枣儿时，仍会由衷地赞叹"还是家乡的枣儿好吃"。

全剧以"枣儿"为标题，并以"枣儿"贯穿全剧，让老人与男孩围绕"枣儿"进行对话。展开情节。老人的经历、情感乃至命运，都与"枣儿"有着不解之缘；男孩对父亲的思念，也与"枣儿"相牵连。"枣儿"是全剧情节发展的线索，是人物对白的话题。枣儿是亲情的象征，是故乡的象征，也是传统生活的象征和精神家园的象征。剧本巧妙地运用象征手法，赋予了"枣儿"丰富而深刻的社会内涵，使全剧具有了深厚的思想内蕴。

▲ **活动设计三：剧本想象续编**

数不清的枣儿，爹喊自己的娃来吃，别人的娃却来了；娃喊自己的爹吃，身边却只是别人的爹。他们使劲喊，娃不应，爹也不应，漫山遍野无人应。田野里只回荡着祖孙二人无比热烈却又近乎无望的呼喊。为什么这饱含着人性和人情的果实竟唤不回从小由它奶大养大的儿孙？这枣儿啊，到底是苦涩还是香甜？

当前，空巢老人和留守儿童的现象依旧存在，请同学们带着对这种现象的思考续编剧本《枣儿》，让剧中的老人和男孩表达自己的呼唤，并让未出场的"老人的儿子"和"男孩的父亲"登场回应。

示例：

《枣儿》续编	
人物：	老人、老人的儿子枣儿、男孩、男孩的父亲
时间：	一年后
地点：	城镇
	老人和男孩再次约定在了老枣树下，带着又甜又大的枣儿决定前往城镇寻找自己的亲人…… (剧情想象合理即可，台词中体现学生对于社会现象的思考，注意在括号中加上舞台指示。)

活动小结：

老人的儿子，不再像老一辈那样，终身不离乡土，而是远离故乡和亲人，闯荡于外面的世界；男孩的父亲，离开乡村而定居于城里，抛弃了旧家而另成新家。这两个人物从不同的侧面反映了社会的变化。

(四) 课堂小结

这节课我们为首尾的童谣做了舞台设计，用文字批注呈现我们的设想，并且围绕标题"枣儿"这一线索，结合故事背景，关注留守儿童和空巢老人的社会现象，深入理解了剧本主题，并发挥想象续写了剧本。"任务一"阶段的学习大家已经有了很多收获，下一节课我们将进入"任务二"的实践，试着把自己的所学变成舞台的呈现！

(五) 布置作业

1. 课文开头和结尾都用了同一首童谣,有什么妙处?
2. 剧中"枣儿"象征着什么?

任务二　准备与排练

一、教学目标与学习要素

(一) 教学目标

1. 观看戏剧表演，学会欣赏戏剧。收集资料，学会研读剧本。
2. 了解剧本排演的知识，分工合作，反复排练。

(二) 学习要素

1. 戏剧准备——组建剧组并分工，为表演做好准备。
2. 戏剧排演——制定排演进度表，并记录排演日志。

二、学习建议

这是本单元中活动性和综合性最强的任务。由于排演的时间、地点、人员、内容都由学生自主安排，实践过程中不可避免会有问题，且不一定会有老师及时给予指导解决，因此，如何在准备的过程中运用"任务一"习得的知识作为基础和学习经验？又如何在排练阶段以"任务三"的成果展示作为实践检验标准？把握关键要素，学生便能在自主实践中深入认识戏剧，切身体验表演，并且创造性地设计展示出来，同时也为评议戏剧的写作打下坚实基础。

三、教学过程

(一) 导入

在阅读学习了三个剧本之后，相信大家对于戏剧相关知识和学习方法都有了自己的认识和体验。请同学们自由分组，选择自己感兴趣的剧本（本单元的三个剧本之一或自选）组建小剧组并排演节目，并进行演出展示。

(二) 活动设计

▲ 活动设计一：剧组分工表

示例：

分工	人员	职责
导演	××× ×××	1. 认真研读整个剧本，了解背景信息，把握人物形象、戏剧冲突、剧本主旨和舞台说明。 2. 按进度组织排练，及时解决出现的问题，引领团队合作。 3. 统计剧组服装和道具并统筹采购或租用，做好租借记录和财务支出。 4. 审核舞台设计(灯光、音频、视频、舞美)。 5. 负责演出当天的整体组织和调整。 6. 与老师和组内同学保持沟通联系。
演员	×××(饰演×××) ×××(饰演×××) ×××(饰演×××) ×××(饰演×××) ×××(饰演×××)	1. 流利、准确、富有情感地背诵所饰演的人物台词。 2. 完成所饰演的人物信息卡，把握人物形象，设计自己的造型、服装和动作。 3. 认真研读整个剧本，了解背景信息，把握戏剧冲突和剧本主旨。 4. 按时参与每次排演。
剧务	××× ×××	1. 设计舞台灯光并负责控制。 2. 收集制作音乐音效并负责控制。 3. 设计制作舞台大屏幕(PPT或视频)并负责控制。 4. 设计布景并负责保管材料物品。

如果选择了课本以外的剧本，剧组成员在自主研读过程中可以选用"任务一"学习时用过的表格，有助于学生共同自主学习并展开研讨。

1. 单元阅读学案：用以共同疏通剧本，准确流利地朗读背诵，搜集交流背景信息，梳理剧情，品读语言，并且通过"我的疑惑"将剧组成员的疑惑整合，共同研讨聚焦矛盾冲突、人物形象、剧本主旨、舞台说明等要素。
2. 人物信息卡：聚焦角色命运、性格和内涵。
3. "童谣"表演批注卡：聚焦进行舞台设计(动作、道具、音乐、灯光等)。
4. "枣儿"头脑风暴：发挥团队协作，共同深入解读剧本立意、主题思想等。

▲ **活动设计二**：排演进度表(演职人员日志)

示例：

排演日志			
日期		姓名	
职务		今日任务	

续 表

排演日志	
主要问题	
修改前	
处理方法	
修改后	

明确：

"排演日志"中依旧是以问题探究作为活动导向。每次活动可以从不同学生所担任的职务工作内容中提炼一个主要问题，有针对性地做出调整改善，而不要面面俱到去细抠所有细节。有的问题如果当天不能检验修改成果，那么"修改后"的板块也可以留空到下一次填写。这是学生深入理解剧本同时创造性地解决问题的探究活动，可以运用和发展他们多方面的能力。

(三) 课堂小结

在第二个任务中，同学们进行分工合作，在一定的时间内运用阅读策略自主研读剧本，搜集资料并进行处理，对舞台演出做构思和准备，按照时间表进行认真排演，相信大家对戏剧有了更加深入的认识思考和实践体验。一方舞台，演绎万种风情；一段故事，诉尽世上炎凉；人物背后，映照苍生百态；合上剧本，悟出人生真谛。在这个过程中希望同学们能切实感受到戏剧的魅力，期待同学们的演出！

(四) 布置作业

排演节目。

任务三 演出与评议

一、教学目标与学习要素

(一) 教学目标

1. 深入了解戏剧剧本特点,根据背景资料、人物形象、戏剧冲突、剧本主旨等,设计活动单、主持稿和评价表。

2. 了解剧本排演的知识,分工合作完成演出并评价,学会欣赏戏曲,感受中国传统文化的博大精深。

(二) 学习要素

1. 设计量表:活动流程、主持稿和评价标准。

2. 自主开展整场戏剧表演活动并评议,完成写作。

二、学习建议

本单元的最后一个任务包含对剧本的理解和舞台的呈现,这两点建立在前两个任务的基础上。学生在演出、评议、写作的环节中,可以深化巩固收获的知识,也可以检测反馈遇到的问题。在"演"和"评"的两个板块中,学生既是从演员的视角解读剧本获得舞台感和演员感,也是从观众的视角欣赏剧本获得观众感和剧场感。如何整合已有的学习资料?如何合作完成整个节目演出?如何设计一些活动表帮助有序开展并且有针对性地解决过程中产生的问题?学生将在这个过程在充分发挥他们的自主性、实践性、创造力和团队力。活动的成功开展和写作的总结思考给各单元的学习呈现出可检验的成果,也必将带给学生难忘的学习成长。

三、教学过程

(一) 导入

在阅读了名家剧本并分组排演了剧本之后,相信同学们已经迫不及待要展现自己的成果了!当然在节目表演之前大家还需要合作设计好整场节目的流程和评分表,来为这个单元的学习画上完整的句号。

(二) 活动设计

▲ **活动设计一：设计节目流程**

要求：推选主持人并根据节目登记表进行活动申请，拟定流程并撰写主持稿。

示例：

节目活动单

活动主题	戏"聚"人生			
时间地点	×月×日校会课　学校礼堂			
出席人员	校领导、初三全体师生、戏剧社团指导老师			
	序号	剧本	预计时长	演员	备注
节目表演	1	《屈原》第五幕第二场	××分钟	×××饰屈原 ×××饰…… ……	鼓风设备、雷电灯光音效、东皇太一庙布置等
	2	《天下第一楼》第三幕节选	××分钟	×××饰卢孟实 ×××饰…… ……	"福聚德"老匾、桌椅、烤鸭道具等
	3	《枣儿》	××分钟	×××饰老人 ×××饰男孩 ……	假枣树、枣子、假土坡等
	4	……			

主持稿

环节	包含内容
1. 开场白	活动主题、主持人自我介绍、介绍到场的领导老师、宣布活动正式开始等
2. 报幕	简单介绍节目主题、演出班级人员等
3. 评比	收集评分表、统计评分、颁布节目集体奖和演员个人奖等
4. 结束语	活动总结、感谢到场的领导老师、宣布活动到此结束等

▲ **活动设计二：设计评议表**

要求：回顾本单元所学的内容，依据课本"评选要点"，设计评分表。包含评价指标、权重、评分标准和不同完成度所对应的分值。

示例：

节目评分表

评价指标	权重	评分标准	分值		
			优秀	良好	一般
剧本内容	20	剧本主题鲜明深刻；戏剧冲突把握准确；人物形象理解到位；思想健康，富有创新意识	15—20	7—14	0—6
表演能力	30	舞台表演过程中内容充实，充分展现人物性格特征，控场能力强，动作得体到位、有表现力，团体合作默契	20—30	10—19	0—9
语音语调	10	演员发音清晰、语音标准、语言流畅，富有感染力。语调达意、生动流畅，语言基本功好	7—10	4—6	0—3
道具及场景舞台布置	10	结合舞台说明、场景布置及道具安排，能准确反映剧目表达的内容及环境，并有所补充创新	7—10	4—6	0—3
演员台风	10	演员具有个人表演风格，有独特的韵味和格调，展现当代青少年的时代风采	7—10	4—6	0—3
人物服装	10	服装符合剧中人的身份、特点，合体、大方，服装、饰物搭配突出，能表现出角色性格，辅助剧情效果	7—10	4—6	0—3
现场效果	10	现场观众反应程度，演员的现场发挥，背景音乐是否符合剧情以及渲染气氛的需要等	7—10	4—6	0—3
		总体评价			
总分	100	优点：_____	等第：优秀/良好/一般		
		可改进的地方：_____	分数		
		【最佳演员】_____ 【推荐理由】_____			

(三) 戏剧演出

1. 演出前,核查节目单准确、参加人员出席、节目彩排、主持人彩排、设备申请到位、道具服装准备齐全等,确保活动有序开展。

2. 活动中,学生有着双重身份,既是演职人员也是台下观众:演职人员演出时要集中精力,全情投入,注意互相配合,演出结束应向观众致意;观众在观剧时应注意文明礼仪,融入剧场氛围,适时给予鼓励,演出结束后认真完成评价表。

3. 演出后,试着对老师和同伴表示感谢,对获奖集体和个人表示祝贺,对不足之处进行改进。让学生学会积极沟通交流,学会互相欣赏,及时总结反思。同时,要清点设备、服装、道具,按时归还,对场地进行清扫整理。

(四) 戏剧评议

在前一个单元中,我们阅读了不少文艺论文,在这个单元中,让我们试着来表达自己对戏剧作品和演出的见解。结合整个活动,从课本上的话题中任选其一(也可自选话题),谈谈自己对剧本和戏剧表演的认识。

▲ 活动设计三:拟写提纲

要求:参考本单元相关的活动材料。

1. 单元阅读学案。
2. 人物信息卡。
3. "童谣"表演批注卡。
4. "枣儿"头脑风暴。
5. 剧组分工表。
6. 排演进度表。(演职人员日志)
7. 节目流程设计:活动单、主持稿。
8. 节目评分表。

*1、6、8 三项是分别贯穿单元任务一、二、三整体过程的学生记录。

*2、3、4、5、7 五项是对于任务形象、表演设计、主题主旨、团队合作等方面的专题有针对性记录的资料。

戏剧评议提纲			
	话题	评论点	我的题目
选题	◎我为什么对"他"印象最深 ◎舞台说明不只是"说明" ◎戏剧冲突面面观 ◎台词应该怎样说 ◎肢体语言很重要 ◎配角也要演到位 ◎"好戏"是配合出来的	人物形象 舞台说明 戏剧冲突 人物台词 人物形象(舞台的动作设计) 人物形象(次要人物的细节呈现) 团队合作	
	我感兴趣的问题	活动中记录的心得	我的观点
主观点	(可以是课堂或排演中提出过的疑惑)	(在学习或排演中收获的知识或感悟)	
	分解所发现的问题(定义)	整理我的分析(依据)	观点陈述思路
观点展开	1. 2. 3.	1. 2. 3.	1. 2. 3.
	提出观点	展开陈述	总结思考
我的提纲			

例文赏析:

冲突中发展,冲突中精彩

——谈戏剧冲突

没有冲突就没有戏剧,戏剧冲突是戏剧的灵魂,是戏剧主题的基础和情节发展的动力,是社会生活矛盾在戏剧艺术中的集中而概括的反映。牢牢把握戏剧冲突,是鉴赏戏剧的关键。

在戏剧中,一些平淡的矛盾往往被组织成有声有色、触目惊心的冲突,犹如一对山羊抵角、两只蟋蟀搏斗,没有调和的余地。由于矛盾的双方都有足够的冲击力,冲突的最后爆发是格外激烈的。例如《枣儿》中老人是看枣儿的,男孩想偷枣儿,他们因枣儿邂逅。老人盼望孩子枣儿回家,孩子不回家;老人希望男孩留下来,男孩却想回家等久久不归的爸爸。人物间的三组矛盾归纳为:走与留,等待与不归之间的矛盾,戏剧围绕着这一组矛盾展开。

戏剧冲突必须扣人心弦,波澜起伏,使观众一直处于紧张和期待之中。课文《天下第一楼(节选)》中,大年初六,福聚德红红火火大开张,店员们鼓足了劲儿准备大干一场,这时偏偏大公子唐茂昌来店里强行拿钱。观众看到此处,不由产生一种愤愤不平之气——照这样发展下去,福聚德的命运会是怎样的呢?接下来是卢孟实赶走骗吃骗喝的克五,处罚不成器的小伙计,厚赏成顺。这时观众由衷地佩服卢孟实的能力:有这样的实干家,还愁福聚德不红火?可剧情偏偏没有照此发展下去。罗大头自恃烤鸭技术,狂妄自大,侮辱卢孟实并撂挑子走人,唐茂盛借机来要钱,并且挖走堂头常贵。面对这突如其来的变故,卢孟实又该怎么办?观众的心情随着曲折多变的剧情不断变化着。戏剧冲突主要表现为具有不同性格的人物在追求各自的目标的过程中所发生的斗争,它不能用抽象的意念去表现,主要表现为人与人的冲突,即表现为人与人之间意志和性格的冲突,这是戏剧冲突的本质。如《枣儿》中老人想念儿子,希望男孩多陪他一会儿;男孩想念父亲,希望早些回家。在此冲突中,表现出老人满怀亲情,富有爱心;男孩思念父亲,喜爱心疼自己的老人,好奇而又懂事,在他身上处处表现出儿童纯真可爱的天性。《天下第一楼(节选)》在尖锐的冲突中凸显出卢孟实、常贵等人的聪明才智、事业心与实干精神,唐家两个少爷游手好闲的败家子习气。这一系列的戏剧冲突使观者在欣赏剧本艺术的同时,心灵也受到了洗礼。

总之,剧本中如果写不好冲突,戏剧就不好看,就没戏,就不成戏。

(选文来自学科网《2019—2020学年九年级语文下册同步写作系列(部编版)》例文)

教师评价:(示例)

这是一篇规范的戏剧评议,有理有据,条理清晰。首先,标题就起得夺人眼球。主标题点出了冲突既使内容充实,又兼具艺术美感;副标题写明这篇文章评议的点在于"戏剧冲突"——专精一个点,而不是泛泛而谈。在开头,作者用三个"是"解读了戏剧冲突的含义,开门见山。中间两段分别讲的就是"冲突中发展"和

"冲突中精彩",前者略写,后者详写,并且都用了本单元的剧本内容作为依据加以论证。其中,论述"冲突中精彩"的部分即第三段的内容尤为精彩。作者从观众的视角和演员的视角来解读戏剧冲突:代入观众的身份,冲突能让人切身体验剧场的氛围("戏剧冲突必须扣人心弦,波澜起伏……观众的心情随着曲折多变的剧情不断变化着。");代入演员的身份,冲突包含着角色的命运、性格和内涵("戏剧冲突主要表现为具有不同性格的人物在追求各自的目标的过程中所发生的斗争……这是戏剧冲突的本质。")。可见,对于本单元的活动探究,作者都有深刻的认识和体验。最后,作者在结尾言简意赅,重申观点,整篇文章一气呵成,立场鲜明。这篇文章值得学生学习品读。

当然,文中一些表述也有值得进一步探讨的地方。例如文中写到"戏剧冲突主要表现为人与人的冲突",后文围绕《天下第一楼》和《枣儿》的论据包含了某一人物与其他人物之间的"外部冲突"和人物自身的"内部冲突"这两种方式。但在《屈原》选文中其实还包含了人同自然环境或社会环境之间的冲突。另外,通过单元的课外拓展,我们可以了解到有些剧本在表现主人公同社会环境的冲突时,有时会把环境"人化",如《哈姆雷特》中克劳狄斯及其周围的朝臣其实就是主人公所面对的社会环境的人化;有时又把社会环境"物化"使之具有象征性,如《椅子》中堆满舞台的椅子。

(五)课堂小结

在最后一个任务中,我们展现了对于戏剧的演绎认识,评写了对于戏剧的欣赏解读。戏剧是浓缩的人生,短短一幕戏,展现了人生百态,荣辱兴衰;人生是戏剧的射影,泛泛人世间,集中了舞台角色,回眸转身。让我们在戏剧演绎中,领略人生的真谛,感悟生命的精华;让我们在戏剧欣赏中,体会哲理,思考未来。

(六)布置作业

完成作文,不少于600字。

单元练习

一、综合运用

1. 请选出下列选项中排序正确的一项(　　)。

① 关于它的起源,最初是祛除暑热疫病、禳灾除恶的活动。

② 逐渐形成了缅怀先贤、忠君爱国的传统。

③ 经过几千年的文化积累和节俗传承,吃粽子、赛龙舟、纪念屈原已经成为当今流传范围最广的端午节风俗活动,融进了世代中华儿女的生活记忆。

④ 端午节,是入夏以后的第一个重要节日,也是我国首个入选世界非物质文化遗产的传统节日。

⑤ 汉魏以后,被附加了纪念屈原、伍子胥等历史人物的内涵。

A. ④①⑤②③　　B. ⑤②③④①　　C. ④①②⑤③　　D. ②③④⑤①

2. 从前有个怀才不遇、仕途不通的文人流落到湘江之滨,联想起战国时期的三闾大夫忠君爱国,却屡遭昏君佞臣排斥打击而被流放的不幸遭遇,便撰写了一副对联:

| 泪滴湘江流满海 | 嗟叹嚎啕哽咽喉 |

(1) 三闾大夫指_____。

(2) 试分析这副对联的特点。

_____

(3) 这种特点对表达内容有何作用?

_____

3. 在端午节来临之际,班级准备编写一期《端午风俗》的黑板报,特向全班同学征稿。有一位同学收集了下面四方面的材料:

A. "屈原怒投汨罗江"的历史故事。

B. "嫦娥奔月""牛郎织女"的古老传说。

C. "幸福小区家庭包粽子大赛""五月五龙舟竞渡"的新闻报道图片。

D. 唐"九子粽"、宋"蜜饯粽"、元"箬叶粽"、明"芦叶粽"、清"火腿粽"的介绍。

(1) 如果要在上面四项中删除一项,你会删去哪一项?为什么?

_____

(2) 请分别说明保留另外三项材料的理由。

_____

(3) 请你为黑板报写一则"编后语",要求阐明编写意图。

_____

4. 下列各项内容的表述有误的一项是(　　)。

A. 序是一种文体,有书序和赠序之分。赠序,即临别赠言。《送东阳马生序》是宋濂写给同乡后学马生的临别赠言。

B. 《天下第一楼》是何冀平在二十世纪八十年代创作的话剧,每一幕都是独立存在的,它们之间没有密切联系。

C. 中国"酒"文化中,"射"是宴饮时的一种游戏;"觥"是酒杯;"筹"是酒筹,宴会上行令或游戏时饮酒计数的筹码;"白"是古人罚酒时用的酒杯。

D. 《就英法联军远征中国致巴特勒上尉的信》是法国作家雨果的作品,雨果的代表作有小说《巴黎圣母院》《悲惨世界》《九三年》等。

5. 阅读下面一段文字,用几个短语概括昆曲的特点(其中至少一个是主谓短语),不超过 40 字(含标点)。

昆曲,如一坛经年温醇的美酒,缓缓地从舞台流淌而出,道不尽的良辰美景,说不完的哀艳沧桑。载歌载舞如行云流水,典雅的词,婉转的曲,在丝竹声乐里,在亭台水榭上,在小桥流水间,舒徐缓行。遥想当年,一到中秋,苏州人便倾城而出,在虎丘曲会,"唱者千万,鼓吹百十处"。昆曲,又称昆剧、昆腔、昆山腔,元朝末期产生于苏州昆山一带。昆曲是戏曲中影响最大的剧种,京剧、川剧、越剧、晋剧、湘剧、赣剧、桂剧、闽剧、婺剧、滇剧等,都受到过昆曲艺术多方面的哺育和滋养。昆曲中的许多剧本,如《牡丹亭》《长生殿》《桃花扇》等,都是古代戏曲文学中的不朽之作。

6. 传统文化是我国民族文化的瑰宝,面对西方文化对传统文化的冲击,我校

九年级开展了"捍卫传统文化"的综合性学习活动,请你参加。

(1) 活动一:调查统计。

下面的表格是学生会对九年级的200名同学做的抽样调查统计,请仔细阅读表格,写出你从表格中得出的探究结果。

种类	古典音乐	民族音乐	戏曲	流行音乐
学生喜欢人数	20	34	12	134
占总人数比例	10%	17%	6%	67%

_____

(2) 活动二:补写对联。

春节是我国的传统节日,在春节来临之际,请你运用所学知识,补写下面的对联。

上联:金猴踏雪辞旧岁

下联:_____

(3) 活动三:说说看法。

下面是一位同学对传统文化的看法,你赞同吗?请说明理由。(不少于40字)

传统文化老套、无趣,既不新潮又不好玩,纯属老古董,我不想了解。还是简单好玩、新奇有趣的快餐文化比较符合我的口味。(快餐文化是只追求速度,不求内涵的一种文化现象,追求速成、通俗、短期流行,不重视深厚积累和内在价值)

_____

_____

二、片段写作

1.《屈原》成功地运用了借古讽今的写作手法,请你在学过的诗词中找一首运用借古讽今写作手法的诗词加以赏析,200字左右。

_____

2.《天下第一楼》作者注重细节刻画,通过细节描写表现人物性格。如卢孟实训斥伙计,赏成顺,让成顺体面一点,表现了一个劳动者的自尊,他不仅关心着自己的自尊,同时也关注着伙计们的自尊。请你也运用细节描写的手法写一个生活片段,最好突出某一方面的细节,如动作、心理等。(120字左右)

解 析

一、1. A。(本题根据"端午节总述→端午节的起源与发展/内蕴随时代发展不断地增加"的逻辑顺序来进行判断。④点出句子中心引起了话题,可作为第一句;①体现了句意衔接的紧密,可作为第二句;⑤体现了分析过程语意衔接紧密,可作为第三句;②可通过读能确认与上一句衔接紧密,可作为第四句;③句意有总结的意味,可作为末句。)

2. (1)屈原。(此题考查文学常识) (2)上联各个字的偏旁均为三点水,下联各个字的偏旁都是口字旁。 (3)使读者仿佛看到这位穷困潦倒的落魄文人泪流满面的形象,又仿佛听到了他失声痛哭的悲怆呼号。(作用结合"怀才不遇、仕途不通的文人流落到湘江之滨"即可。)

3. 本题为综合运用。

(1) B项。因为它们和端午节没什么关系。

(2)示例:A项,端午节的起源、过节的意义;C项,当代端午节的节日活动;D项,历代端午节的节日美食。

(3)示例:我国有许多诸如端午节这样的传统节日,我们要关注节日风俗,传承节日文化。愿大家过一个有意义的端午节。

4. B。(正确的说法是每一幕之间都有着密切的关联,前一幕情节成为下一幕内容的铺垫,下一幕也会提及或解决前一幕中的矛盾冲突。)

5. 本题考查筛选信息并加以概括的能力。解答时要整体感知文章内容,按要求作答。

例：历史悠久；载歌载舞，词曲典雅，腔调婉转；影响最大。

6.（1）本题属于综合性学习中的图表类，在做题之前必须熟练掌握图标类答题技巧，认真研究表格。方法指导：①分析题目，找准方向。②细看表头（横向/纵向）。③观察数据变化（高低比较/走势变化/分类别概括）。

示例：超过半数的受调查学生喜欢流行音乐，远超过喜欢民族音乐、古典音乐和戏曲的学生；喜欢戏曲的学生最少。

（2）雄鸡报晓迎新年。

（3）本题属于开放性试题，答案不唯一，谈谈自己的看法，说明理由即可。

二、1. 本题考查诗词鉴赏。从学过的诗词中找一首运用借古讽今写作手法的诗词加以赏析。结合诗词创作背景和诗人的经历等方面分析。

例文：杜牧的《泊秦淮》，这首诗运用了借古讽今的写作手法，是诗人夜泊秦淮时触景感怀之作。首句写景，"烟""水""月""沙"由两个"笼"字联系起来，融合成一幅朦胧冷清的水色夜景。后两句由一曲《后庭花》引发无限感慨，"商女不知亡国恨"一句讽刺了不以国事为重、整日花天酒地的达官贵人，即醉生梦死的统治者。"犹唱"二字将历史、现实巧妙地联系在一起，伤时之痛，委婉深沉。本诗情景交融，朦胧的景色与诗人心中的万千感慨和谐统一。

2. 例文：时间好像在那一刻停止，周围静得可怕，就如同我沉沉的心。那句"爸妈，我不上了"在口中转了几圈又咽了回去，只有我知道，我对学习是多么的渴望，可家中……母亲的手依旧在一颠一颠地将稻草编成绳子。父亲猛地捏灭了烟，起身去了邻家。我的心依旧沉沉的，母亲依旧手一颠一颠地将稻草编成绳子……

第六单元

单元教学目标

1. 反复诵读,借助工具书和注释,推断语境义,读懂文意。
2. 深入文本,从各个角度分析、理解人物形象。
3. 梳理文章思路,把握文章写作特色。

单元内容框架

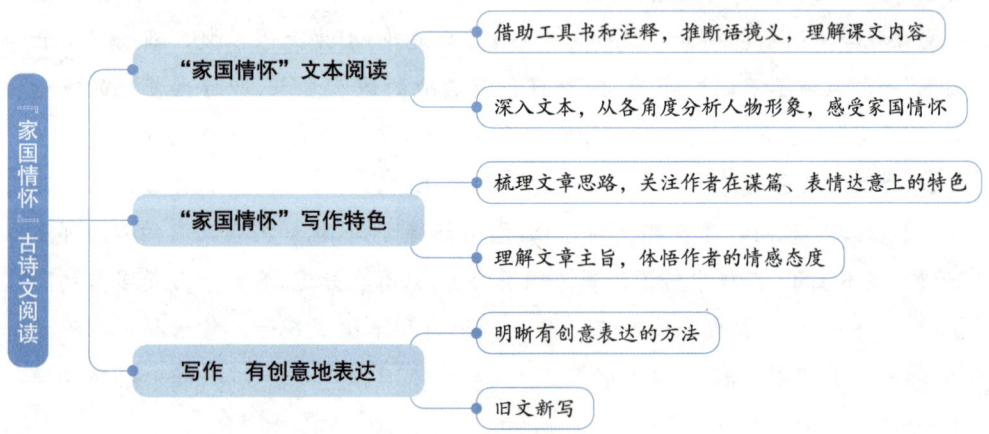

单元设计说明

本单元主要围绕治国、理政、军事战争展开,既可以启迪学生智慧,也可以让学生感受到仁人志士的责任感和担当精神。《曹刿论战》讲述曹刿在"长勺之战"战前的一番评论,重点突出,用准确生动的语言描写,告诉我们只有"取信于民",实行"敌疲我打"的正确方针,选择有利时机,才能以少胜多。《邹忌讽齐王纳谏》讲述了战国时期齐国谋士邹忌劝说齐威王纳谏的故事。塑造了邹忌和齐威王鲜明的人物形象。《陈涉世家》塑造了陈涉这一农民运动领导者和组织者的形象。《出师表》将诸葛亮对于刘禅的劝勉和以身许国、忠贞不二的思想淋漓尽致地表达出来。《诗词曲五首》选入了五首古诗词,用不同的诗歌形式表现了征战残酷、王朝兴衰、历史思索和对人民的同情,借不同内容,抒发了诗人不同的感情。

这个单元因为是古诗文单元,所以学生读起来有一些文言阅读的障碍,需要充分利用好课后注释和工具书,真正理解文章的内容,分析人物形象,感知写作的特色。学习本单元,一要引导学生借助语境推断文言词语,疏通文句,理解文章大意;二要反复诵读、熟读成诵,体会诗文描绘的意境,从各个角度分析理解人物形象特点,学习古人高超的讽谏艺术及强烈的家国情怀;三要让学生把握文章写作特色,关注作者在谋篇布局、表情达意等方面的独特之处。

20　曹刿论战

《左传》

一、教学目标与学习要素

（一）教学目标

1. 积累文言文常用的实词、虚词、特殊句式，了解课文内容，把握曹刿的战略、战术思想，理解鲁军以弱胜强的原因。
2. 把握本文以"论战"为中心组织材料、详略得当的特点。
3. 理解曹刿和鲁庄公两个人物形象，感受古人的责任感和担当精神。

（二）学习要素

1. 详略得当，以"论战"为中心组织材料。
2. 曹刿的战略、战术思想中儒家以民为本的思想。

二、文本解读

（一）课文整体解析

《曹刿论战》是《左传》中的精彩片段，全文简明完整地记录了中国战争史上以弱胜强的一个著名战例——公元前684年的齐鲁长勺之战的史实。文章没有记叙这次战役的进程，而是记录曹刿关于战争的论述，生动地说明，政治上取信于民，运用正确的战略战术，对于战争的重要性。这是一篇不可多得的寓知识性与思想性于一体的课文。由于曹刿的参与，造就了我国历史上著名的以弱胜强的战例。文章赞扬了曹刿热爱祖国、关心国事的精神及政治上取信于民的远见和卓越的军事领导才能。

从教材的编写意图上看，编者选取《左传》中的精彩片段，意在引导学生鉴赏文学作品，了解古代社会，受到高尚情操和趣味的熏陶，继承和发扬优秀文化传统和民族精神，丰富自己的精神世界。另外，教材对第六单元的学习要求明确指出：在理解课文内容的基础上，感受古人的政治信念、生活理想和人生追求。所以，从单元要求来看，主要是想让学生通过此文的学习继承我国的优秀文化传统和民族精神。

文章有两条线索：事件发展的线索（迎战—备战—胜战—评战）和人物活动的线索（请见—论战—参战—释疑）。教学本文，首先应引导学生整体把握文意，并要求学生积累文言重点词语,提高文言文的阅读能力;其次应引导学生把握本文以"论战"为中心选材、组材详略得当的特点,分析曹刿和鲁庄公两个人物形象,体会作品的艺术魅力,理解课文的主旨。

另外,本文的重点在"论",在于鲁庄公与曹刿的"问对"。因历史的久远,谈话中涉及的许多字词及字词背后的含义及文化意蕴学生不了解,理解起来有难度,这就需要教师的帮助。例如,在古代,打仗对一个国家来说是大事。开战之前,必定会祭祀宗庙,求得祖宗、神灵的保佑,仪式很隆重,由国君亲自祭祀天地、祖宗,献上猪头、牛头、羊头等最好的祭品,称之为"牺牲",作战胜利后,战利品除了国君拿一部分,大部分奖赏给将领们,士卒们往往所得甚少。

(二) 重点语段细读

1. **十年春,齐师伐我。公将战,曹刿请见。其乡人曰:"肉食者谋之,又何间焉?"刿曰:"肉食者鄙,未能远谋。"乃入见。**

"十年春"交代战争发生的时间。引出故事中的三个人物:鲁庄公、曹刿和乡人。面对乡人的劝阻,并非当权者的曹刿主动请求拜见,其原因是当权者目光短浅,不能深谋远虑。其中"远谋"这一词是理解曹刿形象的重要抓手。"乃"是就的意思,能看出曹刿进言的坚定和果决,更能进一步看出曹刿的责任心和爱国热情。

2. **问:"何以战?"公曰:"衣食所安,弗敢专也,必以分人。"对曰:"小惠未遍,民弗从也。"公曰:"牺牲玉帛,弗敢加也,必以信。"对曰:"小信未孚,神弗福也。"公曰:"小大之狱,虽不能察,必以情。"对曰:"忠之属也。可以一战。战则请从。"**

在战前准备中,曹刿通过"三问"了解鲁庄公对于战时的准备。针对前两个答案"衣食所安,弗敢专也。必以分人。""牺牲玉帛,弗敢加也,必以信。"曹刿用了"未""弗"两个否定,表现出了对于以小惠战和以小信战的不认可。只有站在民的角度,通过"小大之狱"公正公平地处理案件,尽力做好分内事,才能获得民心,得到民众的支持与敌人作战,曹刿对此给予了肯定和赞同的回答。

3. **公与之乘,战于长勺。公将鼓之。刿曰:"未可。"齐人三鼓。刿曰:"可矣。"齐师败绩。公将驰之。刿曰:"未可。"下视其辙,登轼而望之,曰:"可矣。"遂逐齐师。**

在作战经过中,曹刿和鲁庄公有着截然不同的表现。曹刿面对鲁庄公的"公将鼓之"和"公将驰之",就是给予"未可"的否定回答。而有了"齐人三鼓"和"下视其辙,登轼而望之",才说"可矣",能看出其肯定与果断。

4. 既克,公问其故。对曰:"夫战,勇气也。一鼓作气,再而衰,三而竭。彼竭我盈,故克之。夫大国,难测也,惧有伏焉。吾视其辙乱,望其旗靡,故逐之。"

针对课文第二段的表现,第三段给予了原因的阐释,也消除了鲁庄公和读者的疑惑,交代了大获全胜的原因。通过"夫"句首语气词,对战争和大国发表了议论,曹刿正是选择了"彼竭我盈"的有利作战时机,重视蓄养士气的重要性。在追击环节,时刻观察敌情,做出谨慎判断。

三、教学过程

第一课时

(一) 课时目标

1. 积累文言文常用的实词、虚词、特殊句式,了解课文主要内容。
2. 把握曹刿的战略、战术思想,理解鲁军以弱胜强的原因。

(二) 导入

毛泽东在《中国革命战争的战略问题》中对"长勺之战"是这样评价的:

春秋时期,鲁与齐战。当时的情况是弱国抵抗强国,鲁庄公起初不待齐军疲惫就要出战,后来被曹刿制止了,采取了"敌疲我打"的方针,打胜了齐军,创造了中国战史中弱军战胜强军的有名的战例。

齐鲁长勺之战是我国历史上著名的以弱胜强的战例之一,让我们通过长于记述战争的《左传》去看看鲁国是如何取得战争的胜利的。

(三) 活动设计

▲ **活动设计一:"五读"通幽处**

1. 请学生个别朗读,其余同学结合注释标注。
2. 教师播放示范朗读磁带,学生听读,把握字音。
3. 默读结合注释,理解文意。
4. 学生分角色表演读,教师初步纠正语音语调。

例如：肉食者谋之,又何间焉？（读出反对的意味）

　　　小惠未遍,民弗从也。（读出否定的意味）

　　　忠之属也,可以一战。（读出肯定的意味）

　　　夫大国,难测也,惧有伏焉。（有解说的意味,语调应低缓）

5. 全班齐读。

▲ **活动设计二：一起来画"故事山"**（情节——构成故事的一系列事件）

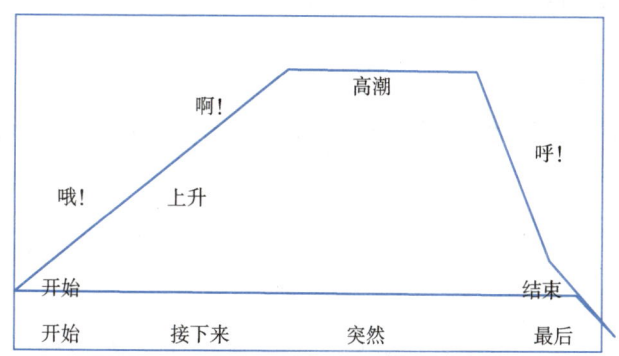

注意：开始——介绍故事中出现的问题和主要人物。

　　　上升情节——人物开始解决问题。

　　　高潮——故事的关键点,问题得到了解决。

　　　结束——所有情节都联系起来,人物通常感悟到一定的道理。

绘制完成后,就着"故事山"复述文章主要内容：鲁庄公十年春,齐国出兵进攻鲁国。曹刿请见庄公,询问备战情况,随同庄公参战,大获全胜,曹刿为鲁庄公释疑解惑。学生讨论发现以曹刿的人物活动为线索可以概括情节,全文围绕"请见—论战—参战—释疑"展开。

▲ **活动设计三：做导图——《我看曹刿之"论"》之战前**

本文标题《曹刿论战》是编者加入的标题,阅读全文,完成围绕《我看曹刿"论"战》的思维导图中为何"论"和如何"论"的部分。

我看曹刿"论"战

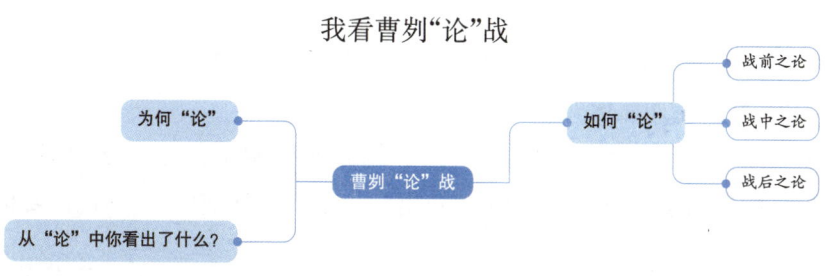

1. 曹刿为何会参与到这场战争，展开论述的呢？

围绕"肉食者鄙，未能远谋"。

2. 曹刿论战的过程是怎样的？

围绕"何以战"的三问三答。

战前，鲁庄公借小惠赢得近臣的拥护，借小信赢得神灵的保护，这两点都被曹刿否定。在曹刿的启发下，庄公终于认识到人民的重要性，民心向背是决定战争胜负的主要因素。这突出表现了曹刿重视人民力量的政治远见。

(四) 课堂小结

本节课，我们通过不同形式的"读"渐渐熟悉了文章的内容，但这只是"身在此山之中"。想要"识得庐山真面目"还得依靠梳理文章的情节并关注分析其核心内容。只有把握了关键核心，才能真正深入地走进文本，走近作者。

(五) 布置作业

中国历史上有许多以弱胜强的著名战例，如巨鹿之战、马陵之战、赤壁之战、淝水之战、官渡之战、城濮之战等。请收集一些这方面的文章阅读。

第二课时

(一) 课时目标

1. 理解曹刿和鲁庄公两个人物形象，感受古人的责任感和担当精神。
2. 把握本文以"论战"为中心组织材料、详略得当的特点。

(二) 导入

检查背诵。

(三) 活动设计

▲ **活动设计一：做导图——《我看曹刿之"论"》之战中、战后**

1. 继续完成思维导图的战中与战后曹刿之"论"的讲评。

战中：曹刿是如何帮助庄公选择战机的呢？

战斗刚开始，不待齐军疲倦，庄公急于出战；鲁军刚刚获胜，庄公又急于追击。曹刿阻止了庄公的过急行动。他懂得攻击和追击都必须把握有利时机，要根据双方的士气和实力变化作出正确的判断。

战后：基于想象分角色进行朗读，思考本段写曹刿论述战胜齐国的原因，曹刿的解释分哪几层意思？

分为两层意思，一讲攻击的缘故，"彼竭我盈"高度概括了最佳战机；二讲追击的缘故，表现他时刻观察敌情，考虑周全，行动谨慎。

2. 小组讨论：从"论"中你看出什么？

（1）曹刿和鲁庄公的人物形象。

曹刿身份卑微，却能关心国家大事，为国事深谋远虑，有责任心、担当精神和爱国热情。曹刿问战，表现他的政治远见，军事的胜利和政治有着息息相关的联系；曹刿参战，表现他卓越的军事才能；曹刿论战，表现他过人的谋略。

课文集中体现了鲁庄公作为国君见识的"鄙"。鲁庄公把战争的希望寄托在施行"小惠"和祈求神灵的保佑上，说明他政治上无能；他急于求战，急于攻击，说明他军事上的无知。但鲁庄公不是一个昏君。鲁庄公备战见刿，三问三答，实事求是，虚心听意见；庄公作战用刿，亲自参与打仗，表现他礼贤下士，任人唯贤；庄公战后问刿，不因胜而自喜，表现他为求真知而不耻下问。鲁庄公并非昏君，而是一位缺乏军事才能的明君。

前者的"鄙"与后者的"远谋"形成鲜明的对比。作者巧妙地运用比照映衬的手法，使曹刿的形象鲜明生动。以曹刿与"乡人"的对比突出曹刿抗敌御侮的责任感和护卫宗国的政治热忱。从曹刿与庄公的对比中，以庄公的驽钝、浮躁反衬曹刿的机敏、持重，一个出身下层而深谋远虑的谋士形象跃然纸上。

（2）讨论鲁国以弱战胜齐国的原因。

【小结】首先，政治上取信于民。鲁庄公和曹刿的战前对话说明曹刿的军事思想是以民心向背为基础的。军事力量和政治问题息息相关，《左传》作为儒家经典之一，尊崇以民为本的思想。其次，运用正确的战略战术，掌握时机。善用时机的同时，也时刻保持高度清醒，防备对方运用计谋，曹刿在战争中可谓是知己知彼，运筹帷幄。

▲ **活动设计二：绘小报，探《左传》**

1. 查阅《左传》的基本文学常识。
2. 关于详略。

课文剪裁详略得当，体现了对史料的精当裁剪和精练的"史家笔法"。本文以曹刿为中心，详细描写了他在战前、战中、战后的表现；对于战争双方的对峙、交锋等则略写。这样安排，突出了曹刿的战争理论及其"远谋"的特点。

中国传统历史叙事讲求"实录"，"唯书其事迹"，褒贬之意不直接流露，而是寓于字里行间，此即为"春秋笔法"。例如描写鲁庄公和曹刿在战场上的场景时，下笔及其简洁，"公将鼓之""公将驰之"，以及曹刿所说的"未可""可矣"，简单几字，却传达出曹刿的果断和胜券在握之志，也表现了鲁庄公的急躁冒进。

(四) 课堂小结

本文以齐鲁长勺之战为背景，论述了必须取信于民并运用正确的战略战术掌握战机才能取得胜利的道理，生动刻画了曹刿作为卓越军事家富有远谋的特点，语言简练，情节详略得当，充分代表了《左传》的艺术成就，是《左传》中的名篇。

(五) 布置作业

《左传》语言十分精练。这跟所谓"史家笔法"有密切关系。试从文中举例说明这一特点。

21　邹忌讽齐王纳谏

《战国策》

一、教学目标与学习要素

(一) 教学目标

1. 朗读课文，疏通文句，掌握文中重点文言词语的意义和用法，读懂文章内容。
2. 品析关键语句，感受邹忌和齐威王的人物形象和精神风貌。
3. 欣赏邹忌的讽谏艺术，理解讽喻说理的特点，认识除蔽纳谏在当时的积极作用和在今天的借鉴意义。

(二) 学习要素

1. 邹忌善思爱国、敢于善于讽谏的人物形象。
2. 讽喻说理：寓事理于故事中，蕴含哲理与规劝性的特点。
3. 除蔽纳谏在当时的积极作用和在今天的借鉴意义。

二、教学建议

本文选自历史著作《战国策》。《战国策》记录了战国时期诸多谋臣策士统领精彩的谋略议论，整体行文酣畅淋漓、气势磅礴，善于连类引譬。《邹忌讽齐王纳谏》就是其中的名篇，具有很好的示例作用。本文讲述了战国时期齐国谋士邹忌劝说君主纳谏，使之广开言路，改良政治的故事。文章塑造了邹忌这样有自知之明、善于思考、勇于进谏的贤士形象。又表现了齐威王知错能改、从谏如流的明君形象，和革除弊端、改良政治的迫切愿望与巨大决心。告诉读者居上者只有广开言路，采纳群言，虚心接受批评意见并积极加以改正才有可能成功。

本文的创作背景是春秋战国之际，七雄并立，各国间的兼并战争，各统治集团内部新旧势力的斗争，以及民众风起云涌的反抗斗争，都异常尖锐激烈。在这激烈动荡的时代，"士"作为一种最活跃的阶层出现在政治舞台上。他们以自己的才能和学识，游说于各国之间，有的主张连横，有的主张合纵，所以，史称这些人为策士或纵横家。他们提出一定的政治主张或斗争策略，为某些统治集团服务，并且往往利用当时错综复杂的斗争形势游说诸侯采纳，施展着自己治国安邦的才干。各国统治者也认识到，人心的向背，是国家政权能否巩固的决定性因素。失了民心，国家的统治就难以维持。所以,他们争相招揽人才,虚心纳谏,争取"士"的支持。

全文的三个部分均运用了三层排比的手法。所以,在教学过程中对于学生的朗读提高了一点要求:要求学生在朗读课文的时候,用圈点勾画法找出文中采用奇特的"三叠式结构"手法来表达文中主要内容的关键语句。这样可以让学生尽快地把握文章的结构,关注本文的写作特点。对邹忌三问,妻、妾、客的三答;邹忌解蔽的三思;入朝见威王的三比;齐威王纳谏的三赏;和纳赏后齐国的三变在内容上前后呼应,上下关照,层层推进;在句式上整散结合,错落有致,有一个比较清晰的认识。结合课文,分析邹忌这一人物形象,并让学生思考,邹忌是如何向齐王纳谏;分析齐王这一人物形象,齐王纳谏效果怎样;结合现实生活,谈谈应该怎样提出自己的意见和接受别人的意思。

三、教学过程

第一课时

(一)课时目标

1. 朗读课文,疏通文句,掌握文中重点文言词语的意义和用法,读懂文章内容。
2. 品析关键语句,初步感受邹忌的人物形象。

(二)导入

唐太宗说:"以铜为镜,可以正衣冠;以古为镜,可以知兴替;以人为镜,可以明得失。"历代君主要成就一番霸业,身边没有几位敢进谏直言的大臣是不成的。可人们常说:"良药苦口,忠言逆耳。"历史上有些敢于进谏的大臣却没有什么好的下场。屈原投江:屈原因劝谏昏君楚怀王而遭流放,最终投江自尽;魏征死谏:魏征曾被明君唐太宗李世民称为是自己的一面镜子,但有时也是冒着杀头危险直言进谏的。

战国时齐威王非常幸运地遇到了这样一位贤臣——邹忌。而这位以雄辩著称的谋臣的讽谏之法更是令人叫绝。今天,我们就欣赏选自《战国策》的历史散文《邹忌讽齐王纳谏》。

(三)活动设计

▲ 活动设计一:闻"讽"而动

(1)"讽"字何意?

"大司乐,以乐语教国子,兴、道、讽、诵、言、语。"

——《周礼·春官宗伯》,中华书局。

"兴者,以善物喻善事;道读曰导,导者言古以剀今也;倍文曰讽;以声节之曰诵;发端曰言;答述曰语。"

——郑玄《周礼注疏》,上海古籍出版社。

(2) 谁"讽"谁?

朗读标题"邹忌讽齐王纳谏",你读出了什么内容?

巧妙用一个兼语句式点明了文章内容的两个方面:邹忌讽齐王,齐王纳谏。

结合课后注释:讽,讽谏,用含蓄的话委婉地规劝。谏,规劝国君、尊长等改正错误。

完整解释标题:邹忌用含蓄的话委婉地规劝齐王,齐王接受规劝并改正了错误。

【补充介绍】邹忌和齐威王的故事,初步感知人物形象。

邹忌,齐国的谋臣,历事桓公、威王、宣王三朝,以敢于进谏和善辩著称。

齐威王继位之初,好为淫乐,不理政事,谋士淳于髡乃以隐语进谏曰:"国中有大鸟,止王之庭,三年不飞不鸣,王知此鸟何也?"齐威王听后顿悟曰:"此鸟不飞则已,一飞冲天;不鸣则已,一鸣惊人。"从此后,齐威王励精图治,修明政治,齐国大治。

▲ **活动设计二:闻"讽"识人**

1. 为何"讽"?结合文章内容,填写表格。

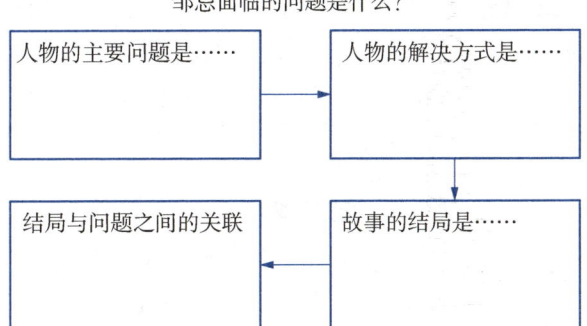

(1) 人物主要问题:邹忌结合自身容貌"修八尺有余""形貌昳丽"与徐公比美。

(2) 人物解决方式：问了妻、妾、客三人一个什么问题？朗读体会。

三问三答，朗读体会：意思基本相同，但语气强弱不同（妻最强，妾次之，客最弱）。怎样理解三人语气的强弱变化？

妻妾用了"何"是反问的句式，作为家人关系较为亲密，情感较为强烈；而客用的是"也"，是陈述的句式，作为外人关系较为疏远，情感较为平淡，略有敷衍之态。另外，由妻妾两人在家庭中的地位来看，妻回答中的"甚"，是一种情感真挚的赞美；而妾更多的是小心翼翼的胆怯。

(3) 故事的结局：徐公来后，邹忌和他比美的结果是"孰视之，自以为不如；窥镜自视，又弗如远甚"。

(4) 结局与问题之间的关联：比美结果引发了邹忌什么样的思考？

"私我、畏我、有求于我也"正说明了三人语气强弱不同的原因。妻妾客不同的出发点，基于不同的原因，不顾事实，由此可以看出"我"在家庭中受到了蒙蔽。

2. 小结

第一段先写邹忌问美，再写比美，最后写思美，由家中小事引发一系列的思考。从全文情节发展来看，是故事的开端。

（四）课堂小结

同学们，阅读一篇文章，无论是现代文还是古诗文，都可以先从标题入手找出题眼，从而了解文章的大致内容。本文是如何围绕"讽"字做文章的呢？通过一系列的质疑提问，我们钻之弥坚，相信通过第二课时的学习大家会有更深刻的体悟。

（五）作业布置

请同学们整理今天课堂所学，结合课文内容，整理一张围绕"讽"字的思维导图。

第二课时

（一）课时目标

1. 品析关键语句，感受邹忌和齐威王的人物形象和精神风貌。

2. 欣赏邹忌的讽谏艺术，理解讽喻说理的特点，认识除蔽纳谏在当时的积极作用和在今天的借鉴意义。

(二) 导入

分角色朗读,回顾第一课时所学内容。

(三) 活动设计

▲ **活动设计一:闻"讽"而来**

1. 如何"讽"?

请根据课文内容,完成表格。(注:楷体为需要填写内容)

邹忌	类比说理、以小见大	齐王
妻	私	宫妇左右
妾	畏	朝廷之臣
客	有求	四境之内
不如徐公美		王之蔽甚矣

(1) 学生齐读第二段,思考邹忌入朝后先向齐王说了一件什么事情?请用关联词分析句子之间的关系,建立起逻辑联系。

"臣诚知不如徐公美,而皆以臣美于徐公。"虽然臣诚知不如徐公美,但是因为臣之妻……有求于臣,所以皆以美于徐公。

(2) 邹忌向齐王说这件事的目的是什么?

说明"王之蔽甚矣!"

(3) 邹忌是用什么方法来说理的?

类比说理。

(4) 邹忌在谈论家事和国事时,有何异同?

内容相似,"私""畏""有求",邹忌在家中的处境和齐王在国家中的处境相似;语言形式相似,均匀用排比的句式,强调其相似。不同在于谈论家事运用陈述句,国事运用双重否定的句式,"莫不"强调没有一个不是这样,暗示"王之蔽甚矣",情感真切。

(5) 如果说"皆以臣美"是生活小事,那么"王之蔽甚矣"是什么事?采用什么方法来说理?

国家大事,以小见大。先从自家比美的趣事侃侃而谈,通过"三比"顺理成章地推出了"王之蔽甚矣"的结论。由近及远,由小达大,由生活琐事推及国家大事。

2. "讽"之效果?

(1) 分角色朗读,注意齐王的语气。

体会"善"对比"然",除了认同,更多了欣然接受之意。

"乃下令","乃"表示两个事件的接连发生,齐威王的雷厉风行,落实实践。

(2) 朗读文章第2和第3段,小组合作完成表格。(注:楷体为填写内容)

		三赏		三变化
情节	上赏	群臣吏民能面刺寡人之过	初下	门庭若市
	中赏	上书谏寡人	数月	时时而间进
	下赏	谤讥于市朝,闻寡人之耳	期年	无可进,燕赵韩魏皆朝于齐
主题	你的发现: 坚决彻底,态度真诚。"群臣吏民"指大臣、官吏、百姓,不分地位和身份;"面刺""上书""谤讥"表明接受谏言的方式和途径多		你的发现: 国内:不断改正错误,修正自己,齐国国内政治清明。 国外:齐国在诸侯国中产生深远的影响	

【总结】从邹忌讽谏开始,齐威王虚心纳谏,齐国国内政治情势发生变化,最后改变了齐国在各诸侯国中的地位。邹忌的讽谏可谓是顺利达成,效果显著。

(3) 情景模拟:如果不讽,直截了当地批评齐威王会发生什么?

▲ **活动设计二:闻"讽"识人**

综合以上学习所得,请为邹忌和齐威王绘制人物海报。

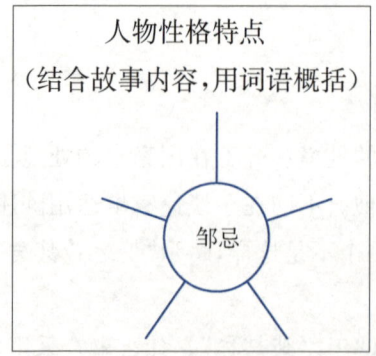

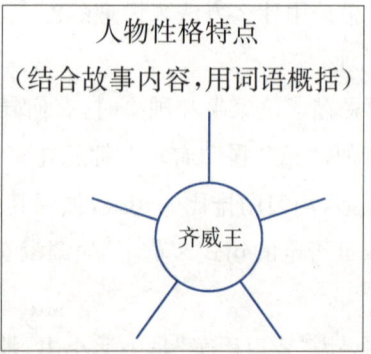

邹忌:面对妻妾客的赞美,邹忌没有沾沾自喜、自我陶醉,而是保持冷静头脑,细致思考背后的原因,说明他是一个有自知之明的人;在邹忌讽谏齐威王的过程中,他从家事拓展到国事,说明邹忌是一个善于思考、关心国家大事的人;在讽谏

的过程中,他用委婉的语言含蓄地表达了自己的劝谏,说明他有高超的语言艺术。

齐威王:"善"——齐威王面对好的建议,明确认同,欣然接受,从善如流。

"令"——雷厉风行,结合"三赏"中的上赏,看出其纳谏的诚心,心胸宽广。

"三变"——善于纳谏,勇于改过。

(四)课堂小结

讨论,分析本文在说理以及记叙上的特点。

本文采用了"三叠法",从头至尾一直使用三层排比的手法写作。

三问答:妻、妾、友三答。

三类比:妻私我→宫妇左右私王;

妾畏我→朝廷之臣畏王;

客有求→四境之内有求于王。

三赏赐:上赏、中赏、下赏。

三变化:邹忌现身说法,齐威王广泛征求意见,各国"皆朝于齐"。

(五)布置作业

1. 请结合故事内容,思考邹忌讽谏齐王获得成功的原因是什么?对你有什么启发?

2. 说话练习(学学邹忌,你的机智一定能战胜固执,选做)

星期天,你和朋友约好了一起去踢足球,可你妈妈拦住你,一定要你在家完成家庭作业,你会怎样说服妈妈让你按时赴约去踢球呢?

22　陈涉世家

司马迁

一、教学目标与学习要素

（一）教学目标

1. 疏通文意，把握文章的主要内容，了解陈胜起义这一伟大的历史事件。
2. 把握陈胜、吴广的人物形象，理解运用对话及对话时的语气表现人物性格的写法。
3. 分析文章在组织材料、表现手法等方面的特点，欣赏作者的写作艺术。

（二）学习要素

1. 运用对话表现人物性格的方法。
2. 文章在组织材料、表现手法等方面的特点。

二、教学建议

课文节选自《史记·陈涉世家》的前面部分，主要叙述陈胜发动起义的经过和起义军初期迅猛发展的情势。

通过文中的语言描写、动作描写、神态描写等把握陈胜、吴广的人物形象，感受其洞察时局的能力和卓越的组织领导才干，理解他们在抗秦起义中所发挥的重要作用，体会司马迁对人物的评价。例如，司马迁善于运用人物的对话来表现人物独特的思想、性格、心理、神态和身份：陈涉少时，尝与人佣耕，辍耕之垄上，怅恨久之，曰："苟富贵，无相忘。"佣者笑而应曰："若为佣耕，何富贵也？"陈涉太息曰："嗟乎！燕雀安知鸿鹄之志哉！"司马迁写陈胜年轻时"与人佣耕"，却不甘心受人奴役；他在痛苦中思考怎样才能改变受压迫奴役的地位，于是对众佣者说："如果有朝一日有谁富贵了，不要互相忘记。"当众佣者表示不理解时，他又进一步说道："燕雀怎么能知道鸿鹄的凌云壮志啊。"通过对陈胜的语言描写，表现了陈胜对受剥削、受压迫的雇佣生活的强烈不满，写出了陈胜想要摆脱贫困和改变现状的强烈愿望，也反映出他出身低微，却有远大抱负，而且很自然地引出下文，为下文"举大计"设伏。

引导学生疏通文意，完整复述故事，把握起义发生、发展的过程。通过陈胜对当时形势和起义前途所做的分析,增强对这场农民起义爆发的必然性的认识。这篇课文在材料组织、人物塑造、语言表达方面很有特点,要结合具体语段进行分析,看看作者如何处理史料,为什么要这么处理,又是如何塑造人物形象的。

三、教学过程

第一课时

(一) 课时目标

1. 利用课下注释及积累,理解文意,梳理起义发展过程。
2. 初步学习阅读人物传记类文本的方法。

(二) 导入

基于预习,交流《史记》与司马迁,了解纪传体史书的大致特点。

(三) 活动设计

▲ **活动设计一:文言小能手**

1. 教师示范朗读课文,学生听读,掌握字音和句子的停顿节奏。
2. 学生自由朗读课文,把握大意。
3. 以学习小组为单位,结合课下注释和工具书,疏通文章内容。
4. 各组交流疑难,教师落实关键词句。

▲ **活动设计二:读史小达人**

1. 作为传记的读者,首先在读之前想一想,关于这个人物和时代背景我们已经知道的事情有哪些?

【小助手】秦始皇统治时期,大规模地兴建宫殿和陵墓,以及筑长城、修驰道,对匈奴和南越的用兵,耗费了大量的人力和财力,极大地加重了人民的徭役和赋税负担。同时,秦王朝还制订严刑酷法,使人民动辄触犯刑律。秦二世继位后,赋敛益重,致使天下困疲不堪。"官逼民反,民不得不反",在这样的残暴统治下,爆发了中国历史上第一次轰轰烈烈的农民起义,这就是陈胜、吴广领导的大泽乡起义。司马迁对这次农民起义给予了高度评价。(作者观点)

2. 关注、梳理重要的胜利或斗争的相关细节,谈谈你对此部分内容的观点。
利用数轴,将三段内容尝试概括并标注。

| 陈涉少时　　二世元年七月　　　攻大泽乡　　　　比至陈 |

情节：

观点：

第1段，叙述陈涉年轻时的佣耕生活，表现了他素怀大志，有反抗精神。

第2段，写起义的筹划过程，表现了陈胜、吴广的斗争决心和政治远见。

第3段，写陈胜、吴广发动起义，胜利进军及建立政权的经过，昭示了农民起义的伟大力量和历史意义。

3. 以学习小组为单位，课文三个段落为演出部分，讨论剧本，编排剧目，教师予以指导。

（四）课堂小结

经过几年的学习，同学们在阅读长篇文言文时已经具备了良好的素养与心态，更有扎实有序的阅读方法和能力，老师为你们感到骄傲。那么读长篇的史传，第一步就是理清文章发展的过程，同学们可以知人论世，并通过时间、空间等变化的词语快速准确地把握。期待明日同学们的课本剧。

（五）作业布置

熟读课文，整理特殊字词及句式。

第二课时

（一）课时目标

1. 分析农民起义军胜利的原因。

2. 把握陈胜、吴广的人物形象，理解运用对话及对话时的语气表现人物性格的写法。

（二）导入

上节课每个学习小组都全情投入编排了一个部分的《陈涉世家》，期待大家的表现。

（三）活动设计

▲ 活动设计：致敬陈胜

1. 以学习小组为单位，进行课本剧表演。

作者刻画人物以对话为主，运用语言、动作、外貌描写刻画了陈胜、吴广的革命精神和非凡的才干。讨论表演中，最能表现陈胜性格的语言有：

（1）"苟富贵，无相忘"。

（2）"燕雀安知鸿鹄之志哉！"

（3）"今亡亦死，举大计亦死；等死，死国可乎？"

（4）"壮士不死即已，死即举大名耳，王侯将相宁有种乎！"

由此可以看出，陈胜是一个对封建统治强烈不满，敢于反抗斗争、善于斗争的有志气的农民起义的领袖。

2. 人物海报：陈胜之智

请结合文章内容和表演体会，以学习小组为单位完成"陈胜之智"的人物海报。

（1）陈胜、吴广谋划起义的主要策略：先提贤君公子扶苏可以利用，以宗法观念掀起人民反抗秦二世的情绪；再提深受楚国人民爱戴的名将项燕，以其名义发动起义，具有号召力，又可燃起人民对秦灭楚的复仇火焰。两个策略，反映陈胜对时局的关注和精到的智识。

（2）陈胜、吴广为谋划起义做了舆论准备：用"鱼腹藏书"和"篝火狐鸣"制造陈胜要做王的舆论，主要作用是"威众"。

（3）陈胜在起义前对当时的形势作了精辟的分析："天下苦秦久已"，指出人民与统治阶级矛盾激化之深，显示了起义的正义性、必然性。指出项燕、扶苏在人民心中的位置，如假借他们的名义发动起义，就可以一呼百应。

【小结】起义成功，陈胜的性格特点也是起义成功的另一个关键因素。

（四）课堂小结

第2自然段作者交代了起义地点、有利条件等起义背景，又进一步描写陈胜、吴广谋划起义的过程，最后达到了"威众"的目的，显示了陈胜、吴广的智慧，也反映了我国农民起义发动时期的特点。

(五) 作业布置

请同学们结合文章内容与课堂所学,完成一份陈胜的性格分析报告。

第三课时

(一) 课时目标

1. 分析农民起义成功的原因。
2. 品析文章在组织材料、表现手法等方面的特点,欣赏作者的写作艺术。

(二) 导入

上节课讲到,九百谪戍之徒,因雨误期,按秦律当斩。此时到了性命攸关之际,正是英雄人物涌出之时。这一场大雨,引出了中国历史上第一场轰轰烈烈的农民起义——大泽乡暴动。起义得以成功,陈胜的性格特点是起义成功的一个关键因素,那还有什么因素呢?

(三) 活动设计

▲ 活动设计一:关注起义的原因

1. 朗读文章第二、三段,回顾、梳理农民起义的几个阶段及关键事件。

大泽乡起义
- 第一阶段:_____
  1. 陈胜、吴广分析情势,策划起义
  2. _____
- 第二阶段:起义爆发
  3. _____
  4. 陈胜召令徒属,为坛而盟。
- 第三阶段:_____
  5. _____
  6. _____

2. 请圈画出农民起义的原因是什么?

农民起义的直接原因是"会天大雨,道不通,度已失期。失期,法皆斩"。根本原因是"天下苦秦久已"。

3. 结合文章内容讨论:农民起义军的命运是如何发展的呢?

(1) 补充背景:农民起义军即将面对的是一支虎狼之师。秦灭六国靠的就是这支战无不胜的大军。自商鞅变法以来,强大的秦军通过一次次战争消耗东方列强的军事力量。在 130 年的时间里,秦军歼灭六国军队 160 多万人。到公元前 230 年的时候,再也没有对手能够与秦军抗衡,秦王嬴政就此发动了大规模的统一战争。十年统一战争期间,六国军队的伤亡总数超过了 200 万人。这是一个令人震惊的数字。公元前 221 年,最后的齐国不战而降,秦军挺进当时世界上最大的城市临淄。至此,战国时代结束,秦帝国诞生了。

(2) 发展:第三段写了三方面内容:A. 并杀两尉;B. 为坛而盟;C. 胜利进军。总的来说是叙述了从发动起义到建立张楚政权的经过。

(3) 课文后半部分"攻""下""收""皆下"等动词,表明陈胜、吴广起义势如破竹,所向披靡,结尾一句进一步反映起义的影响之大。

▲ 活动设计二:如果我是司马迁

1. 想象如果你是司马迁,你会如何来写这场农民起义的故事?

2. 对比课文是如何以事件发展的顺序来组织的,思考:文章哪些内容是详写?为什么?哪些内容是略写?为什么?

详写起义的发动经过,对陈胜、吴广"并杀两尉"、发动群众等都详细描写,并把叙事和对话结合起来,让起义领袖的机智勇敢、强烈的反抗精神得到充分的体现。而对起义后的浩大声势及建立农民政权则略写,省去了战斗情况和筹建政权的描写,因为从上文看来这已是情理之中的事。

3. 作者司马迁为何将贫苦出身的陈胜安排在诸侯的世家中?

作为第一次农民起义,影响巨大。如此安排表达了司马迁对其历史功绩的肯定、反抗精神的褒奖。同时,也有警示统治者行暴政、失民心必将导致灭亡的治国之道。

(四)课堂小结

课文记叙了陈胜、吴广领导的我国历史上第一次农民起义的原因、经过和浩大声势,表现了农民起义的伟大力量,赞颂了陈胜、吴广的反抗精神及历史功绩。

(五)布置作业

1. 探究小报告:请问导致陈胜、吴广农民起义的最直接的原因是什么?最根本的原因是什么?可进一步查阅相关资料,谈谈自己的看法。

2. 选做:思考课堂小结中的题目。

23　出师表

诸葛亮

一、教学目标与学习要素

(一) 教学目标

1. 借助注释和已有的文言知识，熟读成诵，把握文章内容，理清文章写作脉络。
2. 了解本文作者及写作背景，认识并学习诸葛亮"鞠躬尽瘁，死而后已"的精神。
3. 了解本文融议论、叙述、抒情于一体的写作方法。

(二) 学习要素

1. 利用注释和已有的文言知识，熟读成诵。
2. 文章夹叙夹议、寓情于理的写作特点。
3. 感受诸葛亮"鞠躬尽瘁，死而后已"的忠君爱国之情。

二、文本解读

(一) 课文整体解读

《出师表》是诸葛亮在出师北伐前对朝廷内政提出的建议。汉章武元年（221年），刘备称帝，诸葛亮为丞相。汉建兴元年（223年），刘备病死，将刘禅托付给诸葛亮。诸葛亮实行了一系列比较正确的政治和经济措施，使汉境内呈现兴旺景象。为了实现全国统一，诸葛亮在平息南方叛乱之后，于建兴五年（227年）决定北上伐魏，拟夺取魏的长安，临行之前上书后主，即这篇《出师表》。

文章总结了亲贤远佞才能使蜀汉兴盛的历史经验，表示作者"北定中原""兴复汉室"的决心，表现了诸葛亮忧心国事、鞠躬尽瘁的忠忱。

本文是一篇文质兼美、感情真挚的文章。一个写作特色是主张明确，析理透辟，而且殷切希望溢于言表。在六百余字的篇幅里，诸葛亮先后十三次提及"先帝"，七次提到"陛下"。"报先帝""忠陛下"的思想贯穿全文，处处不忘先帝"遗德""遗诏"，处处为后主着想，期望他成就先帝未竟的"兴复汉室"的大业。全文既不借助于华丽的辞藻,又不引用古老的典故,每句话不失臣子的身份,也切合长辈的口吻。《出师表》感情充沛的特点和所表达的忠君爱国之情却是一脉相通的,率直质朴的语言形式是和文章的思想内容统一的。

文本的另一个写作特色就是寓情于议,寓情于事,晓之以理,动之以情。情景交融是"表"这一文体的突出特点。这篇表文主要是诸葛亮伐魏之前,向后主刘禅陈述意见,提出修明政治的主张,因此在写作手法上,全文以议论为主。由于诸葛亮要让刘禅知道创业的艰难,激励他立志完成先帝未竟的大业,因而文中兼叙了自己的身世和追随先帝的原因,以及以身许国的经过。他对刘氏父子无限忠诚,披肝沥胆相待,因而言词充满着殷切期望之情。具体地说,前部分重在"晓之以理",后部分重在"动之以情"。总的是以议论为主,融以叙事和抒情。全篇文字从作者肺腑中流出,真情充溢,感人至深。

教学《出师表》时,我们应让学生领会的就是融入《出师表》中的几千年仁人志士建功立业、回报知遇之恩的思想。这种思想在几千年的中国历史上已证明了它的进步、积极意义,在以后也应被发扬光大。因此,在学生人生观、价值观形成的关键时期,教师的正确引导必不可少。

(二) 重点语段细读

1. **宫中府中,俱为一体,陟罚臧否,不宜异同。**

作为一个整体的宫廷和丞相府,面对国家官员,应该用相同的标准进行提升、惩罚、表扬和批评,即严明赏罚。诸葛亮担心刘禅处理朝廷事务时,不够公正,偏袒徇私,甚至肆意妄为。

2. **亲贤臣,远小人,此先汉所以兴隆也;亲小人,远贤臣,此后汉所以倾颓也。**

作者反复陈说的是亲贤远佞这一条。其余两条虽然说的是方针、政策,也都与此有关。因为刘禅是个昏庸之君,容易受小人蛊惑,如不亲贤远佞,就会出现"妄自菲薄,引喻失义""偏私,使内外异法"等情况,再好的方针、政策也不可能贯彻执行。而亲贤是远佞之本,所以文章开头说"开张圣听",实际上就是要听取贤臣的意见,万不可"塞忠谏之路",中间列举贤臣姓名,要刘禅"亲之信之"。只有亲贤远佞,才能广开言路,才不至于忠奸不分、赏罚不明。

3. 课文第5—8自然段主要追述了哪几件事?有何作用?

三件事以时间为顺序:(1)先帝三顾茅庐请诸葛亮出山;(2)先帝在败军之际

委诸葛亮以重任;(3)先帝在临终前把天下大事托付给诸葛亮,寄以兴复汉室大业。关注关键句"此臣所以报先帝而忠陛下之职分也"高度概括凝练了诸葛亮的用意。三件事分别表达了刘备对诸葛亮的知遇之恩、患难与共之情,表达了诸葛亮用一生奔走表达对知遇之恩的感激,用义不容辞的责任和决心表达对先帝和汉室的深厚感情和一片赤胆忠心;另一方面,将出师和谏言相联系,明确了出师后的责任,劝勉刘禅"咨诹善道,察纳雅言",希望他能够亲贤远佞,听取贤臣的"兴德之言"。

三、教学过程

第一课时

(一) 课时目标

1. 了解本文作者及写作背景。
2. 借助注释和已有的文言知识,熟读成诵,把握文章内容。

(二) 导入

诸葛亮是中国人民智慧的化身,"草船借箭""火烧赤壁""六出祁山"等脍炙人口的故事在中国是家喻户晓的。今天,我们就来学习他的名篇《出师表》。

(三) 活动设计

▲ 活动设计一:你知道的诸葛亮

1. 展示你预习时所完成的诸葛亮名片。

姓名:_____ 性别:_____ 别名:_____	人物小像
相貌:_____	
主要事迹:_____	
_____	
性格特点:_____	
金句:_____	

2. 如果要概括诸葛亮这个人物及其一生的话你会用哪个或哪些成语?

初出茅庐 才华横溢 料事如神 胆大心细 鞠躬尽瘁 死而后已 独木

难支　回天无力

▲ 活动设计二：文言小能手

1. 学生自由朗读课文，然后提出朗读中的疑难字句，教师组织同学们相互帮助解答。

2. 在朗读的过程中，结合课文注释，疏通文义。

3. 教师点拨特殊文言现象，例如：古今异义、一词多义等。

4. 句读，了解《三国志·诸葛亮传》中的《出师表》写作背景。

三年春亮率众南征其秋悉平。军资所出国以富饶乃治戎讲武以俟大举。五年率诸军北驻汉中临发上疏曰：……

三年春，亮率众南征，其秋悉平。军资所出，国以富饶，乃治戎讲武，以俟大举。五年，率诸军北驻汉中，临发，上疏曰：……

（四）课堂小结

同学们，阅读文言文要充分借助注释和你们已有的文言知识，在熟读成诵的基础上把握文章整体内容，这只是一个起点。文天祥在评价《出师表》时说道："或为出师表，鬼神泣壮烈。"希望同学们能够在明天的学习中感受在文字背后的深情。

（五）布置作业

1. 整理本文出现的特殊字词和特殊句式。

2. 填空：《出师表》作者是_____（时代）政治家_____（姓名）。"表"是古代_____的一种文体。《出师表》是作者率师北上伐魏时写给后主_____（姓名）的一篇表文。这篇"表"中写到的"先帝"，指的是_____（姓名）。

3. 南宋诗人陆游高度评价这篇表文，说道："出师一表真名世，_____。"

••• 第二课时 •••

（一）课时目标

1. 绘制结构图，理清文章写作脉络，把握奏章的主要内容。

2. 朗读体会，初步感受诸葛亮的人物形象。

(二) 导入

请同学背诵杜甫的《蜀相》，说说"出师未捷身先死，长使英雄泪满襟"的意思及你的理解。

"可惜出师伐魏未捷而病亡军中，常使历代英雄们对此都涕泪满裳。"

(三) 活动设计

▲ **活动设计一：画出诸葛亮奏章的框架图**

1. 圈画"宜"与"不宜"的句子，并理解分析。

2. 结合文章内容，画出奏章的框架图。

第1段：广开言路——开张圣听，广泛听取意见，不要因为随意看轻自己，说话不恰当，阻塞进言之路。

第2段：赏罚分明——两个"不宜"，担心刘禅处理朝廷事务时，不够公正，偏袒徇私，甚至任意妄为。

第3—5段：亲贤远佞——关注"以为""愿"，明确"之"指代的对象，分析其原因及意图，判断由部分到整体的逻辑联系。

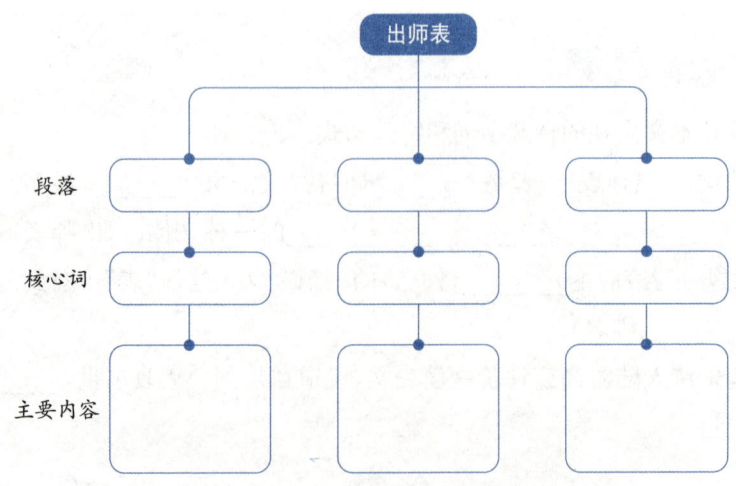

▲ **活动设计二：找出诸葛亮奏章的灵魂金句**

1. 请找出诸葛亮奏章的灵魂金句，说说为什么。

2. 四人一组讨论并派代表分享。

3. 文章主要向后主进谏,开篇为何从蜀国形势谈起?既然"益州疲弊",又为何要出师伐魏?

文章开篇以蜀国形势谈起,大有危在旦夕之势,如不救亡图存,将会出现国破家亡的惨局,在这种情况下,"侍卫之臣""忠志之士"不忘先帝遗德,不改对后主的忠心,转危为安是有希望的。在这样的基础上,诸葛亮提出了三项治国主张。"益州疲弊"是指蜀国在"三分"中处于不利位置。在这种情况下,诸葛亮用了五年时间做准备,主要措施有:①跟吴国通好;②加强内政建设;③平定南方的叛乱。可见,出师伐魏的时机已经成熟。

▲ 活动设计三: 诸葛亮如对面陈述,会用什么语气表述?

1. 每个学习小组派一个代表,按自己的理解,有感情地朗读文章第6—8段,关注语气。

2. 文章由劝谏转入自叙生平,初看似与出师无关,但进一步推敲,却可看出作者的良苦用心。这样写,好处何在?

(1) 概括写了哪几件事?

(2) 在叙述中,你看出了他是怎么样的情感?请在文中分别找一个词和一句话。

"感激"。(用一生的奔走报答先帝的知遇之恩)

"此臣所以报先帝而忠陛下也"。(义不容辞的职责,表达了其对于先帝的深厚感情和一片赤胆忠心,这是全文的高度概括和情感核心)

(3) 这样写法的好处是什么?

首先是表白自己对蜀汉的一片忠诚。二十一年如一日辛苦奔走,是感激先帝的殊遇。先帝既已"崩殂",亦当"报之于陛下"。这样的表白合情合理,容易打动刘禅,取得信任,以防远离之际,小人妄进谗言,离间君臣而坏大事。其次,追述先帝"不以臣卑鄙",而"三顾"之举,也是启发刘禅能像其父一样任人唯贤、知人善任。由谏君突然转入述己,使文章另辟蹊径,起伏有致。

3. 作者写此文的用意何在?为何在文中多次提及先帝及其遗诏?

先帝是一个礼贤下士、勤于政事的明君。诸葛亮与其有深厚的情谊。本文抒发了对其中道崩殂的悲痛、知遇之恩的感激和对先帝的托付深感责任重大。刘禅暗弱,不近贤臣。诸葛亮担心其亲佞远贤,无法完成先帝遗愿。写此文意在嘱托后主认清形势,希望他广开言路,亲贤远佞,完成兴复汉室大业。诸葛亮反复提及先帝遗诏,也是希望能勉励后主不忘政事,努力实现先帝遗诏。

(四) 课堂小结

首先,诸葛亮为报刘备三顾草庐的知遇之恩,出山效命;在危难关头奉命出使,患难与共。刘备临终托孤,诸葛亮受命以来,早晚忧叹,把兴复汉室看成报先帝忠后主的职责,鞠躬尽瘁,死而后已,说明他是一个知恩图报的人。其次,诸葛亮能客观分析天下形势、蜀国的有利与不利条件,劝谏后主广开言路、赏罚分明、亲贤远佞等,可见他深谙治国之道,是一个颇具政治远见的能人。

(五) 布置作业

如果你是刘禅,看到这封奏章后给诸葛亮一封回信,你会说些什么?

第三课时

(一) 课时目标

1. 了解本文融议论、叙述、抒情于一体的写作方法。
2. 认识并学习诸葛亮"鞠躬尽瘁,死而后已"的精神。

(二) 导入

诸葛亮的文才韬略令人倾倒,他撰写的《出师表》是汉末以来"表"的第一流杰作,文章质朴诚挚,志尽文畅,为后人所钦仰。正所谓"出师一表真名世,千载谁堪伯仲间"(陆游《书愤》),"或为出师表,鬼神泣壮烈"(文天祥《正气歌》),今天,我们就继续学习这篇杰作。

(三) 活动设计

▲ 活动设计一:比较阅读

比较阅读《三国志》中的《诸葛亮传》片段,说说和课文的区别。

亮躬耕陇亩,好为《梁父吟》。身长八尺,每自比于管仲、乐毅,时人莫之许也。惟博陵崔州平、颍川徐庶元直与亮友善,谓为信然。

时先主屯新野。徐庶见先主,先主器之,谓先主曰:"诸葛孔明者,卧龙也,将军岂愿见之乎?"先主曰:"君与俱来。"庶曰:"此人可就见,不可屈致也,将军宜枉驾顾之。"

由是先主遂诣亮,凡三往,乃见。因屏人曰:"汉室倾颓,奸臣窃命,主上蒙尘。孤不度德量力,欲信大义于天下,而智术浅短,遂用猖獗,至于今日。然志犹未已,君谓计将安出?"

(节选自《三国志·诸葛亮传》,有删改)

同:两篇文章中展现出的诸葛亮的人物形象是有相同特点的。《三国志》由于成书年代早,而且是陈寿、裴松之的私人著作,所以内容比较简略,记叙的事情不详尽。如果单看《诸葛亮传》一篇,不一定会觉得诸葛亮有多了不起;但如果看过全书,一对比,就知道诸葛亮在三国这个英雄辈出的年代也是一枝独秀的人物。他的政治能力、个人品德修养、军事能力等都有优秀的表现。在《出师表》中的记叙部分,在回忆中就能看出他的政治与军事能力,而恳切忠诚的言辞正是他品格修养的最好表现。

异:两文在表达方式和叙事重点上略有差异。《出师表》把议论、抒情和叙事融为一体,寓情于议,寓情于事,晓之以理,动之以情。而情景交融正是"表"这一文体的突出特点。全文以议论为主,在议论中融以叙事和抒情,通过对刘禅晓之以理、动之以情而达到劝谏的目的。论述,切中要害、分析透辟,针对性强;寓情于议,情理交融,言辞恳切,说服力强。叙事,寓情于事,委婉动人,感情真挚。所叙之事如推荐贤才、讲身世、谈经历,都是为议论服务,使他对刘禅提出的建议与要求有理有据,更能使人信服。全篇文字从作者肺腑中流出,真情充溢,感人至深。而《三国志》作为"二十四史"之一,文辞较为简约,叙事性强,裁剪得当。但是从本选文中就能看出对于人物的刻画并不是那么突出。

▲ 活动设计二:最佳辩手

辩题:诸葛亮是否应该扶持刘禅?

正方:诸葛亮应该扶持刘禅。

反方:诸葛亮不应该扶持刘禅。

(四)课堂小结

《出师表》以"形势"使对方震动,以"情感"使对方感动,以"措施"教导对方,以"事业"激励对方,肝胆相照,情深意厚,一直为后人所称道。

封建统治者推崇诸葛亮,或由于他助刘兴汉是正统;或由于他受了知遇之恩,一生尽忠,是忠臣的典型。今天,人们肯定诸葛亮,主要是因为他是一位杰出的政治家、军事家;对于"忠"和"鞠躬尽瘁,死而后已"则被赋予"全心全意为人民服务"

的新意。作为新时代的热血青年,我们应该胸怀祖国,心系人民,做时代的骄子,做人民的公仆。

(五)布置作业

阅读【甲】【乙】两段文字,完成问题。

【甲】

侍中、侍郎郭攸之、费祎、董允等,此皆良实,志虑忠纯,是以先帝简拔以遗陛下。愚以为宫中之事,事无大小,悉以咨之,然后施行,必能裨补阙漏,有所广益。

将军向宠,性行淑均,晓畅军事,试用于昔日,先帝称之曰能,是以众议举宠为督。愚以为营中之事,悉以咨之,必能使行阵和睦,优劣得所。

【乙】

晏子为齐相,出。其御①之妻从门间而窥其夫。其夫为相御,拥大盖,策驷马②,意气扬扬,甚自得也。既而归,其妻请去③。夫问其故。妻曰:"晏子长不满六尺,身相④齐国,名显诸侯。今者妾观其出,志念⑤深矣,常有以自下⑥者。今子长八尺,乃为人仆御。然子之意,自以为足。妾是以求去也。"

其后夫自损抑⑦。晏子怪而问之,御以实对⑧。晏子荐以为大夫。

【注释】:①御:马夫。②驷马:四匹马拉的车。③去:离开,这里指离婚。④相:担任国相。⑤志念:志向和思考的东西。⑥自下:谦虚。⑦自损抑:克制自己,保持谦卑。⑧对:回答。

诸葛亮和晏子都是古代名相,结合选段,用自己的话说说他们选用人才的标准有何不同。

24　诗词曲五首

一、教学目标与学习要素

（一）教学目标

1. 了解作者及作品的写作背景，在熟读的基础上，有感情地朗读、背诵诗歌。
2. 品析诗歌的语言，欣赏诗歌的语言美。
3. 揣摩诗歌的内涵，把握诗歌所表达的情感。

（二）学习要素

1. 在熟读的基础上，有感情地朗读、背诵诗歌。
2. 把握诗歌的中心，体会诗歌的语言美。

二、文本解读

（一）课文整体解析

这五首诗词从不同角度反映古人的社会生活与军旅体验等，或抚今追昔、慷慨悲愤，或感时伤怀，或思亲忧国，文笔优美，文思独特。学习它们，可以激发灵性，陶冶情操，丰富文化积累。

《十五从军征》是一首乐府诗，出自《乐府诗集·横吹曲辞·梁鼓角横吹曲》。此诗描绘了一位在外征战的老兵返乡途中与到家之后的种种场景，揭露古代社会不合理的兵役制度对劳动人民的残酷奴役和对于人性的残害。全诗叙事自然流畅，语言朴实真切，具有汉乐府民歌的特点。

《白雪歌送武判官归京》描写西域八月飞雪的壮丽景色，表达了对友人的惜别之意、惆怅之情，但也不乏豪迈之情，刚柔并济。全诗内涵丰富宽广，气势浑然磅礴，具有极强的艺术感染力。

《南乡子·登京口北固亭有怀》通过对古代英雄人物的歌颂，表达了辛弃疾渴望像古代英雄人物那样金戈铁马、收复旧山河的爱国情怀，但也流露出作者报国无门的满腔悲愤，委婉表达对朝廷的不满和讽刺。全词写景、抒情、议论密切结合；通篇三问三答，层次分明，互相呼应；即景抒情，借古讽今。

《过零丁洋》是宋代大臣文天祥在1279年经过零丁洋时所作的诗作。全诗表现了慷慨激昂的爱国热情和以死殉国、至死不渝的高风亮节,以及舍生取义的人生观,是中华民族传统美德的崇高表现。

《山坡羊·潼关怀古》抚今追昔,由历代王朝的兴衰引到人民百姓的苦难,一针见血地点出了封建统治阶级与人民的对立,表达了作者对百姓疾苦的深切同情与人文关怀。全曲采用的是层层深入的方式,由写景而怀古,再引发议论,将苍茫的景色、深沉的情感和精辟的议论三者完美结合,具有强烈的感染力。

学习这些诗词曲,要加强学生的朗读训练,让学生充分体会作品的节奏、韵律,感受其声韵美。在反复诵读中,理解诗意,感悟诗情,培养学生读诗的趣味。积累五首诗词曲中的名句,增强语言感悟力,丰富语言宝库,逐步提高欣赏古代诗词曲的品位。

(二)重点语段细读

1. 北风卷地白草折,胡天八月即飞雪。

"折"字写出了北风之猛,有了这样猛烈的风,漫天飘落的雪才能"飞"。间接写出了边塞的特点。"折"的原因是什么?草干寒,发冷,正常应该是"倒而不折"的。"即"字表现了诗人的惊奇之情,表明雪下得大、下得早。这两句写边塞的风猛雪早。

2. 何处望神州?

这首词是作者到镇江去做知府时所作。镇江,在历史上曾是英雄用武和建功立业之地,此时成了与金人对垒的第二道防线。当他登临京口(即镇江)北固亭时,想到大好中原已沦陷金人之手,心中不禁悲愤不已,触景生情,故而发问。

3. 天下英雄谁敌手?曹刘。生子当如孙仲谋。

词人把孙权作为三国时代叱咤风云的英雄来颂扬,其所以如此用笔,实借凭吊千古英雄之名,慨叹当今南宋无大智大勇之人执掌乾坤也!"生子当如孙仲谋"本是曹操的话,而由辛弃疾口中说出,代表了南宋人民要求奋发图强的时代呼声。

三、教学过程

第一课时

(一)课时目标

1. 了解作者及作品的写作背景,在熟读的基础上,有感情地朗读、背诵诗歌。

2. 揣摩诗歌的内涵,把握诗歌所表达的情感。

(二) 导入

我国的古典诗词源远流长,浩若繁星,在这笔丰厚的遗产中,今天我们要一起来学习五首诗词曲。这五首诗词曲从不同角度反映古人的社会生活与军旅体验等,或抚今追昔、慷慨悲愤,或感时伤怀,或思亲忧国,文笔优美,文思独特。

(三) 活动设计

▲ **活动设计一:诗歌体裁鉴别术**

1. 编词条。

请同学们把各类诗歌体裁要点整理出来,编写成言简意赅的词条;诗歌体裁包括古体诗、近体诗、词、曲。

2. 巧加工。

请运用你最擅长方式,为不同体裁的诗歌设计一套鉴别不同诗歌体裁的策略。例如顺口溜、快板书等。

3. 擂台赛。

课堂上运用各种方式鉴别,检验哪种方式最有效。

▲ **活动设计二:"诗文并茂"——改写《十五从军征》**

1. 结合课后注释,自读整首诗歌。

2. 尝试运用记叙、描写和抒情的表达方式改写《十五从军征》。

关注角度:诗歌的写作顺序、主要内容、环境特点、人物形象、中心主旨。

(1) 以"我"的返乡经历为序进行叙述。

(2) 描写了一位在外征战的老兵返乡途中与到家之后的种种场景,从老兵的角度出发写出其所见所感所行所思。

(3) 意象:松柏、丛冢、跳兔、飞雉、庭院、旅谷、水井、旅葵。

特点:荒凉寂静,无人的踪迹。

(4) "舂谷持作饭,采葵持作羹。羹饭一时熟,不知饴阿谁。"这句诗暗指主人公家破人亡、孤苦伶仃的状况,主人公此时内心感到极度的孤独悲伤。"出门向东看"将哀景推向极致,蓄足了抒情的势,使得最后一句"泪落沾我衣"感人至深,六十多年的思念之情,表达了沉痛的感情。

(5) 这是一首揭露封建社会兵役制度不合理的乐府民歌,诗中描绘了一位少年从军数十年后返回故里时,看到家破人亡的情景,表现出封建兵役制度给劳动人民带来的苦难。

3. 基于自己的改写,学习小组讨论交流,提出修改意见,推选出本组最优的作品。

4. 分享交流,教师指导。

5. 反复朗读诗歌,从返乡经历及其情感变化,绘制双线索"故事山"。

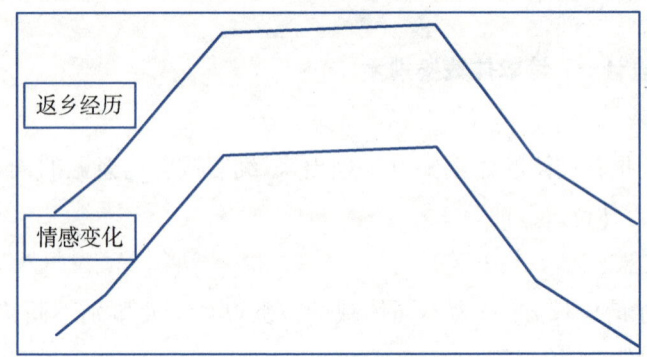

返乡经历:始得归→归途中→返回家中→"出门东向看"。

情感变化:"始"是"才"的意思,一直未能回来,归乡不易,兵役繁重,为国征战,有家不能回。表达了老兵着急想回家的迫切,充满与亲人团聚的希望、激动与欣喜(归途中)→在与乡人的对话时,急切询问,得到了"冢累累"的答案,言下之意已无他人,希望落空→交代了家破人亡的境况,彻底失望(家中无人)→悲哀流泪,心茫然("出门东向看")。

6. 有感情地齐读体会。

▲ **活动设计三:"诗中有画"——读《白雪歌送武判官归京》**

1. 读标题,读诗歌,巧填空。

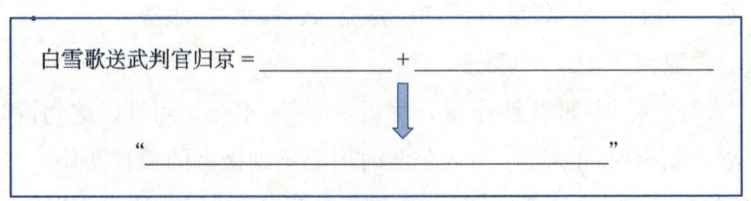

"白雪歌"说明这是一首咏雪诗。"送"也说明是一首送别诗,描写的是送友人归京的场景。以"瀚海阑干百丈冰,愁云惨淡万里凝"完成咏雪到送别的过渡。

2. 朗读诗歌,思考雪的特点,并选择一幅"白雪图",说说理由。

| 特写雪地中草的图片 | 山中雪景全貌的图片 |

选择1/2皆可:

(1)"北风卷地白草折,胡天八月即飞雪"中的"折""即"换掉好不好?为什么?

(2)"忽如一夜春风来,千树万树梨花开"以春景写冬景,以梨花喻冬雪,比喻新奇贴切,既表现了边塞特有的奇异壮丽风光,又写出诗人的惊喜与新奇之情,给人以审美感受。

(3)"散入珠帘湿罗幕,狐裘不暖锦衾薄""将军角弓不得控,都护铁衣冷难着"渲染军营将士苦寒生活,反映战争的艰苦及其给人民带来的灾难,同时为送行场面渲染了悲凉气氛。

(4)描述"纷纷暮雪下辕门,风掣红旗冻不翻"所展示的画面,并谈谈这句细节描写的作用。

说明:这一生动而反常的细节再次传神地写出天气奇寒;旗帜在寒风中毫不动摇、威武不屈的形象是将士的象征。这两句一动一静,一白一红,相互映衬,画面生动,色彩鲜明。

3. 结合诗的最后一句"山回路转不见君,雪上空留马行处"体现了中国绘画中的"留白"这一艺术手法,选择一幅插图并说明理由。(网上查找相关送行图片)

说明:运用留白,将君渐行渐远的背影写得含蓄,引发读者无尽的思考;"空留"是一种无声的离愁,表达了诗人对朋友的依依不舍及朋友离去后的无限惆怅之情,字字传神,含蓄隽永。

4. 讨论:诗歌表达了作者怎样的思想感情?

5. 有感情地朗读全诗。

(四)课堂小结

学生回顾几首诗歌的阅读路径,总结阅读的经验与方法,教师归纳。阅读诗歌需要了解作者及作品的写作背景,在熟读的基础上,有感情地朗读、背诵诗歌。更关键的是,要通过关键语句,揣摩诗歌的内涵,把握诗歌所表达的情感。

(五) 布置作业

1. 整理课堂上的笔记并复习。
2. 任选一首诗歌,选择合适的配乐,有感情地完成诗歌朗诵的表演。

第二课时

(一) 课时目标

1. 品析诗歌的语言,欣赏诗歌的语言美。
2. 揣摩诗歌的内涵,把握诗歌所表达的情感。

(二) 导入

翻开中国的文学史,说到唐朝,我们会很自然地想到唐代的"诗"。那么说到宋朝呢?对,是宋朝的词。在宋朝有一位大词人,他叫辛弃疾。课前大家都搜集了辛弃疾的有关资料,谁来说说,他给你留下了怎样的印象。

(三) 活动设计

▲ 活动设计一:"游目骋怀"——《南乡子·登京口北固亭有怀》

1. 读题,质疑,找题眼。

过渡:登上京口的北固亭,词人在怀念谁?"怀"些什么呢?

2. 读词,自主学习。

(1) 请把这首词多读几遍,借助注把词读通,读顺,再读出节奏。

(2) 检查读词。

(3) 合作读。

3. 骋怀:作者登高有怀,他"怀"的是什么呢?

【小结】这"怀"是怀念的怀。他为什么会想到孙权呢?

(1) "怀"英雄。交流孙权。你认为他是个怎样的人?

(2) 理解"年少万兜鍪"。一是突出孙权的年少有为,"年少"而敢于与雄才大略、兵多将广的强敌曹操较量,这需要非凡的胆识和气魄。

(3) 理解"坐断东南战未休"。你读到了一个怎样的孙权?

说明:突出了孙权的盖世武功,他不断征战,不断壮大。而"坐断东南"的形势与南宋政权相似。显然,辛弃疾热情歌颂孙权的不畏强敌,坚决抵抗,并战而胜之,正是反衬出当朝文武之辈的庸碌无能、怯懦苟安。

4. 游目:登上北固亭,作者还看到了什么?想到了什么呢?

(1) 请大家默读词的上阕。

(2) 看到了滚滚长江奔腾东去,描述"满眼风光北固楼"。这满眼风光如今早已不再。"悠悠"既指时间之漫长久远,又指词人思绪之无穷。"不尽长江滚滚流",借用杜甫《登高》诗句"无边落木萧萧下,不尽长江滚滚来",以此透露作者的情感:无奈,伤感,抑郁。

(3) 出示背景资料。

5. 想象:如果你是南宋的统治者,你应该怎么做?

当时的统治者早已不想再战。有诗为证。南宋诗人林升在《题临安邸》中就曾这样写道:"山外青山楼外楼,西湖歌舞几时休?暖风熏得游人醉,直把杭州作汴州。"

你读到了南宋统治者怎样的生活?这正是时局的真实写照。现在你知道作者为什么会想起孙权了吗?

6. 熟读成诵。

(1) 读上阕:触景伤情,这"怀"里还有作者那挥之不去的忧伤,这份"怀"是"伤怀"的怀。

(2) 读下阕:这"怀"是"怀才不遇"的感怀。

(3) 有感情地读全词。

今天,读罢辛弃疾的这首《南乡子》,我想你一定对辛弃疾有了更深的了解,你一定读到了作者的爱国之情。

▲ **活动设计二:"知人论世"——《过零丁洋》**

1. 查资料,共分享。

知人:文天祥(1236—1283),南宋政治家、文学家,字履善,号文山。南宋末,全力抗敌,兵败被俘,始终不屈于元人的威逼利诱,最后从容就义。

论世:此诗是作者的代表作,创作于作者被俘后第二年过零丁洋时。后来元军统帅张弘范逼他写信招降南宋在海上抵抗的将领张世杰等人,文天祥写此诗以明志节。

2. 想象你是文天祥,在此时会如何来表明志节,说些什么呢?

3. 读诗歌,说说诗歌写了哪些内容?表达了什么?

(1) 首联回忆了自己身上的两件事：一是受到皇帝选拔,通过科举考试进入仕途;二是在频繁的抗元战争中已度过四年。

(2) 颔联运用了比喻的修辞手法:大宋国势危亡如风中柳絮,自己一生坎坷如雨中浮萍。将国家命运和个人命运紧密相连,抒写了国破家亡的悲哀。

(3) 颈联中的"惶恐""零丁"反复出现,巧借两个地名,渲染形势的险恶和境况的危苦。

(4) 尾联"人生自古谁无死?留取丹心照汗青"表达了人难免一死,为祖国舍生取义,一片丹心永垂史册。这两句诗直抒胸臆,抒发了诗人以死明志、为国捐躯的豪情壮志,表现了民族气节。

4. 朗读体会,用怎样的语气和感情进行朗读?

这首诗饱含沉痛悲凉,既叹国运又叹自身,把家国之恨、艰危困厄渲染到极致。最后一句由悲而壮、由郁而扬,慷慨激昂、掷地有声,以磅礴的气势、高亢的语调显示了诗人的民族气节和舍生取义的生死观。

5. 请你选择此诗中最喜欢的一句或者其他表达民族气节和爱国之情的诗句,配以人物图像,制作一枚书签。

▲ **活动设计三:"借景抒情"——《山坡羊·潼关怀古》**

1. 查资料,了解作者和创作背景。

2. 释题:齐读课文,找诗词中的四个字概括全词内容:词题"潼关怀古",即"潼关+怀古"。

3. 小组学习,细读并思考下面问题:

(1)"潼关"。

① 查阅"潼关"相关资料,观看图片。

② 作者笔下的潼关是一个怎样的地方?从哪里看出来的?

险要:山河表里;"聚"字形容潼关在重重山峦包围中,"怒"字形容黄河之水的奔腾澎湃;用"聚""怒"将山的雄伟与水的奔腾之势勾勒出来,从视觉和听觉两个方面写出了潼关的地势险要。

(2)"怀古"。作者是因为何事而感到踌躇?

① 西安的都城被烧毁了:宫阙万间都做了土。

② 人民受苦:兴,百姓苦;亡,百姓苦。王朝之"兴"必大兴土木,搜刮民脂民膏,百姓不堪其苦;而王朝灭亡之际,战乱频仍,民不聊生,所以说"兴,百姓苦;亡,

百姓苦"。这句话在这首小令中是曲眼,有对老百姓疾苦的深切同情与人文关怀,是全曲主题的开拓深化。

(3)"潼关怀古"。

① 从潼关的地形险要,到作者不愉快,再到总尾的两句,之间是怎样的联系?

作者行进在潼关的道路上,一路惊叹于潼关的险要,而有着潼关之险的秦朝却在短短时间就灭亡了(对比),秦朝过去繁华而盛极一时的宫都,不过数十年间,竟全成土灰之地。所以引起作者对历史兴亡的感叹。

② 更主要的是,在任何一个朝代,不管兴亡,受苦的永远是普通百姓。

4. 小组学习分享成果,交流讨论。

5. 反复诵读,领悟感情,试着将全文默读下来。

6. 讨论:作者是怎样将写景、怀古、议论三者有机结合的?

(四) 课堂小结

作者先描写潼关雄伟险要的形势,是历代兵家必争之地。然后由潼关的险要地势想到其重要的历史作用及曾建都长安的历代王朝,从关中长安万间宫阙化为废墟而产生了深沉的感慨,抒发怀古情思。最后从对现实场景的描写转入议论抒情,得出结论:兴,百姓苦;亡,百姓苦。表达了对老百姓的疾苦感到无比愤慨和深切同情。雄浑苍茫的景色、真挚深沉的情感和精辟的议论三者完美结合,使得全曲具有强烈的艺术感染力。

(五) 布置作业

1. 整理课堂上的笔记并复习。
2. 任选一首诗歌,选择合适的配乐,有感情地完成诗歌朗诵的表演。

写作　有创意地表达

一、教学目标与学习要素

(一) 教学目标

1. 学会从多方面审视作文,力求表达有创意。
2. 从优秀的作品中获得创新灵感,应用到自己的作文修改中。
3. 养成多角度思考的习惯,培养创新思维。

(二) 学习要素

从多方面审视作文,多角度思考,表达有创意。

二、教学建议

发展创造性思维,力求有个性、有创意地表达,为形成健全人格奠定基础,能够实现写作教学的教育功能,以利于作文教学迈入瑰丽多姿的自由天地。作为教师,要敏锐地发现学生具有独特性和新颖性的思想,并给予学生及时的鼓励,使他们在训练中形成良好的创新性心理品质。

那么,学生在现有作文积累中,如何能够有创意地表达?首先就是关注作文的审题立意。所谓"有创意"是指"与众不同,令人眼前一亮",与"另类"是有所区别的。所选的文章要真正是有创意表达的文章,而且是能触动你心灵的文章,自己感觉对"这篇文章"深有感触,"有话要说"。其次,要关注的就是作文的选材。一个人可能做了许多可写的事,但是哪些事能真正代表他本人的特点和精神品质,同时又能给人以耳目一新的感觉,哪些事就值得写,就是新颖的有意义的写作。在写作中,往往我们还要引导学生学做真人,要写真实的事。一定要在自己平时熟悉的人群中,选择那些令人久久不能忘怀的,而且是你亲眼所见、亲身感受的事情,再认真回忆当时整个事件的全过程。

三、教学过程

(一) 导入

有创意地表达,是指表达时有新意,有个性,不落俗套。在写作过程中,要"说人之所未说"之言,"写人之所未写"之事。创意,是"创造、创建、生产"的意思,在原先一无所有的情况下,创造出新的东西。一篇有创意的文章,能够让读者眼前一亮。

(二) 活动设计

▲ 活动设计一:学方法

1. 选材要新颖

(1) 对写作材料要有筛选的过程。大的方面,写社会生活中的新鲜事物,人们关注的社会焦点;小的方面,写自己富有个性特征的独特感受,富有感情的细小事情。

(2) 原则。

① 只选新的,不选旧的;只选亲身经历的,不选道听途说的;只选小材料,不选大材料;只选深刻的,不选浅薄的;只选具体的,不选空洞的;只选有趣的,不选平淡的;只选罕见的,不选常见的。

② 材料的来源,既可以来源于自己的生活(关于细节);也可以来源于语文课本或阅读材料。

(3) 习作示例。

我从爸爸手里接过针,犹豫起来:怎么挑才好呢? 用劲大了,怕妈妈叫疼;用劲小了吧,又怕刺儿挑不出。要是不赶快把刺儿挑出来,妈妈的手指就会发炎化脓,那样她会更痛苦。于是,我让爸爸紧紧捏住妈妈手指的两侧,我看准刺儿的部位,沿着刺儿的周围拨开皮层,使藏在里面的刺儿露出来。我小心翼翼一针一针地挑着,拨着,刺儿终于露了头,我用针尖朝上拨一次,妈妈便咬一次牙,眉头拧成了疙瘩……经过一阵忙活,该死的刺儿总算被我给挑了出来,最后我在妈妈的手指上摸了摸,捏了捏。

(选自《第一次给妈妈挑刺》)

点评:亲情是一个亘古不变的主题,而小作者就是选取给妈妈挑刺这样细小的琐事来写,通过"我"的心理、动作刻画,彰显了对妈妈的爱。事件虽然细小,但表达的亲情主题却是深刻的。

2. 角度要新奇

(1) 选择独特的视角、新奇的角度,往往能使文章表达出新意,激发读者的阅读兴趣。

(2) 习作示例。

我是一片雪,轻盈地落在了玉龙雪山顶上。

有一天,我醒来,发现自己变成了坚硬的冰。和更多的冰挤在一起,缓缓向下流动。在许多年的沉睡里,我变成了玉龙雪山冰川的一部分。我望见了山下绿色的盆地——丽江坝。望见了森林、田野和村庄。

张望的时候,我被阳光融化成了一滴水。我想起来,自己的前生,在从高空的雾气化为一片雪,又凝成一粒冰之前,也是一滴水。

是的,我又化成了一滴水,和瀑布里另外的水大声喧哗着扑向山下。在高山上,我们沉默了那么久,终于可以敞开喉咙大声喧哗。一路上,经过了许多高大挺拔的树,名叫松与杉。还有更多的树开满鲜花,叫杜鹃,叫山茶。经过马帮来往的驿道,经过纳西族村庄里的人们,他们都在说:丽江坝,丽江坝。那真是一个山间美丽的大盆地。

(《一滴水经过丽江》)

点评:用"我"代表一滴水,亲切感人,容易拉近与读者的距离,可令读者感同身受。文章从"小水滴"的形成开始,由此引出了"一滴水经过丽江"的历程。语言风趣幽默,增强了"小水滴"的灵性。

3. 语言表达要新颖

(1) 语言新颖,涉及使用词语、修辞手法、句式选择等诸多方面。表达方式,除了记叙外,综合描写、议论和抒情;句式方面,除了陈述句,还应该有反问句、感叹句等;修辞手法至少使用三种(排比、对偶、对比等语言形式的变化)。

(2) 习作示例。

再优秀的老师,不也是血肉之躯吗?很难想象,当一个人的眼睛因劳累过度而"罢工"时,他怎样去履行责任?当一个人的大脑因紧张过度而"死机"时,他怎样去履行责任?当一个人的胃因饥饿而"辞职"时,他怎样去履行责任?当一个人的身体因疾病侵袭而"下岗"时,他怎样去履行责任?没有了健康作为保证,谁能保证责任的持久与完整呢?

点评:片段中"罢工""死机""下岗"等新词的恰当运用,可谓"庄谐之间,个性尽显",洋溢着现代校园生活的青春气息,打破了死板乏味的语言套路,使语言变得清新鲜活。

4. 表现形式要创新

恰当地采用寓言、童话、剧本、小说、书信、日记、采访等形式,会带给读者新鲜的感受。

▲ **活动设计二:"旧文新写"**

1. 写前准备。

(1) 请同学们在过往的写作中挑选一篇与朋友/同学相关的文章。

(2) 以学习小组为单位,传阅互相之间的作文。

(3) 思考讨论,如何从细微处着手进行"旧文新写",互相提出修改意见。

(4) 讨论步骤可分为:讨论立意—选材指导—角度切入—创意点设计。

2. 学生自主修改,教师适当指导。

3. 写后交流。

(1) 同学之间就修改后的文章互相传阅,适当批注。

(2) 推选出一篇修改得最好的文章。

(3) 请同学交流,比较前后之间的区别和想法。

(4) 同学之间评议。

(5) 课余,利用所学方法,自行修改。

(三) 课堂小结

大家都知道,这是一个讲求创新的时代,凡事有创意必能带给人新鲜与刺激。同学们在初中的写作已有了很多的积累,相信大家愿意,也能够为自己过往满意的习作付出自己的创意,期待大家将今天的课堂所学,学以致用,让自己的习作焕发新的活力。

(四) 作业布置

请同学们选择一篇自己过往的习作,运用课堂所学进行修改,完成有创意的表达。

名著导读 《简·爱》外国小说的阅读

一、教学目标与学习要素

(一) 教学目标

1. 熟悉小说情节。
2. 从情节中简单了解人物的性格特点并延伸到文章的主题。
3. 初步学习整本书阅读的方法,激发学生整本书阅读的兴趣。

(二) 学习要素

1. 从情节中简单了解人物的性格特点并延伸到文章的主题。
2. 初步学习整本书阅读的方法,激发学生整本书阅读的兴趣。

二、教学建议

《简·爱》是英国女作家夏洛蒂·勃朗特创作的长篇小说,是一部具有自传色彩的作品。简·爱在孤儿院长大,历经生活磨难,却自尊自爱,勇敢追求爱情,最终获得幸福。

简·爱是一个相貌平凡、出身卑微的女孩,从小父母相继去世的她寄人篱下,承受着姨妈一家人的嫌弃、蔑视,甚至是侮辱和毒打。然而,她并没有对生活失去信心,更没有绝望和沉沦,而是同自己的命运进行顽强的抗争,积极进取,充分显示出她自尊自重、自立自强的美好人格。简·爱是一个性格坚强、朴实、刚柔并济、独立自主、积极进取的女性。她出身卑微,相貌平凡,但她并不以此自卑。她蔑视权贵的骄横,嘲笑他们的愚笨,显示出自立自强的人格和美好的理想。她有顽强的生命力,从不向命运低头。最后有了自己所向往的美好生活。

三、教学过程

(一) 导入

同学们可以通过观看一些《简·爱》的视频简介来预习,并交流自己的感受。

（二）活动设计

▲ 活动设计一：自尊自重、自立自强的人格魅力

1. 基于阅读，每位同学完成一张《简·爱》的思维导图，围绕人物关系图的梳理，人物背景，情节的变化对应人物的选择，人物的形象特点等自拟角度展开探究学习。

2. 展示思维导图，小组讨论，择优分享。

3. 利用教室环境，布置陈列，参观学习。

▲ 活动设计二：心灵的共鸣，真正的爱情

1. 导读

《简·爱》这部小说主要描写了主人公简·爱与罗切斯特的爱情故事。在简·爱看来，爱情不能取决于社会地位的高下、财富的多寡和相貌的好坏，而是双方平等的精神。只要男女双方真诚相爱，就一定能获得真正的幸福。现在，就让我们一同走进简·爱与罗切斯特的爱情世界，认真阅读经典片段，去感受他们炽烈而真挚的爱情吧！

2. 主题概述

小说主要描写了简·爱与罗切斯特的爱情。通过罗切斯特两次截然不同的爱情经历，批判了以金钱为基础的婚姻和爱情观，并始终把简·爱和罗切斯特之间的爱情描写为思想、才能、品质与精神上的完全默契。这部小说说明了人最美好的生活是有尊严与爱的生活，小说的结局给女主人公安排的就是这样一种生活。

3. 摘录语段，感受简·爱的爱情。

4. 完成"我的思考"。

5. 说说你认为简·爱的爱情观是怎样的？你有何感想？

例如：

第27章：简·爱进入一片废墟似的芬丁庄园，她既激动又紧张，代替玛丽为罗切斯特送水。罗切斯特搂着简·爱，欣喜若狂，但又显得自卑，于是散步时候简·爱向他诉说了自己过去的经历。她故意说起圣约翰，在对比中让罗切斯特找到自信，也确认真爱不会丢失，简·爱和罗切斯特双方的心彼此融合在一起。选文综合运用外貌、语言、动作和心理描写，生动形象地表现了简·爱和罗切斯特对爱情的忠贞。

【我的摘录】

【我的思考】

1. 简·爱是如何与罗切斯特结识的？请联系前文进行简要回答。

2. 简·爱曾经和罗切斯特分手，后来又主动回到他的身边，这个故事情节是否矛盾？请结合选文内容谈谈你的理解。

【简·爱的爱情观及我的感想】

▲ **活动设计三：描写细腻，真挚感人**

1. 导读

《简·爱》这部小说构思巧妙，情节跌宕起伏，人物描写细腻生动，真挚感人。作者以生动而又形象的语言，对人物的心理、语言、肖像、动作、神态等进行描写，同时通过景物描写渲染气氛，烘托人物心情。在作者的笔下，人物形象栩栩如生，主人公简·爱和罗切斯特的爱情真挚感人。

2. 请选择《简·爱》这部小说在人物、语言、艺术特色等任一角度，结合文章内容与阅读思考，独立完成一篇不少于600字的探究小论文。

3. 以学习小组为单位，传阅个人小论文。

4. 评议讨论，推选最优小论文。

5. 在班级层面交流展示，教师点评。

范例：

《简·爱》无论是在构思方面，还是在表达方面，都呈现出独特的艺术特色。

归纳起来,有以下几点:

一、大量运用心理描写,这是这部小说的一大特色。小说以第一人称的手法来写,对主人公简·爱的心理活动进行了细腻生动的描写。同时,小说还综合运用了肖像、语言、动作、神态等描写方法,更好地塑造人物形象,表现人物的性格品质。第9章主要通过简·爱和海伦的对话以及简·爱的动作描写塑造人物形象,简·爱得知海伦病危的时候,非常难过和伤心,急切地想去看望她、安慰她。生动地表现了简·爱的天真可爱、善良、有爱心的性格品质。第34章运用了大量的心理描写,生动而细腻地表现了简·爱内心的矛盾和挣扎,她知道圣约翰并不爱她,而她也不爱圣约翰,罗切斯特始终占领了她全部的灵魂。当圣约翰在等待着简·爱的答复时,简·爱在自己的心灵深处好像听到了罗切斯特在遥远的地方,呼喊着她的名字。这无疑都表达了她对罗切斯特的爱情始终没有改变,这也是令我深深感动的。

二、运用环境描写营造地狱般的气氛,从而突出主人公简·爱所处的环境之阴森、凄凉。在盖茨赫德,简·爱始终生活在阴森森的气氛之中,难以自拔。那闪烁不定的"幽灵"、令人感到恐怖的"红房子",则成了地狱的化身。在罗沃德,到处充满了"死亡"气息,简·爱再次陷入了更为可怕的地狱。在桑菲尔德,如鬼魂样的疯女人在狂风暴雨中不断出现,让人毛骨悚然。小说第9章是简·爱到孤儿院的第一年,就遇到了一场斑疹伤寒的瘟疫。她的好友海伦不幸被传染上了瘟疫,病情十分危急。但开头就是一段自然环境的描写,以乐景来反衬哀情,暗示海伦小姐病危,即将不久于人世,也反衬出简·爱内心的难过和伤痛。

三、反复引用,赋予《简·爱》神话内涵和经典意义。作者在作品中,大量引用了神话、古典名著、史诗中的名句,一方面赋予了一定的神话内涵和经典意义,另一方面使作品富有很深的文化底蕴。

四、人物语言富有激情和诗意。小说中的男女主人公的语言描写,尤其是两人的爱情表白,富有激情和诗意。

(三)课堂小结

《简·爱》是一部具有自传色彩的作品。简·爱在孤儿院长大,历经生活磨难,却自尊自爱,勇敢追求爱情,最终获得幸福。最令人感动的是,简·爱是一个相貌平凡、出身卑微的女孩,从小父母相继去世,她寄人篱下,承受着姨妈一家人的嫌弃、蔑视,甚至是侮辱和毒打。然而,她并没有对生活失去信心,更没有绝望和沉沦，而是同自己的命运进行顽强的抗争，积极进取，充分显示出她自尊自重、自立自强的美好人格。希望同学们也能从文学作品中获取力量，帮助大家战胜生命中遇到的挫折，找到属于自己的幸福。

(四) 布置作业

结合活动设计三，完成一篇探究小论文。

单元练习

一、试题举隅

1. 默写。

（1）《十五从军征》中揭露汉代兵役极度不合理的句子是＿＿＿＿＿＿＿＿，＿＿＿＿＿＿＿＿。

（2）《白雪歌送武判官归京》一诗中以春花比喻冬雪的千古名句是：＿＿＿＿＿＿＿，＿＿＿＿＿＿＿。

（3）《南乡子·登京口北固亭有怀》中抒发词人千古兴亡之感、不尽愁绪和感慨的句子是：＿＿＿＿＿＿？＿＿＿＿＿＿。＿＿＿＿＿＿。

（4）文天祥在《过零丁洋》中写下的以死明志，表达自己视死如归、忠心报国、名垂青史的崇高气节的名句是：＿＿＿＿＿＿？＿＿＿＿＿＿。

（5）张养浩在《山坡羊·潼关怀古》中用"＿＿＿＿＿＿，＿＿＿＿＿＿"两句生动形象地描写了潼关的壮景，并巧妙注入了作者吊古伤今而产生的满腔悲愤之情。

2. 下列对《邹忌讽齐王纳谏》一文理解有误的一项是（　　）。

A. 邹忌把家事和国事进行类比，得出"王之蔽甚矣"的结论，体现了他的治国之才。

B. 从"君美甚，徐公何能及君也"中可看出妻子对邹忌的偏爱，反问句更加强了肯定的语气。

C. 选文第二段写邹忌以自己的亲身经历为依据，推己及人，单刀直入规劝齐王除蔽纳谏。

D. 文章别具匠心，邹忌与妻、妾、客的三问三答，有详有略，有同有异，富于变化。

3. 陈胜、吴广起义能顺利进行，因素有很多，其中一个重要因素就是陈胜的才能。他有哪几个方面的才能？请简要作答。

4. 《出师表》中多次提到"先帝"和"陛下",请分析这样写的表达效果。

二、综合阅读

(一) 阅读以下文言文,完成 1—4 题。

[甲]曹刿论战(节选)

十年春,齐师伐我。公将战,曹刿请见。其乡人曰:"肉食者谋之,又何间焉?"刿曰:"肉食者鄙,未能远谋。"乃入见。问:"何以战?"公曰:"衣食所安,弗敢专也,必以分人。"对曰:"小惠未遍,民弗从也。"公曰:"牺牲玉帛,弗敢加也,必以信。"对曰:"小信未孚,神弗福也。"公曰:"小大之狱,虽不能察,必以情。"对曰:"忠之属也,可以一战,战则请从。"

[乙]邹忌讽齐王纳谏(节选)

于是入朝见威王,曰:"臣诚知不如徐公美。臣之妻私臣,臣之妾畏臣,臣之客欲有求于臣,皆以美于徐公。今齐地方千里,百二十城,宫妇左右莫不私王,朝廷之臣莫不畏王,四境之内莫不有求于王:由此观之,王之蔽甚矣。"

王曰:"善。"乃下令:"群臣吏民能面刺寡人之过者,受上赏;上书谏寡人者,受中赏;能谤讥于市朝,闻寡人之耳者,受下赏。"令初下,群臣进谏,门庭若市;数月之后,时时而间进;期年之后,虽欲言,无可进者。

1. [甲]文选自编年体史书《_____》,[乙]文选自_____(体例)史书《战国策》。

2. 用现代汉语翻译下面的句子。
皆以美于徐公。

3. 下列对选文内容理解正确的一项是(　　)。

A. [甲]中鲁庄公深谋远虑,深深知道取信于民的重要性。

B. [乙]中齐威王深受蒙蔽又不愿革除弊端,导致民怨沸腾。

C. 曹刿论战直奔打仗正题,邹忌讽谏从个人生活小事谈起。

D. 鲁庄公刚愎自用坚持贸然迎战,齐威王虚心纳谏勇于改错。

4. 选文中,曹刿和邹忌都具有_____和_____的特点。

(二) 阅读下列甲乙两个文段,然后完成5—8题。

[甲]侍中、侍郎郭攸之、费祎、董允等,此皆良实,志虑忠纯,是以先帝简拔以遗陛下。愚以为宫中之事,事无大小,悉以咨之,然后施行,必能裨补阙漏,有所广益。

将军向宠,性行淑均,晓畅军事,试用于昔日,先帝称之曰能,是以众议举宠为督。愚以为营中之事,悉以咨之,必能使行阵和睦,优劣得所。

(《出师表》节选)

[乙]高祖①曰:"吾所以有天下者何?项氏之所以失天下者?"高起②等对曰:"陛下使人攻城略③地,所降④下者因以予之,与天下⑤同利也。项羽妒贤嫉能,战胜而不予人功,得地而不予人利,此所以失天下也。"高祖曰:"运筹帷幄之中,决胜千里之外,吾不如子房⑥;镇国家,抚百姓,吾不如萧何;连⑦百万之军,战必胜,吾不如韩信。此三杰,吾能用之。项羽有一范增而不能用,此其所以为我擒也。"

(《史记·高祖本纪》节选,有删改)

【注释】①高祖:指汉高祖刘邦。②高起:高祖臣子。③略:攻占。④降:投降。⑤天下:这里指刘邦的部属。⑥子房:西汉名将张良。⑦连:率领。

5. 选出下列画线字的意义和用法相同的一项( )。
   A. 先帝称之曰<u>能</u>　　吾<u>能</u>用之
   B. 此其所以<u>为</u>我擒也　　公输盘<u>为</u>我为云梯
   C. 此<u>所以</u>失天下也　　吾知<u>所以</u>距子矣,吾不言
   D. 所降<u>下</u>者因以予之　　收而攻蕲,蕲<u>下</u>

6. 将下列句子翻译成现代汉语。
   ① 是以先帝简拔以遗陛下。

   ② 战胜而不予人功,得地而不予人利。

7. 选出下列对甲乙两文的理解有误的一项( )。
   A. [甲]文中诸葛亮向刘禅举荐贤臣分别管理"宫中""营中"之事,两个"必能"突出了人才的重要作用。

B. [乙]文中高祖与功臣论得天下,"吾能用之"中的"能用"二字,揭示了高祖取得成功的根本原因。

C. [甲]文中诸葛亮两次提到"先帝",是要求刘禅谨记先帝遗志,谨遵先帝安排,显得义正辞严。

D. [乙]文中将项羽失败和高祖取胜作了对比,突出高祖爱护人才、重用人才。

8. 诸葛亮和高祖在用人方面,有何相同和不同之处?

解 析

一、1.（1）十五从军征,八十始得归；（2）忽如一夜春风来,千树万树梨花开；（3）千古兴亡多少事？悠悠。不尽长江滚滚流；（4）人生自古谁无死？留取丹心照汗青；（5）峰峦如聚,波涛如怒。

2. C。【解析】应该是含蓄委婉地规劝齐王。

3. 首先,陈胜有远大的志向。其次,陈胜有洞察时事的能力。再次,陈胜的起义准备稳打稳扎、步步为营。总的来说具有非凡的领导才能。

4. 先帝是一个礼贤下士、勤于政事的明君。诸葛亮与其有深厚的情谊,本文抒发了对其中道崩殂的悲痛,表达了对先帝知遇之恩的感激和对先帝的托付深感责任重大。他反复提及先帝遗诏,也是希望后主能不忘政事,努力实现先帝遗诏。

二、（一）

1. 左传,国别体。

2. （他们）都认为（我）比徐公美。（皆、以、于三字为重点实词,同时省略成分要补充出来,后置的状语成分要还原。）

3. C。

4. 爱国,善思。（或机智、深谋远虑等）

（二）

5. D。解析：A项中前一个"能"是"能干"之意,后一个"能"是"能够"之意。B项中前一个"为"是"披"之意,后一个"为"是"替、给"之意。C项中前一个"所以"是"……的原因",后一个"所以"是"用……的方法"。D项"下"都是"攻下"之意。

6. ① 因此先帝才选拔他们留下来辅佐陛下您。(关键词：简拔，选拔；遗，给予)

② (他们)打了胜仗却不给他们功劳，攻占了土地却不给他们好处。(关键词：而，却；予，给)

7. C。解析："要求"与"义正辞严"不合文意。

8. 同：他们都能重视人才，且知人善任，用人所长。(只谈"重视人才"或"知人善任"对一半)；异：诸葛亮强调了德的重要性。

学习任务群设计

整本书阅读：独立女性的赞歌
——《简·爱》学习任务群设计

一、教学目标

1. 通过浏览，熟悉小说情节，了解简爱作为独立女性的成长史。
2. 圈画批注，把握人物的性格特点并延伸到文章的主题。
3. 学习外国小说阅读的方法，学会迁移运用。

二、学习任务群及设计框架

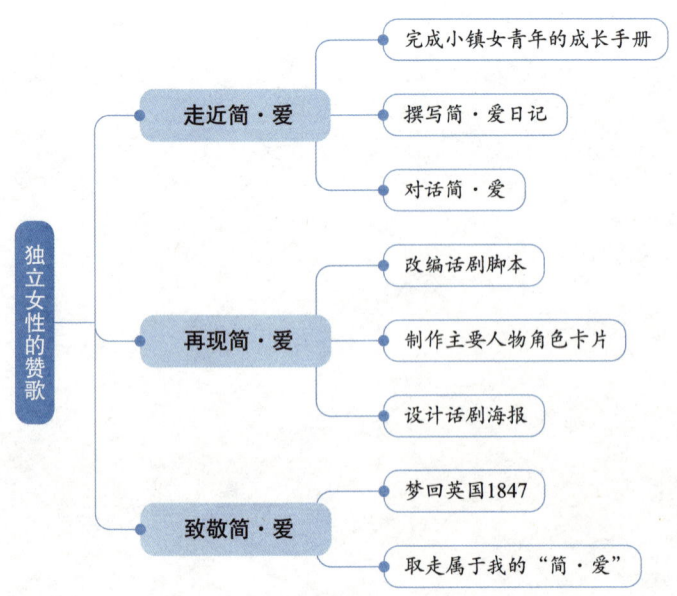

三、学习任务群设计说明

《简·爱》是统编教材九年级下册第六单元的整本书篇目,主题是"外国小说的阅读"。这本书是英国女作家夏洛蒂·勃朗特创作的长篇小说,此书以第一人称叙述,是作者"诗意的生平写照",具有自传色彩,也是英国19世纪现实主义文学代表作之一。

简·爱是一个相貌平凡、出身卑微的女孩,从小父母相继去世的她寄人篱下,承受着姨妈一家人的嫌弃、蔑视,甚至是侮辱和毒打。然而,她并没有对生活失去信心,而是同自己的命运进行顽强的抗争,充分显示出她自尊自重、自立自强的美好人格。长大后到桑菲尔德庄园做家庭教师。最终以独立的人格和勇敢坚毅的性格赢得了男主人公罗切斯特的爱情。

本单元围绕"独立女性的赞歌"为主题,聚焦在小说主人公身上,设计了通读、关键、迁移三类任务,分别对应全文通读、重点精读、实践探究三个学习层次和能力要求。通过运用以往小说阅读的方法和经验,巩固良好的整本书阅读素养。进一步总结归纳出阅读外国小说的基本方法和路径,并加以迁移掌握。具体包括:走近简·爱、再现简·爱和致敬简·爱三组阅读任务。

四、教学过程

(一)导入

关于女性成长的世界名著,我们首先想到的比较有名的作品主要有4部,请同学们完成作者—作品—女主人公的"名著连连看"。

名著连连看

夏洛蒂·勃朗特	《飘》	伊丽莎白
路易莎·梅·奥尔科特	《傲慢与偏见》	简·爱
玛格丽特·米切尔	《简·爱》	马奇家的四姐妹
简·奥斯汀	《小妇人》	郝思嘉

这四部女性成长的名著,各自有着自己的特点,每部作品针对的领域或者思想也略有不同。今天我们开始阅读与学习《简·爱》,认识简·爱。这本书是女作家夏洛蒂·勃朗特创作的长篇小说,此书以第一人称叙述,是作者"诗意的生平写照",也是英国十九世纪现实主义文学代表作之一。希望通过对这本书的学习,大

家能通过认识简·爱、了解简·爱,收获幸福生活的真谛。

(二) 学习任务与学习活动设计

任务一:走近简·爱

通过"完成小镇女青年的成长手册""撰写简·爱日记""对话简·爱"三个学习活动,梳理小说的主要情节,激发学生的阅读兴趣;关注主人公的心理描写,理解人物的主要特点并初步形成评价,逐步加深对于作品内涵的理解。

▲ 活动设计1:完成小镇女青年的成长手册

通过对整本书的阅读,筛选重要的时间节点与情节的转折点,将章回的内容进行分层,重点从女主人公简·爱的视角出发,梳理其成长史,填写个人资料、主要经历、相关社会关系、取得成绩等信息,结合文章内容完成小镇女青年的成长手册。

示例1：苦难的童年；第1—4章；里德太太（舅妈）、伊丽莎、乔治、安娜、约翰、阿波特：出生不久父母双亡的简·爱被舅舅收养。但舅舅不久也亡故了，舅妈极其讨厌简·爱。童年时期经历巨大磨难。在十岁那年，被送到罗沃德孤儿院。

后面的几个部分分别为：艰难中成长（第5—10章）、体验爱情（第11—27章）、分别之后（第28—35章）、团聚圆满（第36—41章）。

提示：成长手册的梳理可以在阅读完成后，由小组课堂讨论得到，可以采取跳读的形式。填写时，主题由内容提炼而得；相关人物的梳理注意社会关系；主要经历注意内容的全覆盖并用简洁的语言进行概括。如时间充裕，视学生情况可进行自己的创新设计。

▲ 活动设计2：撰写简·爱日记

在把握小说主要内容的基础上，需要进一步了解简·爱这个人物。作为这部小说的一大特色——大量运用心理描写，小说以第一人称的手法来写，对主人公简·爱的心理活动进行了细腻生动的描写。同时，小说还综合运用了肖像、语言、动作、神态等描写方法。那么通过学生代入感的想象，运用日记这种形式，能更好地了解女主人公的心理变化和形象特点。

提示：在阅读任务布置时承接活动一的成长手册，需要在每一个主题里挑选一段令自己印象最深的情节与片段，加以艺术加工，使其更具有故事的现场感和人物的亲近感。

示例：

第11章主要通过简·爱和海伦的对话，以及简·爱的动作描写推动情节发展，简·爱得知海伦病危的时候，非常难过和伤心，急切地想去看望她、安慰她。作为日记发挥的巨大的艺术创作空间，生动地表现了小简·爱的天真善良、有爱心、讲情义的性格品质。

第34章运用了大量的心理描写，可以重点关注。运用日记生动而细腻地表现出简·爱内心的矛盾和挣扎。日记内容上她知道圣约翰并不爱她，而她也不爱圣约翰，罗切斯特始终占领了她全部的灵魂。当圣约翰在等待着简·爱的答复时，简·爱在自己的心灵深处好像听到了罗切斯特在遥远的地方呼喊着她的名字。这无疑都表达了她对罗切斯特的爱情始终没有改变，这也是令读者深深感动的。

▲ 活动设计3：对话简·爱

在精读重点章回之后，学生对简·爱的形象有了零散的认识，但对于人物的形象还缺乏统整和理解。接下来,请同学们把握机会,来场穿越时空的对话,直接面对简·爱,你有什么问题想要问她吗?

示例:

你:为什么罗切斯特落魄后,你才真正选择和他在一起呢?

简·爱:首先,他当时有妻子。更重要的,我爱的是他的品格,而不是财富。我一直爱着他,但是我不愿意别人或者他认为我是为了他的财富。他需要我,我也愿意陪伴他一生。

提示:提前将学生分成两组——读者组和简·爱组,一组提问采访,另一组进行回答。将读者组列好的问题或采访提纲给简·爱组的同学进行准备。学生需要思考才能找到文本中比较有争议或是不理解的内容。在课堂交流互动中,学生可以充分表达,教师也可适时引导学生表达想法,加深学生对一些关键人物的选择和动机的深入思考与理解。

任务二:再现简·爱

在阅读文字过程中,学生整体把握了简·爱的形象,但还比较扁平、集中。作为一部经典的文学著作也被改编成了电影电视的艺术形式,有了更多元的展示和全方面的情境。任务二通过以话剧改编为主,制作主要人物卡片和海报等,进一步关注小说发生的环境,以及其他人物和主人公之间的关系,进而探究小说的主题。

▲ **活动设计1:改编话剧脚本**

同学们在了解故事中的简·爱之后,她的故事是否打动了你?不妨试着把你最喜欢的片段改编成话剧脚本,可以以小组为单位进行排练、表演,时间5-10分钟。"编剧们"在改编创作过程中,注意关注人物对话较为精彩的部分并加上人物动作和表情。选取片段时,可选取戏剧矛盾较为突出,或在阅读时你被感动或印象深刻的部分,快试试吧。

示例:

第一幕:初次见面

罗切斯特(摔倒在地上):该死的马,成心跟我过不去吗!我上辈子跟你有仇吗!

(转过头面向观众):咳咳,大家好,我是爱德华·罗切斯特。我没身高、没相貌、没身材,但是我有钱、有房、有车、有身份、有背景!我这人不喝酒,不抽烟,不喜欢向屋内及窗外扔垃圾、吐痰。

简·爱(走过来)：噢,我是简·爱,年龄保密,身高你猜,体重不说,爱好很多。我这正要去帮费尔法克斯太太寄信呢……前面那位先生好像受伤了。(走过去)

罗切斯特(试图爬起来)：该死的。

简·爱：先生你没事吧?

罗切斯特：我都这样了,你说有没有事!(挣扎着爬起来)(呻吟)

简·爱：我能帮你什么吗?

罗切斯特：你能做的就是离我远点!

简·爱：先生别这样,你需要帮忙。我可以送你去附近的村子或者是桑菲尔德庄园。

罗切斯特(疑惑)：桑菲尔德? 你是在那里工作?

简·爱：噢,我只是一个家庭教师。

罗切斯特：还不快把我扶起来!

简·爱上去扶。

▲ 活动设计 2：制作主要人物角色卡片

从简·爱的成长史来看,她的成长和身边的人、事有着密不可分的联系,最终成为我们现在看到的这个形象。虽然出身卑微、相貌平凡,但她并不以此自卑。她蔑视权贵的骄横,嘲笑他们的愚笨,显示出自立自强的人格和美好的理想。所以,性格坚强、朴实、刚柔并济、独立自主、积极进取都是她令人印象深刻之处。除此以外,基于前面的话剧选段,你也可以任意选择两位主要人物,为其写一段角色介绍,制作成人物角色卡片,方便演员和观众能直观了解角色的特点。

提示：注意关注其余人物在小说中的表现,关注其行为表现和描写的内容,注意思考与简·爱之间的关系和影响。

示例：

> 罗切斯特
> (庄园主人)
> 　　与简相爱,却因为面对原配妻子的责任,两人无法走到一起。为了救自己的妻子被烧瞎双眼,和简再次相遇互诉衷肠。
> 　　演员在表演时要注意表现出他的风趣幽默、富有爱心,敢于追求爱情,却又为责任束缚的形象。

▲ 活动设计 3：设计话剧海报

在七年级第二学期第四单元的综合学习部分，学生曾经为"孝老敬老月"设计过活动海报，有一定的学习基础。为《简·爱》设计一张话剧宣传海报，除了话剧基本的信息、主要人物以外，需要用简练的语言对小说主旨进行提炼并设计在海报之上。

提示：整个活动需要学生进行小说整体内容的整合，主题是围绕简·爱，还是爱情，还是女性成长，抑或是生活的真谛。建议以学习小组为单位，同学们可以进行探究学习，考虑其自传色彩，找到关键句并分析其内涵，查找相关文献，并进一步讨论、明确。在整体海报设计上有统一的风格，有明确的主题，有形式与内容的艺术展现。可组织海报推荐和评比。

补充资料拓展：

这部小说的主题是通过对孤女坎坷不平的人生经历的描写，成功地塑造了一个不安于现状、不甘受辱、敢于抗争的女性形象，反映一个平凡心灵的坦诚倾诉的呼号和责难，一个"小写"的人成为一个"大写"的人的渴望。

任务三：致敬简·爱

▲ 活动设计 1：梦回英国 1847

文学作品是作者的情感反映和时代印记，也就是文学作品和作家本人的生活经历、思想主张，以及时代背景有着极为密切的关系。因而只有知其人、论其世，才能客观正确地理解和把握作品。请同学们试着根据老师给的词条，查找资料进行探究学习，并结合小说谈谈新的阅读体会。

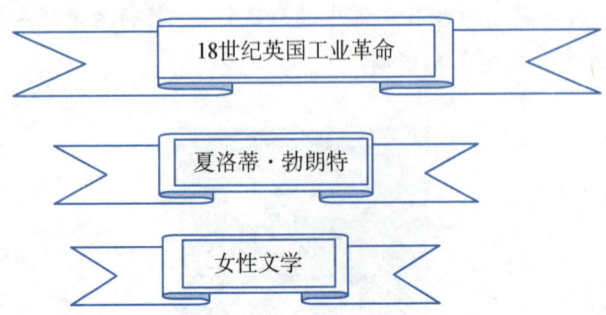

补充资料：

《简·爱》的作者夏洛蒂·勃朗特于 1816 年生于英国北部约克郡的豪渥斯的一个乡村牧师家庭，但是由于母亲早逝，所以年仅 8 岁的夏洛蒂被送进了一所慈善机构——柯文桥女子寄宿学校。后来进入伍勒小姐办的学校就读并任教师,而后又当过家庭教师,但是最终还是投身于文学创作的道路,创作出了闻名后世、轰动文坛的长篇小说《简·爱》。

作者创作《简·爱》时的英国已是世界上的头号工业大国。1840年前后,英国的大机器生产已基本取代手工生产,工业革命基本完成。彼时的夏洛蒂30岁上下,正值青年。她发现,英国妇女的地位并没有改变,依然处于从属、依附的地位,女子的生存目标就是要嫁入豪门,即便不能生在富贵人家,也要努力通过婚姻获得财富和地位,女性职业的唯一选择是当个好妻子、好母亲。

以作家为职业的女性会被认为是违背了正当女性气质,会受到男性的激烈攻击,从夏洛蒂姐妹的作品当初都假托男性化的笔名一事,可以想见当时的女性作家面临着怎样的困境。而《简·爱》就是在这一被动的背景下写成的。

▲ **活动设计2:取走属于我的"简·爱"**

读到这里,这么一个性格坚强、刚柔并济、独立自信、积极进取的简·爱已经跃然纸上。书中,她最后有了自己所向往的美好生活,而从简·爱的"全世界"路过的你,又体会到什么幸福生活的真谛呢?可以结合书中你喜欢的简·爱语录具体展开。

另外,对于外国小说的阅读,你又是否能总结一些阅读方法呢?试着结合书本上的总结,写写自己的读书心得吧。

(三)任务群学习总结

本任务群学习过程中,我们围绕"独立女性的赞歌"这一主题梳理简·爱成长历程,通过把握故事主要内容、快速浏览、跳读、精读、研读等方式,前后勾连,重点探讨了简·爱的成长和呈现的精神风貌。随着阅读文本的渐渐深入,除了情节还关注到了周围人物、环境和作者的时代。对于简·爱的精神,学生以"读她、懂她、学她"循序渐进,深度阅读。这本身也是一个回味与反思的自我觉醒过程。最终,简·爱教会我们的不仅是她的性格、她的价值观,还有阅读外国小说的方法。

(四)任务群迁移学习

《简·爱》属于"女性成长"类外国经典小说作品,其他"成长"类外国经典小说作品还有《童年》《钢铁是怎样炼成的》等。请阅读《童年》,试着完成以下学习任务群。

通读部分任务：通读全文，制作故事的时间轴。跳读故事内容，按照时间顺序排序，制作故事发生的时间轴与情节线，可具体归纳其童年的"幸"与"不幸"。阅读小说前言部分提示文章重点内容。

关键部分任务：绘制人物关系图，梳理人物之间的关系；结合故事线，批注阅读情节中人物的表现，归纳主要人物阿廖沙等的性格特征。可联系泰戈尔《飞鸟集》中的诗句"生命以痛吻我，我要报之以歌"，结合小说中人物的经历及诗歌进行交流。

统整部分任务：圈画小说中社会环境的描写，查找社会背景相关资料，关注自传色彩中作者的经历，探究作者的写作意图。可联系高尔基的卷首语——给我的孩子，分析其指代的对象是谁。

实用性阅读与交流："文化"的天平　思维的博弈
"文化传承与文化创新哪个更重要"主题辩论赛学习任务群设计

一、教学目标

1. 借助信息技术，搜集和选择"文化传承"和"文化创新"的相关信息。
2. 小组分工合作，明确辩论思路，撰写辩文《文化传承/创新更重要》。
3. 通过辩论实践，了解辩论礼仪；能观点鲜明、证据充分、合乎逻辑地表达。
4. 通过"文化传承与创新"的思辨性阅读和表达，坚定文化自信，强化文化担当。

二、学习任务群设计框架

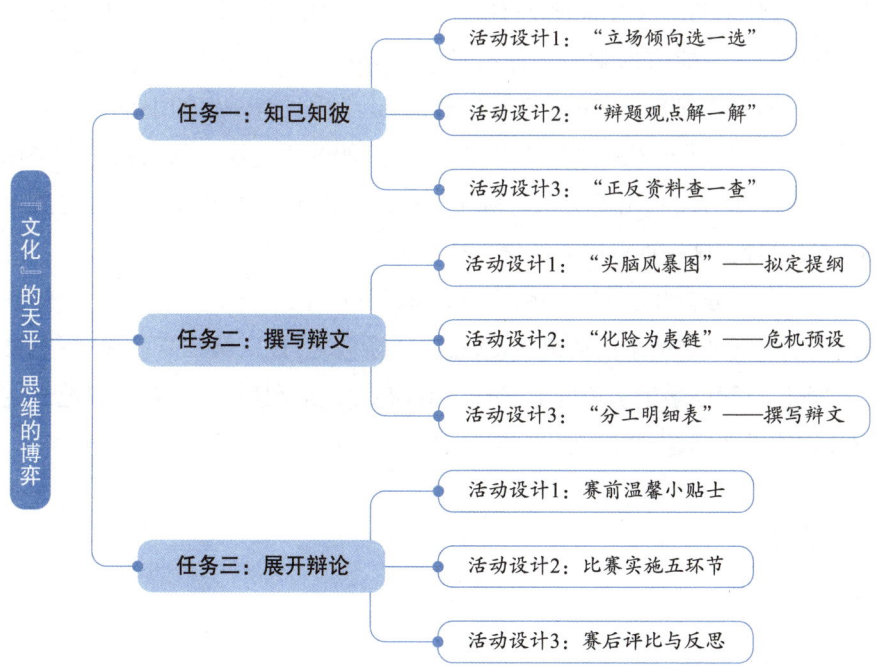

三、学习任务群设计说明

"辩论"这一口语交际活动被安排在部编教材九年级下册的第四单元，为学生介绍了辩论准备、辩论实施以及辩论的原则技巧,也布置了可供选择的实践活动。但是纵观部编教材的八册课本,思辨性阅读和表达的要求其实是贯穿始终的。不仅在口语交际专栏有"讨论""应对""即席讲话"等活动,在单元要求和单篇课文中也都有所体现。(例如九年级上册第五单元的导语中"提高思辨能力,增强对社会、人生的理解";《中国人失掉自信力了吗》课后"积累拓展"中关于"逆境是否有利于人成长"组织小型辩论赛。)

围绕"辩论赛"这一活动设计学习任务群可以适用于六至九年级的课堂讨论环节,也可以整课活动开展,甚至可以覆盖一个阶段,围绕"听、说、读、写"培养学生的综合能力,增强学生课堂实践经历。在辩论赛的学习任务群设计中,要以学生为主体,以反向思维和发散思维为特征,由小组或全班成员围绕特定的论题辩驳问难,各抒己见,互相学习,引导学生在辩论中主动获取知识。

辩题"文化传承与文化创新哪个更重要"的选择基于三个方面:一是为了区别于着眼竞技的正式比赛和文本内容的即兴辩论,选择难度适中、资源范围较广的话题;二是选择了初中八册部编教材所选篇目中,学生有一定积累和认识的主题,让不同学段和学习能力的学生都能有话可说,有理可依,学以致用,通过阅读比较,融会贯通,加深理解;三是希望通过辩论,让学生具有一定的中华文化底蕴的积淀,培养学生根深蒂固地热爱中华文化,并且能够坚定地传承和弘扬中华优秀传统文化以及现当代的先进文化。落实2022年新颁布的《义务教育语文课程标准》中"文化自信"这一重点培养的学生核心素养。

学习任务群分为知己知彼、撰写辩文和展开辩论三个大任务,每个大任务又分别由三个丰富多彩的小活动组成,通过第一阶段之"读"、第二阶段之"写"、第三阶段之"听说",帮助学生多角度地观察生活,有方法地利用资源,有条理地表达观点,辩证性地思考问题,坚定文化自信,强化文化担当。

三、教学过程

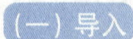(一)导入

(设置真实情境)班级现场调查:

1. 教师播放京剧《拾玉镯》《金玉奴》片段(不告知剧目),问学生:大家听过吗?了解吗?会唱吗?

2. 教师播放李玉刚演唱的由京剧改编的流行京剧音乐《新贵妃醉酒》片段(不

告知歌曲名),问学生:大家听过吗?了解吗?会唱吗?

3. 教师公布播放的片段名字,学生口头交流:现场调查结果、观察到的调查过程中周围同学的表现、自己对这一现象的看法等。

4. 引入辩题:原汁原味的京剧剧目的代代相传是一种文化传承的表现;而对于传统剧目进行现代流行元素的融入来改编是一种文化创新的体现。同学们,你们认为是文化传承更重要还是文化创新更重要呢?就让我们围绕这个辩题开展一场辩论赛吧。

(二) 学习任务与学习活动设计

任务一:知己知彼

通过"立场倾向选一选""辩题观点解一解"和"正反资料查一查"三个学习活动,让学生进行思辨性阅读,从"已学的老问题"到"辩题的新问题"搭建起辩证性思考的桥梁。基于阅读和生活实际,借助图书馆资源和信息技术,搜集并选择"文化传承"和"文化创新"的相关信息和佐证材料,做好辩论赛的前期准备。

▲ **活动设计 1:"立场倾向选一选"**

(1)在进行今天的辩题准备之前,我们先做个"选一选"小活动:请同学们根据下表中罗列的已学课文,在天平左右两个观点中独立选择自己更加赞同的一边,在对应的"□"中打"√",并尝试简单写下自己倾向这一观点的理由。

	观点1	篇目	观点2	
□	父亲用"小蝎子"回答我是合理的 理由:	《表里的生物》 (六年级下册)	父亲用"小蝎子"回答我是不对的 理由:	□
□	"元方入门不顾"是失礼的 理由:	《陈太丘与友期行》(七年级上册)	"元方入门不顾"不算失礼 理由:	□
□	父亲花大半辈子造台阶是值得的 理由:	《台阶》 (七年级下册)	父亲花大半辈子造台阶是不值得的 理由:	□

续表

	观点1	篇目	观点2	
☐	愚公是智的(应该移山) 理由：	《愚公移山》 (八年级上册)	愚公是愚的(应该搬家) 理由：	☐
☐	(庄子)人能感受到鱼的快乐 理由：	《庄子与惠子游于濠梁之上》 (八年级下册)	(惠子)人不能感受到鱼的快乐 理由：	☐
☐	菲利普夫妇的态度可以理解的 理由：	《我的叔叔于勒》 (九年级上册)	菲利普夫妇的态度是应该批判的 理由：	☐
☐	鲁庄公"鄙" 理由：	《曹刿论战》 (九年级下册)	鲁庄公不"鄙" 理由：	☐

提示：以上课文篇目选自六至九年级部编教材，可以根据教学实际时段不同，删减未学过的篇目，补充其他材料。

(2) 学生在完成自己观点的勾选之后，可以分享交流，介绍自己的观点与理由，聆听其他同学的观点及理由，看一看谁的理由更有说服力。

提示：教师适时引导：辩论的两大要素是"论"和"辩"。"论"就是"立"——正面论证己方观点正确；"辩"就是"破"——辩驳对方的错误或疏漏之处。所以观点的碰撞是辩论会的必备前提，思维的博弈是辩论开展的魅力所在。我们要学习多方面认识问题，并且用有条理、有依据、有感染力的口头表达去确立己方观点，驳倒对方观点。

▲ **活动设计2："辩题观点解一解"**

下面就让我们来看一看如何解读本场辩论赛的辩题："文化传承更重要还是文化创新更重要"。同学们可以四人为一组，尝试用以下的方法尝试解读辩题：

- 下定义："文化"？"传承"？"创新"？"重要"？
- 在辩论中，可以通过率先对辩题中的某些关键词做出有利于己方而不利于对方的定义，进而对辩题做出自己的解读。

- 做缩放：特定的前提？宽泛的背景？
- 根据己方观点的不同，可以给辩题追加前提来缩小外延，丰富内涵；也可以把辩题放在更大的范围来审视解读，展示所涉及的背景。

- 思辨证：透过现象看本质
- 通过初步回忆能够分别佐证两方观点的生活实际事例和名篇名家言论等，发现事物的对立统一性，对辩题进行辩证阐释。

提示：学生在这个阶段可以自己用通俗的语言去表述，也可以借助信息技术做简单查询，并不用特别强调信息的权威性和表述的完整性。

示例：

小组讨论解读辩题记录表		
下定义	文化： ➢ 物质、精神财富的总和； ➢ 一切社会意识形式； ➢ 科学、技术、教育、艺术等方面的知识与设施； ➢ "以文教化"，对人的性情的陶冶，品德的教养； ➢ 人类社会发展进步的核心内容与精神动力； ➢ ……	传承： ➢ 传递与继承； ➢ 泛指对某某学问、技艺、教义等，在师徒间的传授和继承的过程； ➢ 泛指对前人的经验进行传授和继承并发扬发展的过程； ➢ ……
	重要： ➢ 具有重大影响或后果的；有很大意义的； ➢ 主要、要紧； ➢ ……	创新： ➢ 以现有的思维模式提出有别于常规或常人思路的见解； ➢ 利用现有的知识和物质，在特定的环境中，本着理想化需要或为满足社会需求，而改进或创造新的事物，包括但不限于各种产品、方法、元素、路径、环境等，并能获得一定有益效果的行为； ➢ 从哲学上说是一种人的创造性实践行为，只有对于发现的否定性再创造才是人类创新发展的基点； ➢ ……
做缩放	➢ "重要"是对于什么对象而言的？（年龄、职业、国家……） ➢ "重要"是放在什么时间里去评价的？（当下、古代、未来、特定的某个时期……） ➢ "文化"中例如传统节日风俗是传承更重要还是创新更重要呢？ ➢ ……	
思辨证	➢ 传承是创新的必要前提； ➢ 创新是传承的必然要求； ➢ ……	

▲ **活动设计 3："正反资料查一查"**

如果说天平的起伏代表着思维的博弈、观点的碰撞，那么天平之上的砝码便是前期准备时必不可少的双方资料，无论你所在的辩论队抽到哪一方的观点，都需要"知己知彼"方能"百战不殆"。

资料类型	正方 文化传承更重要	反方 文化创新更重要
名人名言		
历史事实		
新闻事件		
权威数据		
调查报告		
其他		

提示：在这个活动中，教师要提醒学生广泛查阅，有目的地分类（对正方绝对有利的、对反方绝对有利的、有解读余地的），同时要注意做好资料来源的记录，为下一个任务的辩文撰写打好基础。

示例：

正确的道路是这样：吸取你前辈所做的一切，然后再往前走。

——列夫·托尔斯泰

（资料类型是名人名言，倾向传承观点，但有解读的余地："正确""然后"——继承为先？）

"文艺复兴"：发生在 14 世纪到 16 世纪的一场反映新兴资产阶级要求的欧洲思想文化运动。

（资料类型是历史事实，倾向创新观点，但有解读的余地：形式上是采取复兴古希腊罗马文化的方式，但是并非简单复兴，其中有继承，更有创新。实质是新兴资产阶级以人文主义思想为武器，弘扬资产阶级思想和文化，反对教会"神权至上"的新文化运动，促进人们思想解放。）

任务二：撰写辩文

通过"头脑风暴图""化险为夷链"和"分工明细表"三个学习活动，从拟写提纲到危机预设，再到按照辩手位置分工合作完成自己所属范围的辩文，综合运用议论文阅读和写作的方法，罗列论据，明确思路，做好预设，模拟训练，反复修改。

▲ **活动设计 1："头脑风暴图"——拟定提纲**

可以借助思维导图，手写或是用电子设备软件进行小组讨论，罗列观点，将论据分类。

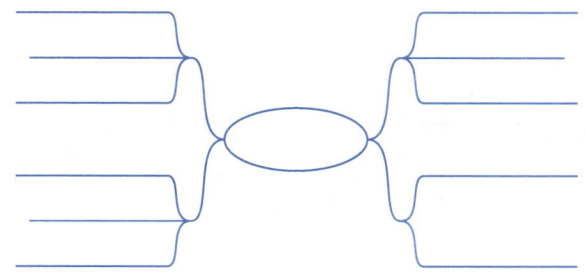

示例：

- 从文化自身发展历程来看，创新赋予文化鲜活的生命力，更有利于促进文化自身的发展与突破。
- 从文化对社会的作用来看，当今世界科学技术发展日新月异，文化创新能够使文化更好地适应社会。
- 从文化对现实意义上说，文化创新是增强文化软实力的必须依靠。

▲ **活动设计 2："化险为夷链"——危机预设**

随着辩论的进行，双方进行着思维的博弈，随着辩词中的"砝码"逐步加上，双方观点的"天平"便会随之左右倾斜。当我方陷入劣势时，要学会如何"化险为夷"，甚至"乘胜追击"。

在任务一的活动设计 3 中，同学们已经对于辩题正反方观点分别查找了各类佐证信息，其中大多论据并非完全支持某一方的观点，需要事先预设对方会攻击的我方薄弱处，做好"自圆其说"；同时，也要事先寻找对对方相对有利的一些材料，寻找对方观点中的逻辑漏洞，"直击痛点"。有了"危机意识"，做足准备，才能现场灵活应对。

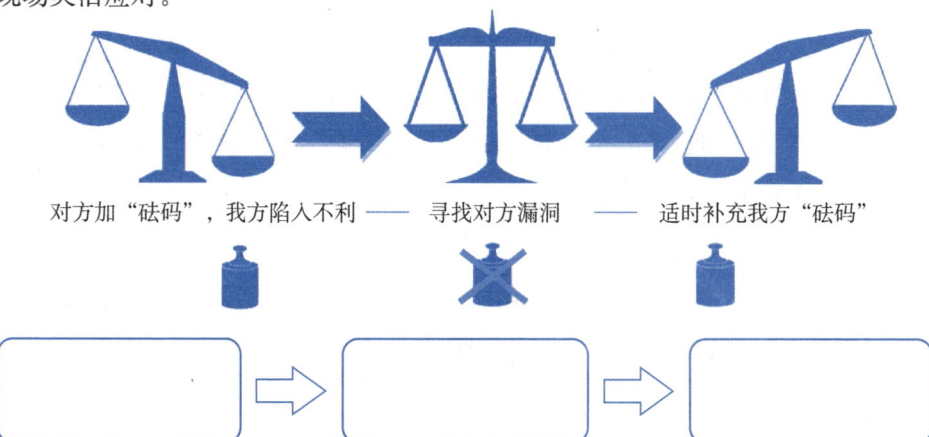

示例:

| 对于年龄较小的孩子来说，文化传承的重要性远比没有足够知识储备的盲目创造来得重要。 | ⇒ | 孩子是祖国未来之花，孩子在长大以后是否能赋予文化新的生机全在于是否能保持创造力。重要性并非只是对于个体的单一阶段，而是对于国家的责任担当的长远眼光。 | ⇒ | 此外，如果一味地只是沿袭与模仿，现在我们岂不是还在写"八股文"，根本没有接触各类新兴文化的机会？ |

▲ **活动设计 3:"分工明细表"——撰写辩文**

辩手	分工	辩词要素	各环节辩文
一辩	提出观点	开门见山，关键词做出有利于己方的定义，论点条理清晰，抛出最具有说服力的论据支持。	谢谢主席,对方辩友,各位评审,朋友们,大家好！我方观点认为"……"。 具体理由如下:"……" 综上所述,我方坚持认为"……"。 谢谢！
二辩 三辩	补充一辩发言 质疑对方观点	牢牢守好观点的理论底线，细化我方观点，多角度统整各类资源。重点准备对对方的"驳辩"。	我想请问对方二/三辩,请问对方辩友: 问题1； 问题2； 问题3； ……
四辩	总结陈词	综合一、二、三辩的辩词，留出临机应变的段落，用来对现场双方发言的关键性问题加以记录整理。重点设计结尾，要有感染力，升华立论。	谢谢主席,对方辩友,大家好。尽管对方辩友侃侃而谈,但我还是不得不指出对方辩友的几点错误: …… 接下来,我将再次重申我方观点:"……"。 综上所述,我方坚持认为"……"。 谢谢！

任务三：展开辩论

通过"赛前温馨小贴士""比赛实施五环节""赛后评比与反思"三个学习活动，让学生积极实践，大胆尝试，勇于反思。在文化传承与创新的天平起伏中感受思维博弈之美，徜徉文化海洋。

▲ **活动设计 1: 赛前温馨小贴士**

教师播放大型辩论赛片段(例如全国大专辩论会比赛)，感受辩论赛氛围，了解辩论礼仪，学生畅所欲言，共同制定赛场公约，合作布置赛场座位。

示例：

（1）遵守辩论流程规范，听从主持人和计分员的指令；

（2）口头表达清晰，文明规范用语，不说方言；

（3）注意情绪控制，不拍桌子、用手指着对方等；

（4）每队统一着装，大方得体；

（5）尽量用"对方辩友"来称呼，一般不用"你"；

（6）……

▲ **活动设计 2：比赛实施五环节**

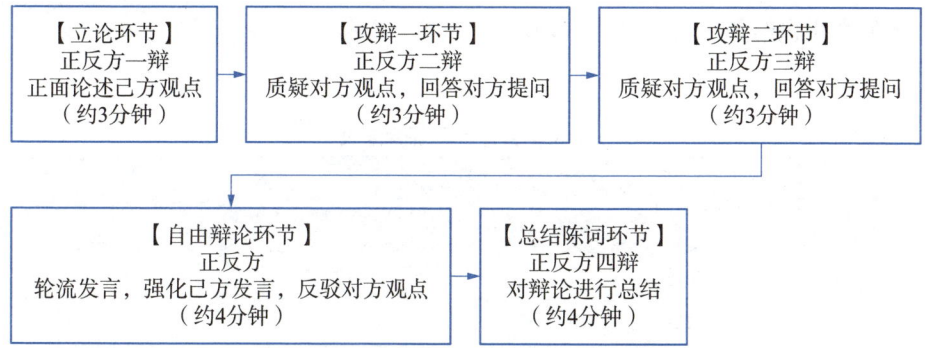

提示：除了双方辩手，辩论赛至少还需要一名主持人和两名记分员。

主持人可以是语文教师，也可以是综合能力较好的班干部，维持辩论秩序，把控双方辩手在申辩过程中可能发生的不确定因素。例如：学生偷换词语概念曲解辩题时，或是钻牛角尖导致比赛陷入死胡同无法进行时，或是对辩题准备工作不足、出现跑题现象时，主持人要适时进行引导。

记分员要对辩手时间进行及时记录和通报，尤其是自由辩论环节要仔细关注场上发言选手。辩论场上，辩手申辩的时间是固定的，因此当辩手在申辩过程中出现过度超时的现象时，记分员要及时喊停。

示例：整场比赛执行流程如下。

（1）宣布辩论赛开始；

（2）宣布辩题；

（3）介绍参赛代表队（可以事先拟写小队介绍，鼓舞士气）及所持观点；

（4）介绍参赛队员（可以事先拟写自我介绍）；

（5）介绍规则及老师；

(6) 辩论比赛；

(7) 观摩同学自由提问时间；

(8) 语文老师评析发言；

(9) 辩论赛结束。

▲ **活动设计 3：赛后评比与反思**

辩论结束后，教师要对本次辩论进行总结，引导双方辩手换位思考，认识到对方立论的科学可行成分，通过辩论式教学培养学生的思维逻辑能力以及团队合作能力，进一步增强文化自信，肩负起属于同学们这一代青少年的文化担当。

提示：要关注学生本身的性格特点，对于性格内向、不爱说话但在活动中也能参与的学生也给予评价、肯定与鼓励。

示例：

辩论赛自评互评综合量表

		评价内容	分数	自评	互评					
					队友1	队友2	队友3	对方1	对方2	对方3	对方4
团体评价	辩论环节	立论	10								
		攻辩一	10								
		攻辩二	10								
		自由辩论	20								
		总结陈词	10								
	综合	语言风度立论升华	10								
		整体配合临场应对	10								
个人评价	表达	语言表达	5								
	团队	整体配合	5								
	逻辑	辩驳能力	5								
	礼仪	美感风度	5								
总分			100								
教师寄语：			我的自我评价是____分，队友评价平均____分，对手评价平均____分。								
			小结：好的地方有_____； 不足之处有_____。								

注：评价维度和分数占比部分参考全国大专辩论会比赛规则。

(三) 任务群学习总结

传承与创新是辩证统一的,文化传承和文化创新的重要性在不同时间、不同领域、不同对象上都有着各方面的解读和实践,而身为新时代的青少年的同学们,正是肩负着传承与创新的天平。

通过这场围绕着"辩论赛"的环环任务,老师看到了大家团队合作精神、口语表达风采和思维逻辑展现。在未来也期待着大家保持着客观冷静的态度,多运用辩证的思考方法,勤训练辩驳的口语表达,用语言的天平迸溅出思维博弈的火花吧!

(四) 任务群迁移学习

同学们,在本次辩论任务群的第一个活动"立场倾向选一选"中,罗列了许多课文篇目,大家还记得吗?其实基于文章内容的观点讨论在衍生思考后也能发掘出一些普遍的问题,由此产生属于当下的现实意义,这些观点的碰撞值得我们去辩证思考,产生新一轮的思维博弈。

篇目	文章内容的观点讨论	衍生的普遍问题(辩题)
《表里的生物》(六年级下册)	"小蝎子"的回答对吗?	父母的"谎言"是否呵护了孩子的心灵?
《陈太丘与友期行》(七年级上册)	"入门不顾"做法对吗?	面对无礼之举需要以礼相待吗?
《台阶》(七年级下册)	"九级台阶"是否值得?	人应该先丰富物质层面还是精神层面?
《愚公移山》(八年级上册)	"移山"是智还是愚?	面对巨大阻碍,应该选择直面还是变通?
《庄子与惠子游于濠梁之上》(八年级下册)	"游鱼之乐"是否可知?	看待世界更需要理性逻辑还是感性认知?
《我的叔叔于勒》(九年级上册)	菲利普夫妇对于勒的态度可以理解还是应当批判?	金比情坚还是情比金坚?
《曹刿论战》(九年级下册)	鲁庄公是明君还是昏君?	德和才哪个更重要?
……	……	……

试着任选一个辩题(或自拟辩题),完成以下学习任务群:

资料准备阶段任务:基于阅读和生活实际,学习搜集和选择信息(名人名言、历史事实、新闻事件、权威数据、调查报告等),关注信息可靠性和权威性。

辩词撰写阶段任务:通过辩论队伍抽签和组内分工,明确己方辩论思路和各环节中自己的责任,独立撰写较为正式的辩词,学会注明所援引资料的出处。

辩论比赛实践任务:自行组织一场完整的辩论赛,在比赛过程中遵守辩论礼仪,客观、全面、冷静地思考问题;表达观点鲜明,证据充分,合乎逻辑;注重团队合作。比赛结束进行评比、反思和总结。